VOUS ÊTES
CLAIRVOYANT

DEBRA LYNNE KATZ

© 2015 Debra Lynne Katz. Tous droits réservés

Aucune partie de cet ouvrage ne pourra être utilisée ou reproduite de quelque manière que ce soit, incluant les supports internet, sans un consentement par écrit explicite des Éditions de l'École Internationale de Clairvoyance (International School of Clairvoyance Publishing House) ou de son auteur à l'exception de passages relevés et mentions faites pour des articles, des revues de presse et des sites internet/blog avec les références associées à l'auteur (liens et édition).

Seconde Edition. Première édition, Janvier 2016

Katz, Debra Lynne; 1968 – Vous êtes clairvoyant

Ebook   ISBN-10:1-943951-10-1
             ISBN-13:978-1-943951-10-9

Print   ISBN-10:1-943951-13-6
             ISBN-13:978-1-943951-13-0

International School of Clairvoyance Publishing House
Beverly Hills, CA USA

Table des Matières

Prologue	v
Partie 1: Présentation de Vos Capacités et Energies Psychiques	13
Chapitre 1: Introduction	15
Chapitre 2: Vous Utilisez Déjà Vos Capacités Psychiques	35
Chapitre 3: Votre Corps et l'Énergie	47
Chapitre 4: Programmation Mentale Émotionnelle et Images Associées	73
Chapitre 5: Visions Clairvoyantes	81
Partie 2 : Outils Psychiques	89
Chapitre 6: Présentation des Outils Psychiques	91
Chapitre 7: Premier outil Psychique	95
Chapitre 8: Deuxième outil Psychique	109
Chapitre 9: Troisième outil Psychique	115
Chapitre 10: Quatrième outil Psychique	121
Chapitre 11: Cinquième outil Psychique	129
Chapitre 12: Sixième outil Psychique	133

Partie 3: Lecture Psychique 147
    Chapitre 13: Apprenez à Faire la Lecture de Votre Énergie ... 149
    Chapitre 14: Lire l'Énergie d'Une Autre Personne 165
    Chapitre 15: Lire les Relations 209
    Chapitre 16: Outils de Navigation 213
    Chapitre 17: Lire avec d'Autres Clairvoyants 223
    Chapitre 18: Lire les Couples et les Groupes 227
    Chapitre 19: Lire et Guérir les Enfants 233

Partie 4: Guérison Spirituelle 245
    Chapitre 20: Bases de la Guérison Spirituelle 247

Partie 5: Considérations Personnelles et Professionnelles ... 259
    Chapitre 21: Éthique de la Clairvoyance 261
    Chapitre 22: La Minorité Psychique 279
    Chapitre 23: Le Business de la Spiritualité 287
    Chapitre 24: Trouver et Choisir un Clairvoyant 315
    Chapitre 25: Écoles de Formation 323

Conclusion 329

Glossaire 333

Bibliographie 341

Prologue

Moins d'une semaine après avoir déménagé à Sedona, en Arizona, et entamé ma nouvelle carrière de clairvoyante professionnelle au Center for the New Age, j'ai eu la chance de dénicher une gardienne merveilleuse pour garder mon fils alors bébé. Chaque matin, je déposais Manny à la résidence de la jeune femme, prénommée Sharon. Je saluais Brian, son conjoint, généralement avachi devant le *Red Rock News* du jour, en train d'avaler une tasse de café à la table de la cuisine. Il était toujours courtois, mais distant. Un après-midi, Sharon m'a confié que Brian ne croyait pas aux phénomènes psychiques et qu'il était convaincu que les clairvoyants étaient tous des charlatans. « Je vous en prie, faites-lui une lecture pour lui montrer que ce que vous faites est légitime », m'a-t-elle suppliée. Ma réponse a été un « non » catégorique.

J'ai expliqué à Sharon que les sceptiques sont les personnes les plus difficiles et les plus désagréables à lire : peu importe ce qu'on leur dit, elles trouvent le moyen de le discréditer, en plus d'ériger un mur impossible à pénétrer à moins de déployer des efforts extraordinaires. J'ai réfléchi à haute voix : « Il n'est certes pas impossible de lire un incrédule, mais pourquoi est-ce que je perdrais mon temps avec quelqu'un qui investit autant pour maintenir un paradigme limité de lui-même et du monde ? C'est un fait : il y aura toujours des gens qui ne croiront pas en ce que je fais ou qui ne le comprendront pas. Il va tout simplement falloir que j'apprenne à vivre avec cette réalité si je veux venir en aide aux personnes intéressées à recevoir ce que j'ai à offrir. » Sharon a fait semblant d'être d'accord avec moi.

Le lundi suivant, j'ai été accueillie par le mari de Sharon ; m'informant que sa femme était sortie faire une course, il m'a invitée à l'attendre dans la salle de séjour où il s'affairait à classer des papiers. Après quelques minutes de silence, il a marmonné : « Comment vont les affaires ? »

« Bien », ai-je répondu avec entrain. Quelques minutes de silence se sont écoulées, puis il a lancé : « Alors, vous ne croyez pas vraiment à tous ces trucs paranormaux, non ? » J'ai fait un effort pour ne pas me sentir insultée.

« Croyez-vous vraiment que je me rendrais au travail jour après jour, que je travaillerais plus de quarante heures par semaine, que je resterais tout ce temps loin de mon fils, simplement pour faire un boulot auquel je ne crois pas ? Croyez-vous vraiment que je pourrais m'engager dans une profession basée sur le mensonge ? » ai-je rétorqué d'un ton qui exprimait malgré moi que j'étais froissée.

« Eh bien ! Je crois que vous pensez que ce que vous faites est vrai, mais je ne vois tout simplement pas comment c'est possible », a-t-il laissé tomber.

À ce stade, j'avais deux choix : le premier était de me taire, le second, de lui raconter quelques histoires. Comme j'ai toujours eu de la difficulté avec le premier choix, j'ai opté pour le second.

> Lorsque je vivais aux Philippines, une femme d'affaires est venue me consulter pour une lecture. Elle a déclaré, dans un mauvais anglais, qu'elle voulait connaître l'avenir de son entreprise. Je ne savais rien de cette femme ni de la nature de son travail ; par ailleurs, j'étais un peu nerveuse à l'idée de faire une lecture à une personne d'une culture si éloignée de la mienne. La première image que j'ai vue est celle de ma cliente regardant autour d'elle avant de fixer son regard sur un point. Cela signifiait qu'elle devait se concentrer sur une seule tâche.
>
> « C'est ce qui me donne du fil à retordre, se plaignit la femme. Récemment, on m'a présenté plusieurs opportunités. Sur quoi dois-je me concentrer ? »
>
> « Eh bien... Je vous vois debout devant un tableau noir en train de

faire un type d'enseignement ou une démonstration. Il semble y avoir un lien avec le fait de fournir des emplois à des gens », ai-je expliqué.

« C'est vrai, confirma ma cliente. J'engage et je forme du personnel dans le domaine de la vente de porte à porte. Mais je ne sais pas du tout quel produit vendre. » Je me suis alors concentrée sur ses produits.

« Je vois une femme qui frotte ses aisselles avec quelque chose. Un contenant rose, peut-être un déodorant, mais je n'ai jamais vu personne en mettre aux Philippines. »

« Ah oui ! a répondu ma cliente. Je vendais des déodorants féminins aux femmes de la haute société, mais c'était il y a des années. »

« Eh bien… je vois aussi une femme qui porte un tablier. Non, ce n'est pas vraiment un tablier. Je vois un derrière de femme proéminent et quelqu'un qui attache des ficelles très serrées autour de la taille de cette femme. Je pense qu'il s'agit d'une gaine. Je vois aussi des femmes qui se maquillent. »

« Oui, mais cela ne m'aide pas vraiment, s'exclama ma cliente, excédée. J'ai déjà vendu des gaines et aujourd'hui, je vends du maquillage. Mais mes vendeurs me doivent des milliers de dollars pour les produits que je leur ai avancés, et j'ai mis des années à payer mes dettes. Je veux m'assurer que cela ne se reproduira pas. »

J'ai cherché quel était le problème et vu un homme à l'allure efféminée qui se moquait de ma cliente, comme s'il ne la respectait pas. J'ai aussi vu une femme corpulente aux cheveux longs entrer dans une maison et en ressortir frustrée, retourner à son appartement et s'asseoir devant le téléviseur.

J'ai fait la leçon à ma cliente : « Premièrement, vous devez être beaucoup plus ferme. Vos employés savent qu'ils peuvent vous marcher sur les pieds et que vous ne ferez rien, alors ils ne vous respectent pas. Je vois que si vous rédigez une nouvelle politique et un nouveau contrat décrivant clairement vos attentes, et si vous exprimez verbalement et avec autorité les conséquences d'un bris de contrat, vous perdrez quelques postulants potentiels au début, mais vous en engagerez d'autres qui seront plus fiables.

« Je vous vois aussi accompagnée d'un homme très musclé qui a l'air d'un dur à cuire. Il frappe à des portes. Il semble qu'il vous sera profitable d'engager un homme semblable pour vous aider à collecter vos dettes, car même si vous devenez plus ferme dans votre attitude, cet homme inspirera plus de peur à vos débiteurs que vous ne le pourrez jamais. Il est aussi très clair que certains de vos vendeurs se découragent facilement ; ils vous disent qu'ils ont travaillé toute la journée alors qu'en fait, ils n'ont visité qu'une ou deux maisons avant d'abandonner et de rentrer chez eux. Vous devez donc les former non seulement à votre bureau, mais aussi sur le terrain. Le problème, ce n'est pas votre gamme de produits, c'est la manière dont vous gérez vos employés. »

Ma cliente a reconnu qu'elle avait beaucoup de difficulté à réclamer à ses débiteurs l'argent qu'ils lui devaient parce qu'elle ne voulait pas qu'ils la prennent en grippe. Elle a confirmé qu'elle était en train de rédiger un nouveau manuel à l'intention de ses employés et que le « dur à cuire » était son cousin, qu'elle avait récemment engagé comme agent de recouvrement. L'homme efféminé et la femme corpulente étaient deux ex-employés.

« Vous avez vu tout cela ? » Le conjoint de Sharon me fixait d'un air soupçonneux. « Comment est-ce possible ? » J'ai fait fi de sa question et poursuivi mon exposé, profitant du plaisir qui m'était donne de parler de mon travail.

Hier, j'ai reçu une femme en consultation au bureau. Je ne savais rien d'elle à l'exception de son nom. Elle ressemblait à n'importe quelle touriste d'âge mûr en visite à Sedona. Elle n'avait qu'une seule question : « Ma situation financière va-t-elle s'améliorer ? »

J'ai fermé les yeux et commencé à décrire les images qui me venaient à l'esprit. Je l'ai vue en compagnie d'un homme de haute taille portant une moustache. Elle s'appuyait à son bras tandis qu'il sortait de l'argent de son porte-monnaie. En un éclair, j'ai vu une bouteille de whisky, puis l'homme qui frappait la femme. Dans une autre image, j'ai vu la femme qui lavait le plancher sous les pieds de l'homme (image qui me vient fréquemment pour m'indiquer un déséquilibre de pouvoir). Il semblait s'agir d'un homme avec qui ma cliente avait été récemment en relation. Je sentais qu'elle s'était fiée à lui pour obtenir de l'argent. À ce stade de la lecture, ma cliente a reconnu que c'était la description exacte de son petit ami dont elle s'était séparée la semaine précédente. Il avait subvenu à ses besoins en partie, mais s'était aussi avéré violent.

J'ai dirigé mon attention sur la profession de ma cliente : je l'ai vu ôter ses vêtements et dévoiler de la lingerie érotique. Je l'ai ensuite observée tandis qu'elle se jetait sur un homme entièrement vêtu à l'exception de son pantalon. J'ai eu un éclair de compréhension : ma cliente avait fait de la prostitution. Craignant de l'insulter, je lui ai timidement demandé si elle avait déjà été danseuse.

PROLOGUE

«Oui», m'a-t-elle répondu, tout aussi timidement.

«Et... avez-vous fait de la prostitution?» «Oui, a-t-elle répondu du bout des lèvres, mais je n'en fais plus.»

J'ai ensuite dirigé mon attention vers le genre de travail qui lui plairait vraiment. Cependant, rien ne m'est venu. J'ai pris conscience que ma cliente n'avait pas réellement d'objectifs professionnels ; son seul but consistait a dénicher un homme qui prendrait soin d'elle. Ma cliente a confirmé que c'était bien le cas.

J'ai regardé dans l'avenir et vu qu'elle ne parviendrait jamais à réussir en s'entêtant à chercher de «l'argent facile». À moins de changer d'attitude, il était fort probable qu'elle retomberait dans son ancien métier de prostituée.

J'ai aussi vu une image de ma cliente se piquant le bras avec une seringue : je lui ai dit qu'elle obtiendrait plus de réponses en se tournant vers un conseiller en alcoolisme ou en toxicomanie qu'en consultant une clairvoyante. Mes commentaires l'irritaient manifestement, mais elle a reconnu qu'elle était encore aux prises avec un problème de toxicomanie.

«Hum...» Assis dans son fauteuil, le conjoint de Sharon n'a fait aucun autre commentaire ; néanmoins, il a tendu l'oreille comme un chien qui entend son maître approcher.

J'ai alors poursuivi : «Et il y a eu cette femme dont la tête passait au travers du plafond.»

«Quoi?!» Brian s'est penché vers moi. J'ai éclaté de rire avant de poursuivre.

«Pas vraiment en fait, mais c'est l'image que j'ai vue quand elle m'a demandé si elle allait obtenir une augmentation. Elle ne m'a donné aucun renseignement personnel avant la lecture, mais je l'ai tout de suite vue avec la tête qui traversait le plafond et les murs qui se rapprochaient d'elle en l'écrasant. Cela m'indiquait clairement que son emploi n'était plus à sa mesure. J'ai ensuite eu la surprise de voir un homme obese à la calvitie avancée, vêtu d'un sarrau blanc. Ouvrant le chemisier de ma cliente, il a fixé ses seins sans manifester aucune gêne. Puis, il a franchi une porte et pénétré dans ce qui ressemblait à une salle d'attente où il a examiné à la loupe les seins plantureux de plusieurs jeunes femmes blondes.

«À ce stade, je ne savais vraiment pas ce que tout cela signifiait, mais j'ai perçu le grand dégoût que ma cliente ressentait à l'égard de cet homme. Craignant de passer pour une folle, j'ai glissé un regard en coin vers ma cliente et constaté qu'elle hochait la tête avec enthousiasme.

«Elle s'est exclamée: "C'est mon patron! Il est chirurgien plasticien, et sa clientèle est en majorité composée de femmes qui veulent des implants mammaires. J'ai souvent l'impression qu'il manque de professionnalisme, car il me fait des commentaires d'ordre sexuel à propos de ses clientes. J'ai le sentiment qu'il ne respecte pas les femmes et qu'il ne me fait pas assez confiance pour me confier des tâches plus exigeantes. Par conséquent, seule une bonne augmentation salariale m'inciterait à rester." »

«Et est-ce qu'elle l'a eue?» Le conjoint de Sharon a paru apprécier cette anecdote.

J'ai secoué la tête. «Je n'ai même pas regardé son avenir, puis-qu'il était clair qu'elle savait déjà qu'elle allait quitter cet emploi, car rester irait vraiment à l'encontre de ses intérêts. D'entrée de jeu, elle ne me consultait pas pour savoir si elle obtiendrait une augmentation, mais plutôt pour que je confirme ce qu'elle vivait et d'une certaine façon, que je lui dorme la permission de partir.»

«Hum…» Brian a réfléchi un moment. «À voir ces publicités à la télé annonçant des lignes directes de clairvoyants, où l'on voit une bonne femme avec une chevelure extravagante et du rimmel raconter à une autre bonne femme à l'air ahuri qu'elle va rencontrer le prince charmant, avoir beaucoup d'enfants brillants et une grosse maison, j'ai toujours pensé que les voyantes se concentraient sur l'avenir — qui reste invérifiable tant que la victime n'a pas déboursé un petit magot et que la voyante ait quitté la ville.»

J'ai acquiescé: «Il y a des charlatans, c'est un fait. Mais cela n'a rien à voir avec mon travail ou avec ce que font beaucoup de clairvoyants tout à fait légitimes. De toute façon, chaque personne peut modifier son avenir en fonction des gestes qu'elle pose au présent. Si on se contente de regarder l'avenir sans le relier au présent ou au passé, cela n'est d'aucune utilité pour le client. On ne fait que soulager les inquiétudes ou en faire naître de nouvelles. Cependant, même lors de leur premier rendez-vous, beaucoup de clients entretiennent ces conceptions erronées et me questionnent sur un certain sujet, alors qu'ils s'interrogent en fait sur quelque chose d'autre. Une partie de mon travail consiste à découvrir la "vraie question» et à y répondre. Mais j'imagine que je vous ennuie. Brian. »

« Non, pas du tout, poursuivez je vous en prie. »

Hier, j'ai fait une lecture à un couple. La femme n'avait qu'une question : « Voyez-vous des changements professionnels à l'horizon ? » Je l'ai aussitôt vue, enfouie sous une pile de papiers et s'arrachant les cheveux. Cela m'indiquait incontestablement qu'elle était surchargée de travail et vivait beaucoup de stress sur le plan professionnel. Ensuite, je l'ai vue taper du pied dans une boîte de conserve, l'air absent, puis arroser des fleurs dans un jardin. J'ai compris qu'elle allait bientôt prendre sa retraite. Ma cliente s'inquiétait d'avoir trop de temps libre ; or, elle finirait par s'adapter et puiser du réconfort dans des passe-temps comme le jardinage. J'ai senti qu'elle en avait assez de travailler et que sa situation financière et celle de son conjoint étaient suffisamment assurées pour qu'ils n'aient plus Vraiment besoin de travailler. Elle m'a confirmé que c'était le cas.

Tout à coup, le visage ridé d'une femme aux cheveux blancs s'est imposé à mon esprit. Ce mode d'intrusion était semblable à celui que des personnes décédées avaient utilisé dans des lectures précédentes pour se manifester à l'improviste.

J'ai donc demandé à ma cliente : « Est-ce que votre mère ou votre grand-mère est décédée récemment ? »

J'ai senti la stupéfaction lui couper le souffle. Comme je ne voulais pas modifier mon état de transe en ouvrant les yeux, j'ai compris que j'étais sur une piste. J'ai soudain senti une grande vague de douleur lacérer mon cerveau, ce qui m'a fait comprendre que la personne que je regardais avait souffert d'une certaine forme de douleur à la tête. Puis, une grande vague de chagrin m'a envahie et des larmes ont mouillé mes yeux fermés. Je sentais que cette tristesse venait de ma cliente plutôt que de l'esprit de la défunte.

« Elle dit que vous avez fait tout ce que vous avez pu et que vous devez maintenant cesser de vous punir pour ne pas être arrivée à temps. Elle veut aussi que vous sachiez qu'elle est fière de vous — elle l'a toujours été, mais elle n'était tout simplement pas capable de l'exprimer comme il se doit. »

Ma cliente a éclaté en sanglots. J'ai pris quelques minutes pour travailler à guérir l'esprit de la défunte en la visualisant entourée de la lumière de Dieu. J'ai aussi demandé à un de mes guérisseurs spirituels de la guider de notre monde vers l'Autre monde.

« Si vous le souhaitez, je peux faire un peu de travail de guérison pour vous aider à vous séparer de votre mère de façon qu'elle soit libre de poursuivre son évolution et que vous puissiez reprendre le cours de votre vie. »

Ouvrant les yeux, j'ai vu que ma cliente secouait la tête.

« Non. J'ai encore besoin d'elle auprès de moi. Je ne suis pas prête à la laisser partir. » Après avoir séché ses larmes, ma cliente s'est tournée vers son conjoint pour le gronder. « C'est pour ça que je ne voulais pas la questionner au sujet de maman. Comment puis-je sortir dîner avec toi le visage couvert de rimmel ?! »

Le mari de ma cliente a alors confirmé que sa belle-mère était morte des suites d'une mystérieuse blessure à la tête. Quand ils l'ont découverte ensanglantée sur le sol, elle était toujours en vie, mais elle est morte avant qu'ils n'arrivent à l'hôpital. Le chagrin de son épouse était en partie causé par le fait qu'elle avait toujours voulu que sa mère lui dise qu'elle était fière d'elle. Or, jusqu'à cet instant, cette dernière n'avait jamais avoué ce qu'elle ressentait.

« Wow ! » s'est écrié Brian. « Vous avez vraiment vu tout cela dans une lecture ? Bon. Admettons que vous ayez été capable de capter cette information, bien que je ne comprenne pas comment cela soit possible. Qu'est-ce que ce travail de guérison dont vous avez parlé ? »

« Quand je donne une lecture psychique, en réalité, j'observe l'énergie. Cette énergie vient sous forme d'images, de pensées, de sons, de sensations, et ainsi de suite. Aussitôt que je commence à regarder cette énergie ou cette image, elle se met à changer. Quand la femme a éclaté en sanglots, la libération n'était pas seulement émotionnelle, mais aussi énergétique. Donc, si je veux pratiquer une guérison, disons pour aider quelqu'un à se libérer d'un chagrin refoulé ou de l'énergie d'un proche défunt, tout ce que j'ai à faire, c'est de manipuler l'image en visualisant la libération de ce qui n'est plus utile au client. Ensuite, j'observe la mise en place du résultat désiré. C'est ce qu'on appelle la "guérison clairvoyante ». D'ailleurs, il arrive souvent que les gens sentent physiquement ce que je visualise. »

Puis, je lui ai raconté une autre histoire à titre d'exemple.

PROLOGUE

Une jeune femme est venue me consulter pour une lecture; elle voulait savoir où elle devait vivre. Je l'ai vue porter une pile de livres, avec une toque de diplômé sur la tête. Puis, j'ai vu une carte des États-Unis, où Washington et le nord de la Californie semblaient émerger de la carte.

Ensuite, j'ai vu l'image d'une femme aux cheveux noirs en colère en train de laver la vaisselle. Sa bouche avait quelque chose de bizarre, comme si elle bougeait très vite. Il émanait de cette femme une dureté qui rendait sa présence désagréable, même par clairvoyance! J'ai senti que cette femme en colère était très jalouse de sa fille. J'ai soudainement ressenti une vive douleur dans la gorge et j'ai compris que depuis toujours, cette femme avait invectivé sa fille d'un flot de paroles décourageantes et blessantes. Elle essayait aujourd'hui de l'empêcher de réaliser son rêve d'obtenir son diplôme d'études dans un autre État. Stupéfaite, ma cliente a volontiers reconnu que tout ce que je lui disais était parfaitement exact.

Mon regard clairvoyant s'est ensuite concentré sur la gorge de ma cliente. Voyant qu'une profonde balafre rouge sombre la traversait, j'ai senti que si ma cliente faisait un faux mouvement, sa tête tomberait! J'ai senti que je devais aider cette brillante jeune femme et qu'elle serait ouverte à un travail de guérison. J'ai donc visualisé (imaginé) que cette énergie étrangère rouge s'écoulait facilement de sa gorge, laissant derrière elle un vide qui se remplissait de l'énergie de la jeune femme, jusqu'a ce que je constate que la couleur était d'un beau rose pâle.

Je n'ai pas expliqué ce que je faisais, mais tout d'un coup, ma cliente a crié: «Oh, Seigneur! Il y a quelque chose qui se passe dans ma gorge! On dirait que les mains de quel-qu'un d'autre sont dans ma gorge et qu'elles arrachent quelque chose d'épouvantable!»

J'ai admis que j'étais en train de pratiquer une guérison sur sa gorge. Surexcitée, ma cliente m'a confié que durant presque toute sa vie, elle avait souffert à répétition de maladies comme la laryngite et l'amygdalite, et qu'elle avait toujours eu le sentiment que cette souffrance était reliée aux paroles dénigrantes de sa mère.

Le mari de Sharon a jailli hors de son fauteuil. «Je ne sais pas si je crois vraiment à ce travail de guérison; ça n'a tout simplement pas de sens. Si vous faites vraiment ce que vous dites, comment se fait-il que vous puissiez faire ces trucs que personne d'autre ne peut faire ? Je ne voudrais pas vous vexer, mais dites-moi ce qui vous rend si spéciale ? »

J'ai été heureuse de lui répondre : « C'est exactement ce que je veux faire valoir. Je ne suis pas spéciale du tout ! Tout le monde a les mêmes habiletés, même vous ! Vous devez simplement les développer. »

« Allons donc ! »

Oubliant complètement que je m'étais engagée à ne pas tenter de le convaincre de quoi que ce soit, j'ai insisté : « Oui ! J'ai toujours été intéressée par les phénomènes parapsychiques. En grandissant, j'ai eu quelques expériences spontanées que je n'ai pas comprises, mais je n'avais jamais eu d'indices indiquant que je ferais un jour ce que je fais aujourd'hui. Il y a cinq ans, tout a changé quand le professeur du cours de méditation que je suivais nous a offert une lecture psychique gratuite. Elle a non seulement été capable de voir des détails intimes de mon passé, mais aussi d'entrer aisément dans mon imaginaire et de me décrire mes propres visualisations. Je lui ai demandé comment je pouvais apprendre à faire comme elle et la semaine d'après, je donnais ma première lecture psychique et j'apprenais à contrôler les habiletés dont Dieu m'a fait cadeau, jusqu'à atteindre une maîtrise que je n'aurais jamais crue possible. »

« Et comment avez-vous appris ? » m'a demandé Brian.

« De la même manière que vous avez appris votre profession. J'ai étudié. Il y a beaucoup d'écoles en Californie et aux États-Unis, et partout dans le monde d'ailleurs, qui enseignent comment développer sa clairvoyance. Je suis parvenue à percevoir de l'information la toute première fois que j'ai tenté de faire une lecture. J'ai moi-même été proche d'une centaine d'étudiants qui ont débuté sans savoir ce qu'ils faisaient et qui, en quelques mois seulement, en sont arrivés à me donner, et à donner à d'autres, des lectures psychiques exactes et utiles. J'ai l'intention d'écrire un livre de manière à ce que tout le monde puisse avoir accès à ce savoir, un jour. » Sur les entrefaites, Sharon est entrée dans la pièce. Après m'avoir jeté un coup d'œil et regardé son mari éberlué (qui marchait de long en large dans le séjour en se mordant les jointures), elle s'est exclamée avec espièglerie : « Oh ! Je vois que vous avez eu le temps de bavarder. »

J'ai souri : « Oui. Nous avons échangé sur des banalités comme le travail. »

Je lui ai laissé mon bébé endormi et je suis partie en vitesse.

PARTIE 1

Présentation de Vos Capacités et Energies Psychiques

CHAPITRE 1

INTRODUCTION

Un soir, avant Noël, je faisais quelques courses de dernière minute, quand j'ai entendu un groupe d'adolescents excités discuter de la superproduction cinématographique *Harry Porter à l'école des sorciers* et de la série de livres qui ont fait de J. K. Rowling la deuxième femme la plus riche d'Angleterre. Les jeunes gens disaient combien il serait chouette de fréquenter Poudlard, l'école de sorcellerie fictive de Pré-au-Lard, où Harry Potter découvre qu'il possède des dons extraordinaires dont il n'a jamais soupçonné l'existence, mais qui se sont parfois manifestes de façon percutante et préjudiciable jusqu'à ce qu'il apprenne à les maîtriser. J'ai souri intérieurement en pensant à l'école ésotérique de clairvoyance où j'avais étudié et à celle que j'ai plus tard fondée à Sedona ; où tous les jours, à chaque minute, il y avait une nouvelle aventure, remplie de découvertes, de drames, de mystères et de défis dont la plupart des humains n'ont jamais entendu parler. Encore maintenant, je suis étonnée et attristée quand je pense que j'ai vécu vingt-sept ans en n'ayant absolument aucune idée que j'avais un don pour la clairvoyance et qu'il existait des écoles enseignant des choses qu'on ne jugeait même pas possibles.

Je rêve du jour où les écoles de formation en clairvoyance ne seront plus nécessaires, parce que la lecture parapsychique sera comprise, encouragée et enseignée par les parents et les institutions d'enseignement.

Malheureusement, nous n'en sommes pas encore là. J'espère que mon ouvrage servira d'abord à tirer de leur somnolence les adultes de ce pays, encore inconscients de leurs talents et de leurs capacités en matière de clairvoyance et, par conséquent, inconscients de leur vrai potentiel et de celui de leurs enfants. Si j'étais en mesure d'envoyer le monde entier dans des écoles de formation en clairvoyance, je le ferais ; cependant, ce n'est ni faisable ni indispensable. En lieu et place, je vous offre une formation avec cet ouvrage que je dédie aux milliers d'étudiants et d'enseignants en clairvoyance, capables d'attester de la validité et de l'utilité des renseignements et des conseils dont vous êtes sur le point de prendre connaissance.

Bien que les techniques présentées ici contribuent au développement et à l'ouverture de l'ensemble des facultés extrasensorielles et dons spirituels, ce livre est le seul du genre à porter exclusivement sur le don de clairvoyance. Il est basé sur un truisme, à savoir que chacun naît clairvoyant et guérisseur ; avec de la formation, de la pratique et la foi, n'importe qui peut apprendre à faire des lectures exactes et détaillées. Je *garantis* que les techniques élémentaires décrites ici donneront des résultats immédiats dans la mesure où vous, lecteur et lectrice, ferez vos devoirs.

Cet ouvrage vous accompagnera dans votre développement psychique et spirituel : il couvre l'apprentissage des techniques de base et les défis que vous devrez affronter du fait de votre clairvoyance dans un courant de pensée majoritaire, en passant par ce que vous aurez à faire pour vous tailler une place dans le milieu de la consultation professionnelle. Mais surtout, ce livre vous permettra de comprendre que vous utilisez constamment et naturellement vos capacités psychiques (clairaudience, télépathie, transe médiumnique et clairsentience) et de saisir comment vos talents améliorent ou affectent votre quotidien. Ces renseignements vous fourniront des outils inestimables et générateurs de pouvoir personnel, que vous pourrez appliquer au quotidien, toute votre vie, à des fins de guidance, de guérison, de protection, de manifestation et de créativité. Cet ouvrage répondra à plusieurs questions et redonnera l'espoir à ceux d'entre vous qui sont aux prises avec des problèmes pour lesquels il n'existe aucune solution « logique ».

INTRODUCTION

A propos de l'auteure et de la genèse de cet ouvrage

J'ai commencé ma formation de clairvoyante en 1994 au Berkeley Psychic Institute, en Californie, où j'ai suivi un programme de formation intensive de treize mois, qui exigeait que nous assistions à trois heures de cours hebdomadaires et que nous donnions deux ou trois lectures par semaine. Moins d'une semaine après le début de la formation, j'entrais en contact avec ma clairvoyance pour la première fois en vingt-sept ans d'existence. Qui plus est, je donnais des lectures exactes et utiles, ce qui est loin d'être inhabituel pour un débutant. Une fois diplômée, j'ai poursuivi mes études, tout en enseignant à des débutants en clairvoyance au Aesclepion Healing Center dans le comté de Marin, en Californie.

Le Berkeley Psychic Institute a été fondé par Lewis Bostwick, brillant guérisseur psychique et maître spirituel qui avait compris que l'être humain est accablé par la souffrance et la détresse parce qu'il n'a pas conscience de lui-même en tant qu'Esprit. Bostwick a voyagé à travers le monde, étudiant et pratiquant un grand nombre de religions et de disciplines, tel le catholicisme, la scientologie, l'ordre rosicrucien et les pratiques de guérison spirite des Philippines, apprentissages qui ont tous favorisé le développement de ses techniques de guérison et de lecture par clairvoyance. Il a élaboré et perfectionné des techniques précises qui se sont avérées utiles aux milliers d'étudiants qui les ont pratiquées, de même qu'aux centaines de milliers de personnes à qui ses étudiants ont fait des lectures. Bostwick a « engendré » des générations de formateurs clairvoyants, dont plusieurs ont fini par fonder leur propre institut de guérison et de clairvoyance et leur propre programme de formation.

J'ai commencé ma formation environ deux mois après le décès de Lewis ; plusieurs des techniques présentées ici m'ont été enseignées par ses étudiants talentueux. Robert Skillman, David Pierce (fondateur de l'école de formation psychique Intuitive Way), John Fulton (fondateur du Aesclepion Healing Center) et Chris Murphy sont quelques-uns des professeurs qui m'ont le plus influencée. Lewis Bostwick croyait à l'apprentissage par la tradition orale. Bien que son école ait publié un magazine décrivant des techniques et des concepts simples, Lewis n'a jamais publié d'ouvrage exhaustif sur la formation en clairvoyance, comme je le fais ici. Comme on ne m'a jamais remis de documentation écrite en cours de formation, je n'ai eu accès à aucun matériel de référence pour rédiger cet ouvrage. Bostick était d'avis que les personnes qui avaient réellement besoin des connaissances enseignées à son école finiraient par en trouver le chemin.

À la fin des années quatre-vingt-dix, j'ai quitté l'emploi d'agente de probation fédérale que j'occupais à Oakland pour faire un séjour de neuf mois aux Philippines, où j'ai étudié avec les guérisseurs de la foi et les chirurgiens spirites. C'est là que j'ai rencontre Manuel, le père de mon fils, un acupuncteur autodidacte. Nous avons voyagé dans des villages et des régions éloignés, donnant des lectures psychiques et des traitements de guérison par clairvoyance aux populations indigènes qui n'avaient aucun autre accès à des conseils ou à des soins médicaux.

Quand mon fils est né à Las Vegas, j'avais déjà entamé ma carrière d'enseignante en donnant des ateliers par l'entremise d'un organisme spirituel local. Spiritual Endeavors. J'ai fini par aboutir à Sedona, où je me suis lancée dans la carrière de clairvoyante professionnelle, avant d'ouvrir chez moi mon propre centre de formation psychique. Le Sedona Psychic Training Center n'a jamais été affilié au Berkeley Psychic Institute, bien que j'aie établi mon programme en partie sur la formation reçue à l'institut et au centre Aesclepion, fondé par John Fulton, l'un des plus brillants élèves de Bostwick.

Afin de m'adapter aux horaires et aux styles de vie de la population mouvante de Sedona, j'offrais à mon centre des programmes de formation intensive d'un mois. Le format était très différent de ce que mes prédécesseurs proposaient, soit un très long programme d'études d'au moins un an pour les étudiants de moins de trente-six ans, et de deux ans pour les étudiants plus âgés (bien que cela ne s'applique plus aussi systématiquement aujourd'hui qu'au moment de la fondation de l'institut, il y a vingt ans. Les étudiants plus âgés doivent souvent étudier plus longtemps parce qu'ils ont à déconstruire davantage de représentations, de résistances, de programmations, et ainsi de suite).

Ma formation en clairvoyance a été une expérience sacrée que je n'échangerais pour rien au monde. Elle convenait idéalement à celle que j'étais alors, au stade où j'étais, et à ce que j'avais besoin d'accomplir

INTRODUCTION

à l'époque. Cependant, j'ai bientôt pris conscience que tout le monde ne voulait pas ou ne pouvait pas s'accommoder d'un engagement aussi intensif et exigeant, ou que ce n'était tout simplement pas nécessaire. La plupart de mes collègues d'études à l'institut ne possédaient pas de formation préalable ; en fait, beaucoup n'avaient jamais vécu d'expérience avérée de clairvoyance avant de débuter. À Sedona par contre, nombre de mes amis et de mes étudiants cheminaient spirituellement depuis des décennies. Ils avaient déjà atteint un certain stade de développement intuitif. Il s'agissait donc d'individus qui n'auraient jamais entrepris une formation de douze mois, d'une part parce qu'ils étaient loin d'être des néophytes et d'autre part, parce qu'ils ne toléreraient pas qu'on les prenne pour tels.

Trois mois après mon arrivée à Sedona, j'ai créé une émission de télé, *The Psychic Explorer: Adventures of the Spirit*. D'abord diffusée sur la chaîne 17, Geronimo Communications, elle a ensuite été reprise par la 18, Arizona Channel. J'en étais l'animatrice, la productrice et la directrice. La chaîne 17 pouvait produire et diffuser seulement quatre heures de programmation à la fois, ce qui fait que certaines semaines, mon émission, qui durait entre une demi-heure et une heure, était diffusée toutes les quatre heures, jour et nuit. Peu importe qu'on ait l'intention de la regarder ou pas, quiconque possédait un téléviseur à Sedona n'avait absolument aucun moyen d'y échapper !

Dans le cadre de cette émission, j'enseignais des techniques de guérison et de lecture par clairvoyance, et j'interviewais des invités férus de métaphysique dont plusieurs avaient complété leurs études dans différents programmes de formation en clairvoyance à travers le pays. Sedona est une petite ville : je me faisais constamment aborder dans la rue, à l'épicerie, au club vidéo et même sur les sentiers pédestres, par des gens qui m'exprimaient leur gratitude et leur vif intérêt d'en apprendre davantage sur la clairvoyance.

En même temps, les clients à qui je dormais des lectures me questionnaient sans relâche ; comment faire pour se protéger, comment rompre une entente avec un expetit ami, comment surmonter la difficulté de faire manifester les choses, comment entrer en contact plus étroit avec son énergie, comment communiquer avec ses guides spirituels, comment développer sa clairvoyance. À l'occasion, je croyais qu'un programme de formation de douze mois conviendrait à un client, mais le plus souvent, je me rendais compte que ce dont mes clients avaient le plus besoin, c'était des techniques spécifiques. Il m'apparaissait de plus en plus évident que je n'obtiendrais pas les résultats escomptés en prenant dix minutes pour enseigner quelques techniques à la fin d'une lecture. Par ailleurs, plusieurs clients me demandaient de leur suggérer des livres sur les techniques dont j'avais moi-même constaté l'efficacité, soit par expérience, soit en observant mes collègues d'études, et par la suite, mes étudiants. Je me sentais démunie et découragée : je ne pouvais pas fournir de référence parce qu'à ma connaissance, il n'y avait aucun ouvrage de ce genre sur le marché. Par conséquent, j'ai compris que la seule manière de fournir à tous ces gens affamés les informations dont ils avaient besoin était d'écrire moi-même un livre simple, concis et pratique.

Sitôt que j'ai commencé à rédiger l'ouvrage que vous avez entre les mains, mon travail avec mes clients est devenu plus agréable et moins stressant, car je savais que bientôt, j'aurais ce qu'il fallait pour continuer à les aider après notre rencontre. Bientôt, j'aurais un moyen d'aider une foule de gens à s'aider, ce qui représente en fait la clé de la guérison à long terme. Avant même d'avoir terminé la rédaction du deuxième chapitre, j'avais déjà une longue liste de clients qui attendaient la publication de mon livre.

Je présente ici les techniques qui m'ont été enseignées dans différents ateliers et diverses écoles de formation en clairvoyance, dont l'efficacité à été vérifiée autant par mes collègues d'études et mes étudiants que par moi. Vous ne trouverez dans ces pages rien qui ne représente pas ma vérité personnelle basée sur mon expérience éprouvée. Le processus de mon développement spirituel et clairvoyant des sept dernières années s'est avéré extrêmement exigeant, parfois même douloureux et stressant. Ma formation de clairvoyante était entamée depuis seulement un mois, et je savais déjà que j'enseignerais un jour la clairvoyance et la guérison. J'ai donc abordé chaque lecture et chaque expérience en gardant à l'esprit que ce que j'apprenais ne m'était pas seulement destiné, mais s'adressait aussi à mes futurs étudiants. Vous, lecteur et lectrice, êtes autant mes étudiants que ceux que j'ai rencontrés en chair et en os ; c'est un honneur

INTRODUCTION

de partager avec vous les clés qui vous permettront de vous découvrir et de découvrir l'Univers selon une perspective que vous n'avez peut-être jamais imaginée.

À qui s'adresse cet ouvrage ?

Que leur intérêt pour les phénomènes psychiques soit superficiel ou qu'ils aient l'ardent désir de développer leurs facultés paranormales, tous les lecteurs trouveront leur compte dans ces pages. Les néophytes autant que les gourous seront enchantés par les anecdotes divertissantes, les réflexions stimulantes et les techniques faciles. Même si elles sont simples, ce sont des techniques extrêmement efficaces. Autant dans mes ateliers que dans mes cours, j'ai vu des débutants accéder à leur clairvoyance en quelques minutes. À Sedona, j'ai rencontré plusieurs clairvoyants professionnels qui pratiquaient depuis des décennies : ils ont tous été étonnés et ravis d'étudier avec moi de nouveaux outils de développement de leur clairvoyance et de nouvelles techniques de guérison qui ont profondément enrichi leur travail et également, leur état de santé et leur bien-être.

Ce livre offre des explications et un aperçu concernant les dynamiques énergétiques des relations, de la communication et de la santé physique et mentale, que vous ne retrouverez probablement dans aucun autre ouvrage. C'est une ressource précieuse si vous travaillez en relation d'aide — thérapeute, conseiller, travailleur social, infirmière, psychologue et même professeur à l'élémentaire — car, en plus de fournir des indices sur de nombreux problèmes de votre clientèle, elle vous aidera à éviter l'épuisement professionnel ou à vous en remettre. Par ailleurs, vous y trouverez des techniques que vous pourrez non seulement mettre en œuvre auprès de votre clientèle, mais aussi lui transmettre.

Comment utiliser cet ouvrage

D'abord, je vous supplie d'aborder ce livre avec l'esprit ouvert. Ce n'est pas un rapport de recherche. Il ne contient ni statistiques ni rapports d'expériences scientifiquement contrôlées, bien qu'il puisse aisément servir à en motiver plusieurs. J'encourage d'ailleurs mes lecteurs à étudier la pléthore de recherches sur le paranormal qui ont fait l'objet d'articles dans les revues scientifiques et dans divers ouvrages. L'efficacité des techniques présentées ici a été vérifiée par les milliers d'étudiants qui ont fait un nombre incalculable d'heures de lecture au cours des dernières décennies. En présentant des exemples tirés du quotidien, je ne cherche pas à vous convaincre de quoi que ce soit, mais à illustrer des idées et des concepts dont j'ai découvert, à l'instar de plusieurs de mes étudiants, qu'ils sont vrais en ce qui nous concerne.

Si vous abordez ce livre avec un esprit ouvert, votre lecture enrichira votre conscience de vous-même en tant qu'esprit, et vous éveillera aux forces invisibles qui vous entourent et vous influencent, que vous choisissiez ou refusiez de pratiquer avec diligence les exercices que je vous propose. Si vous pratiquez les techniques, vous êtes assuré d'entrer en contact avec votre clairvoyance. Je crois que l'apprentissage pratique est la seule façon d'accéder à la vérité. Ce livre est conçu pour créer un milieu d'apprentissage sûr et efficace où vous pourrez vivre vos propres expériences qui vous mèneront à la vérité et à une plus grande illumination.

Quant aux sceptiques invétérés, je vous demande de faire preuve de patience, non seulement envers ce livre, mais à votre égard. Bien qu'en modération le scepticisme soit sain et nécessaire, le refus de considérer que la vie est beaucoup plus que ce que vos yeux vous dévoilent pourrait s'avérer préjudiciable pour votre santé, vos relations et votre vie en général, comme je le démontrerai plus loin.

Le scepticisme fanatique, l'athéisme, le doute et la négativité sont des énergies denses qui se présentent sous forme de pensées programmées et de souffrance émotionnelle. Elles bloquent vos capacités et empêchent les expériences positives et profitables d'enrichir votre vie. La seule façon de dissoudre ces blocages consiste à demander à l'Univers de vous présenter des expériences qui ouvriront votre esprit, puis de rester patient et de permettre aux réponses de vous parvenir de façon inattendue. Je suis conscient que c'est un oxymore que de demander à un incroyant d'avoir la foi, mais ce n'est pas impossible.

Si vous êtes incapable d'éviter de juger assez longtemps pour tenter

INTRODUCTION

une expérience qui pourrait vous enseigner quelque chose, demandez-vous quelle émotion (probablement la peur) se cache sous votre résistance. Ironiquement, tous les sceptiques que j'ai rencontrés qui opposaient ce type de résistance vengeresse à la possibilité de l'existence des perceptions extrasensorielles étaient plus sensitifs et plus intuitifs que la moyenne. Il y a des années, j'ai lu dans un livre sur les vies antérieures une phrase qui m'est restée : « Il n'est pas plus étonnant d'avoir vécu plusieurs vies que de n'en avoir vécu qu'une seule » (auteur inconnu). L'existence de l'humanité est en soi tellement merveilleuse et ahurissante que je ne comprends pas qu'on puisse questionner ce qui existe en ce monde. L'être humain est un tel miracle, indépendamment de ses capacités psychiques ! Si vous doutez sincèrement de la possibilité que vous soyez clairvoyant, comment arrivez-vous à croire à votre propre existence ?

Croyant ou sceptique, je vous suggère de lire le livre d'un bout à l'autre et ensuite, de le reprendre et de pratiquer les exercices. Comme plusieurs chapitres se fondent sur les précédents, vous comprendrez mieux l'information en les lisant dans l'ordre. Bien entendu, comme partout ailleurs, il n'y a pas de règle universelle. Certains seront attirés par cet ouvrage et n'en liront qu'une phrase ; ils l'ouvriront intuitivement à la page où les attend un message essentiel et ils auront fait le tour de ce qu'ils avaient à en tirer. Je vous suggère de pratiquer les exercices et les outils en suivant les directives, étant donné que chaque étape de ces exercices répond à un but spécifique. Cependant, si vous n'êtes pas à l'aise avec un exercice ou si vous n'obtenez pas de résultats, en dépit de votre application, allez au fond de vous-même et voyez quelles modifications y apporter afin de mieux répondre à vos besoins.

Questions courantes

Qu'est-ce que la clairvoyance ?

« Clairvoyance » signifie voir clairement. La clairvoyance est la capacité d'accéder par des moyens extrasensoriels à des données visuelles sous forme d'images ou de représentations, et de décoder leur signification.

La clairvoyance n'engage pas les yeux, mais plutôt univers infini qui s'étend derrière. Quand vous accédez à votre clairvoyance, vous mettez à contribution les mêmes zones et mécanismes cérébraux qui entrent en action quand vous rêvez ou appliquez votre imagination à la visualisation. Si vous êtes capable de visualiser, même une figure aussi élémentaire qu'un cercle, vous possédez le don de clairvoyance. Dans la lecture par clairvoyance ou lecture psychique, on détend l'esprit rationnel et on laisse l'information apparaître sous forme d'images. On obtient souvent des renseignements impossibles à obtenir par des voies rationnelles ou des moyens matériels.

Pourquoi est-ce que je voudrais apprendre à lire par clairvoyance ?

D'abord et avant tout, parce que c'est amusant ! Lire par clairvoyance s'apparente à rêver éveillé ou à regarder un film qui se déroule sous vos yeux. Vous avez l'opportunité de voir toutes sortes de choses fascinantes, et d'obtenir des renseignements de première main sur vous et vos semblables, qui vous échapperaient autrement. La lecture psychique est une sorte de grande aventure : on est souvent surpris par les images qui surgissent. Tel un détective, on se fraie un chemin à travers les indices qui émergent sous forme d'images, de sons, de couleurs et de sensations, jusqu'à ce qu'on résolve leur sens mystérieux pour le sujet de la lecture.

La clairvoyance vous permet de connaître très intimement vos semblables. Grâce à elle, vous aurez la possibilité de pénétrer les couches les plus profondes du subconscient, le vôtre et celui des autres êtres vivants, y compris vos animaux de compagnie. La clairvoyance vous transforme, de fait, en maître des voyageurs temporels : avec votre esprit comme capitaine et votre clairvoyance comme machine à voyager dans le temps, vous passez aisément du passé à l'avenir (ce que vous faites tout le temps, en réalité, mais sans vous en rendre compte) et rapportez dans le présent des indices inestimables. Par ailleurs, le fait de « lire » l'énergie permet de la modifier ; par conséquent, la clairvoyance sert non seulement à recueillir des informations dont les gens ne sont pas conscients, mais aussi à les aider à guérir, à changer et à se développer.

La lecture psychique est probablement aussi bénéfique pour la

INTRODUCTION

personne qui en fait l'objet (le sujet ou consultant) que pour celle qui la donne (le/la clairvoyant/e). En fait, la lecture psychique est une forme de méditation. Plus que dans tout autre exercice mental, la lecture psychique exige la concentration, étant donné qu'à la minute où l'attention s'égare, on cesse de recevoir l'information, ce qui devient tout de suite évident, tant pour le consultant que pour la clairvoyante. Étant donné que l'exercice implique un état de détente, il devient impossible de se concentrer sur ses préoccupations personnelles.

Quand on donne une lecture, on se guérit naturellement. À la fin d'une lecture, on se sent souvent dans un état mental et émotionnel tout à fait différent de ce qu'il était au début. L'utilisation disciplinée de votre clairvoyance vous lancera sur de vastes océans où vous rencontrerez des perceptions, des paradigmes, des expériences, des défis et des opportunités auparavant inexistants, ou qui ne formaient au mieux que des ombres brumeuses dans votre esprit rationnel. En donnant des lectures, vous transmuterez l'énergie, vous briserez des schémas de comportement répétitifs et des programmations, vous guérirez des blessures et des souffrances émotionnelles, tant les vôtres que ceux qui consultent, plus vite et plus aisément que vous ne le ferez jamais ailleurs dans votre vie! Les lectures que vous ferez pour vos semblables vous permettront de recueillir de l'information sur votre situation personnelle, étant donné que vous serez inspiré de donner des lectures à des personnes qui vous reflètent.

Bien qu'il soit un peu plus compliqué de lire sa propre énergie que celle d'autrui (étant donné la difficulté de concentration et le plus grand nombre de préjugés à contourner), vous constaterez que l'exercice est très précieux pour clarifier une relation ou répondre aux questions concernant un événement à venir, par exemple, le résultat d'une entrevue d'emploi.

En développant votre clairvoyance, vous vous ouvrirez incroyablement à votre pouvoir. Par *pouvoir*, j'entends pouvoir personnel, pouvoir sur soi-même. Bien que la clairvoyance puisse vous donner du pouvoir sur autrui, comme dans certaines formes de magie noire ou de vaudou, ce n'est pas la voie que je choisis d'emprunter; elle ne sera donc pas abordée ici. Le pouvoir sur autrui demeure passager et va à rencontre de vos intérêts, car ce que vous cherchez à obtenir de l'autre, c'est généralement ce qui vous manque, ou c'est motivé par des émotions troublantes qui assaillent votre corps et que vous cher-chez à fuir. C'est seulement en découvrant votre pouvoir et la paix intérieure que vous serez vraiment satisfait.

Si les gens ne font pas ce que vous voulez ou ne vous donnent pas ce que vous désirez, entrez en vous-même et demandez-vous comment vous pouvez changer vos pensées et vos actes de façon à ressentir la joie que vous recherchez. Sinon, vous gaspillerez une grande quantité de votre énergie vitale, blesserez les gens, encourrez probablement un très mauvais karma et au bout du compte, vous vous retrouverez pour ainsi dire au point de départ. (Repensez à un épisode de votre vie où vous avez tenté d'influencer une personne qui tenait beaucoup à son point de vue ou que vous avez manipulée pour qu'elle agisse contre son gré. La fréquentez-vous encore aujourd'hui ? Les conséquences ont-elles été durables et satisfaisantes ? Probablement pas !)

En plus d'accroître votre assurance et votre pouvoir personnel, le développement de votre clairvoyance facilitera l'accès à une forme supérieure d'apprentissage : vous apprendrez grâce à l'expérience directe, plutôt qu'en absorbant l'information régurgitée par un autre. Vous serez plus à même de distinguer les faits de la fiction et la vérité des mensonges. La clairvoyance peut aussi servir à favoriser l'accès aux énergies et aux idées créatrices, qui pourront grandement dynamiser vos projets et entreprises artistiques.

Quelle est la différence entre la lecture psychique et le counseling spirituel ?

La lecture psychique est l'une des formes les plus abordables et les plus efficaces de thérapie/consulting, parce que la clairvoyante cerne immédiatement les problèmes fondamentaux du consultant. Elle a accès à ses motivations, ses désirs, ses peurs et ses rêves inconscients. Dans les faits, elle peut aussi témoigner du passé et des expériences intérieures et extérieures présentes chez le consultant et les valider. Une clairvoyante expérimentée arrivera à déterminer et à contourner les mécanismes de défense de ses clients en une seule rencontre. Elle arrivera à voir au travers

INTRODUCTION

l'image de façade la plus convaincante et à révéler le visage qui se cache derrière le masque le plus trompeur.

Comme l'information est captée à l'aide de moyens extrasensoriels, les écueils habituels de la psychothérapie conventionnelle sont parfois minimisés, même évités, en autant que la clairvoyante comprend que leur présence est possible, qu'elle est ouverte à recevoir et s'engage à transmettre l'information reçue, quelle qu'elle soit. Parmi les pièges, mentionnons les renseignements mensongers ou erronés donnés par le client, l'incapacité à communiquer (en raison de l'âge, d'une inaptitude ou des habiletés interpersonnelles), une identification erronée du problème ou de la question, par le client ou le thérapeute, et la création d'un lien de confiance, tâche difficile qui demande du temps.

Le médecin s'occupe du corps physique. Le psychothérapeute s'occupe du fonctionnement psychologique, cognitif et émotionnel. Le travailleur social pourra s'occuper du côté psychologique, mais surtout des facteurs sociaux, familiaux, politiques, économiques et communautaires. Le clairvoyant s'occupe de tout cela et d'un autre élément essentiel : l'esprit. Le clairvoyant voit l'esprit des êtres humains, autant vivants que décédés. Il voit l'esprit des animaux, des plantes et des formes de vie extraterrestres. Il peut même voir les maîtres ascensionnés comme Jésus et Bouddha et, bien entendu. Dieu, le plus grand des esprits (que nous verrons au chapitre 21).

Il n'est pas seulement malheureux, mais carrément tragique que tant de gens (esprits) vivent toute leur vie en ne sachant jamais qu'ils sont plus qu'un corps et un intellect. Ils ne connaîtront jamais leur véritable nature, ne sauront jamais qui ils sont vraiment, car ils ne sont pas en contact avec leur essence véritable. Les personnes qui n'ont aucun concept de l'esprit qui les habite souffrent souvent de dépression, de désespoir et de frustration ; leur existence et leur progression vers la mort ne sont que peur et souffrance.

Pour que l'être s'épanouisse, il faut que son esprit soit nourri en étant reconnu et validé. La clairvoyance est en fait un mécanisme de l'esprit. Le clairvoyant accède à l'information en contactant l'esprit de son client ou l'Esprit universel, avant de rapporter cette information dans la dimension matérielle et mentale.

Dans bien des cas, c'est en recevant une lecture par clairvoyance pour la première fois que les individus se sentent vraiment «vus», reconnus, compris et respectés pour ce qu'ils sont réellement. Offrir ce cadeau à un de ses semblables est l'un des aspects les plus gratifiants de l'exercice.

La lecture psychique est un puissant catalyseur de croissance et de conscientisation de soi, non seulement en raison de son effet psychologique, mais aussi parce qu'elle agit sur le corps énergétique et psychique. Elle peut entraîner un changement de perception instantanée, tant chez le consultant que chez le clairvoyant. En observant l'énergie, le clairvoyant entraîne chez cette dernière une réaction qui se traduit par un mouvement. Voilà pourquoi les émotions et la souffrance, qui sont énergie, sont parfois libérées instantanément. Quand le clairvoyant se concentre sur ces énergies et leur ordonne de se comporter selon ses indications, il pratique une «guérison par clairvoyance».

Pourquoi souhaiterait-on recevoir une lecture psychique?

Les gens entretiennent beaucoup d'idées fausses quant à l'objet des lectures psychiques. Bien qu'on puisse s'en servir pour obtenir de l'information sur l'avenir, une bonne lecture se concentre aussi sur le présent du consultant, sur ce qui fonctionne pour lui et ce qu'il doit changer pour faire en sorte de créer le genre d'avenir qu'il aimerait vivre. Les lectures peuvent contribuer à clarifier les expériences et les émotions, et à dissiper la confusion. Même si elles dévoilent des choses qu'on ignore, le plus important est qu'elles font aussi émerger des pensées et des sentiments qu'on a peur de s'avouer. Quand une relation est engagée dans la mauvaise direction, comme dans le cas d'un mariage violent et abusif, il faut parfois un témoin objectif pour dire: «Voici ce qui se passe et cela ne favorise pas votre bien-être.» Quand vous rencontrez une clairvoyante pour la première fois et qu'elle vous dorme des détails sur votre vie, qu'elle vous explique comment le fait de rester dans une situation nuit à votre état de santé physique et à votre estime de soi, vous ne pouvez rester dans le déni. Entendre la vérité de quelqu'un qui ne vous connaît pas et ne sait rien de votre situation a beaucoup plus d'impact que d'entendre les mêmes paroles de la bouche de votre famille

INTRODUCTION

et de vos amis, qui ont peut-être des préjugés ou sont trop impliqués émotionnellement dans votre situation.

On peut faire des lectures aux individus, aux couples et aux familles. Elles constituent parfois une forme redoutable de counseling matrimonial ou relationnel, étant donné que le clairvoyant n'est pas tenu de se fier aux versions de chacun des partis pour savoir à qui revient le blâme. Le clairvoyant peut détecter les accords et le passé de chacun des partenaires, et voir ce qui fonctionne comme ce qui ne fonctionne pas. Il peut aussi communiquer les pensées et les sentiments que l'un des partenaires est incapable d'exprimer de façon neutre et adéquate. Le conseiller-clairvoyant peut aussi vérifier si les dynamiques féminine et masculine de chacun sont harmonieuses ou conflictuelles.

Pourquoi voudrais-je faire de la guérison par clairvoyance ?

Que vous en ayez conscience ou pas, vous guérissez déjà votre entourage. Quand vous faites preuve de sympathie envers quel-qu'un, quand vous souhaitez l'aider à supporter, changer ou transformer ses souffrances et ses tourments, vous le guérissez. La plupart des gens ne se sont jamais perçus comme des guérisseurs et n'ont jamais cherché à en faire un métier, mais à moins d'être sociopathe, nous avons tous ressenti le besoin d'aider nos semblables. Quand nous ressentons ce désir et que nous ressentons la souffrance de l'autre comme si c'était la nôtre, quand nous lui dormons des conseils ou que nous essayons de le changer, quand nous prions pour lui, quand nous ressentons de la frustration face au fait qu'il reste enlisé dans sa vie, nous faisons appel à notre énergie de guérison.

Comme nous le verrons dans les prochains chapitres, cette façon de faire exerce des effets positifs, mais aussi nuisibles, tant sur la personne que nous aidons que sur nous-mêmes. Une fois que vous aurez compris les dynamiques et les effets de votre énergie et de vos habiletés curatives, vous serez mieux outillé pour choisir consciemment ce que vous voulez faire de votre énergie (ce qui dicte votre état de santé mentale et physique). Vous pourrez décider si vous voulez ou non partager la souffrance de quelqu'un, et si vous voulez ou non endosser, ou brouiller, son karma et son chemine- ment spirituel. Plutôt que de vous sentir impuissant ou vidé et de transmettre cette énergie néfaste (sous forme d'inquiétude ou de jugement), vous apprendrez à appliquer consciemment des techniques simples qui auront un effet utile sur la personne que vous souhaitez aider. On apprend à guérir pas seulement pour aider les autres, mais aussi pour éviter de le faire en usant par inadvertance de moyens dangereux pour soi et pour son entourage.

Si je suis si clairvoyant, comment se fait-il que je ne le sache pas ?

Je m'étonne encore que j'aurais pu vivre presque toute mon existence sans savoir que j'étais clairvoyante, ou sans même savoir ce qu'était la clairvoyance. La plupart des gens ne me croient pas quand je leur dis qu'ils possèdent le don que j'ai en commun avec plusieurs des meilleurs clairvoyants de la profession. En effet, ils croient à tort que s'ils possédaient ce don, ils le sauraient. Mais comment sait-on si on est doué pour quelque chose ? La seule façon, c'est d'essayer. Si vous n'essayez jamais de chanter, vous ne saurez pas que vous avez une belle voix. Si vous ne touchez jamais à un piano, vous ne saurez jamais si vous avez la capacité d'enjouer, avec de la formation et de la pratique. C'est la même chose pour la clair- voyance. Tout le monde peut s'ouvrir à sa clairvoyance, moyennant la connaissance de certaines techniques simples et une dose modérée de patience, de pratique et de discipline.

Influencé par divers courants religieux datant de l'époque de l'inquisition, le courant social de la pensée majoritaire fait de son mieux pour étouffer les capacités et les habiletés psychiques de ses enfants (et de ses adultes) à travers des tactiques pour les ridiculiser ou ne pas tenir compte du fait qu'un enfant communique grâce à ses facultés extrasensorielles, jusqu'a le punir et lui défendre de jamais aborder ces sujets. Entre brûler sur le bûcher dans nos incarnations précédentes, et être tournés en ridicule par les gens que nous aimons et de qui nous dépendons dans l'incarnation présente, il n'y a rien de surprenant à ce que nous ayons étouffé nos aptitudes naturelles au point d'oublier que nous les possédons !

Aujourd'hui encore, dans notre monde moderne, je connais beaucoup de clairvoyants qui ont le sentiment qu'ils doivent rester « cachés ». À

INTRODUCTION

l'instar des gais et des lesbiennes, plusieurs clairvoyants doués pour la lecture et la guérison dissimulent leurs activités, leurs aptitudes et leur être véritable à leur famille, leurs collègues de travail et leurs voisins, de peur d'être ridiculises, incompris, étiquetés, ostracisés et d'être en butte à la discrimination. Ces clairvoyants occultes font partie des citoyens les plus dévoues, les plus honnêtes, les plus aimants et les plus concernés de la planète. C'est pourtant un simulacre auquel ils consentent pour cacher leurs bonnes actions et en même temps, conserver leur emploi et maintenir leurs relations avec un entourage qui rejette et craint ses propres aptitudes spirituelles. Je connais beaucoup de clairvoyants de ce genre. J'en faisais partie.

Bien sûr, il y a en ce monde des clairvoyants et des chefs spirituels qui préfèrent entretenir l'illusion qu'ils ont reçu des dons spéciaux qui les élèvent en quelque sorte au-dessus de la moyenne. Certains agissent ainsi pour conserver pouvoir, prestige et richesses, alors que d'autres le font par ignorance. Par ailleurs, beaucoup de « disciples » de gourous psychiques préfèrent croire que leur « dieu » humain possède un pouvoir supérieur au leur et font donc tout en leur possible pour maintenir cette illusion ; ils évitent ainsi d'assumer la responsabilité de leur existence. Ce qui est ironique (étant donné qu'ils affirment suivre leur gourou pour atteindre l'illumination), c'est que cette attitude de dépendance les empêchera probablement d'atteindre leur plein potentiel.

Souvent ; on se tourne vers un gourou parce que le cheminement solitaire s'avère difficile, incertain, et solitaire, justement. Plusieurs veillent croire que tel gourou ou telle religion ont toutes les réponses, car on peut parfois avoir très peur devant le fait incontestable que personne ne sait réellement de quoi il retourne dans notre Univers. Les gourous et les maîtres spirituels sont parfois très utiles et même essentiels à la croissance d'un individu, en autant que la relation entre le maître et l'élève reste saine et équilibrée.

À travers les âges, beaucoup de regroupements spirituels ont cherché à contrôler la diffusion de connaissances semblables à celles que je présente ici, parce qu'ils craignaient qu'on n'en fasse pas un usage éthique et responsable. Pour ma part, je crois que les gens causent déjà assez de mal en utilisant leurs aptitudes sans le savoir : il y a bien plus d'individus à qui l'information contenue ici profitera qu'il n'y en aura pour en mésuser. On trouve sur le marché tellement de livres traitant spécifiquement de magie noire, accessibles à n'importe quelle personne animée de mauvaises intentions, qu'il n'y a aucune raison pour qu'on tente d'extraire à des fins malveillantes des renseignements d'un livre qui né vise qu'à améliorer la vie des gens.

Le pire ennemi de la conscience, c'est la peur. Beaucoup de gens craignent tellement ce qui se cache derrière la porte de leur liberté et de leur pouvoir personnels qu'ils choisissent de rester dans le noir. Le chemin de la clairvoyance est un chemin de transformation personnelle, et comme chacun le sait, la transformation n'est pas toujours facile. Quand on commence à s'ouvrir à sa clairvoyance, c'est comme si on entrait dans une grotte ancienne avec une lanterne très brillante. On pourrait aimer ce qu'on voit ou pas. On pourrait découvrir des formations de cristaux d'une beauté à couper le souffle et des hiéroglyphes parfaitement préservés, ou bien des momies en décrépitude gardées par des tigres mangeurs d'homme, l'écume à la gueule ! Bien qu'on puisse tamiser la lumière et même l'éteindre, on ne pourra jamais totalement oublier ce qu'on a vu pendant cette période d'illumination et ce qu'on a ressenti à voir aussi clairement. C'est en grande partie pourquoi on est réticent à explorer ses facultés paranormales.

Dans mes ateliers, je demande parfois aux participants : « S'il y avait un étranger dans votre maison, préféreriez-vous le savoir ou aimeriez-vous mieux qu'il reste caché de façon que vous n'ayez pas à l'affronter, quitte à ressentir la peur et l'anxiété provoquées par la conscience de sa présence ? » La plupart répondent qu'ils aimeraient connaître la présence de l'étranger de façon à pouvoir se protéger et se débarrasser de lui. Je me demande quelle proportion de gens ont les mêmes sentiments face à tous les « étrangers » qui, sous forme d'esprits ou d'énergies étrangères, hantent leur aura et leurs chakras, perturbent leurs relations, leurs communications interpersonnelles et leur contact avec leur être intérieur.

Je préfère rester consciente de ce qui se passe vraiment, peu importe à quel point « la chose » est laide ; ainsi, j'ai le choix de « la » conserver dans ma vie ou non. Dans ce livre, vous apprendrez à allumer la lumière, à faire face à tout ce que vous ne voulez plus voir traîner dans votre espace

INTRODUCTION

personnel, et à le vaincre. Si vous appliquez les techniques que je vous propose, votre peur se dissipera parce que vous saurez que vous pouvez affronter à peu près tout ce qui se cache dans le noir.

Le chemin de la clairvoyance est un chemin sur lequel il faut s'engager librement et par choix. Nul doute que plusieurs lecteurs se demandent encore s'ils ont des capacités psychiques ou si celles qu'ils possèdent sont aussi remarquables que je le suggère. La seule façon pour moi de vous convaincre de cette vérité, c'est de vous transmettre les techniques qui ont fonctionné pour moi et des milliers d'autres. Vous devrez faire le reste.

Quel genre d'impact la lecture de ce livre au ra-t-elle sur ma vie ?

Avertissement : ce livre est susceptible de créer des changements dans votre vie ! Tout comme l'énergie est mise en mouvement et modifiée par l'observation du clairvoyant, l'énergie est aussi modifiée par la lecture d'ouvrages comme le mien. Quand l'énergie se met en mouvement, les perceptions et les croyances sont ébranlées. C'est comme un séisme intérieur du corps émotionnel et mental. Mes professeurs donnaient à ce phénomène le nom de « période de croissance ». Dans les faits, la période de croissance est très excitante parce qu'elle vous transforme un peu plus en qui vous êtes réellement et en ce que vous voulez devenir. Par ailleurs, elle peut aussi vous remettre sur votre chemin spirituel.

Cependant, quand on traverse une période de croissance, on est parfois envahis par des émotions très intenses (tristesse, peur ou anxiété, par exemple), ce qui peut entraîner une courte période de turbulence dans certains domaines de la vie personnelle. Cela s'explique par le fait que nous vivons dans l'illusion que nos pensées sont la vérité. Plus nous croyons en nos croyances, plus nous nous sentons en sécurité. En libérant l'énergie et en l'activant, vous pourrez provoquer l'effondrement soudain de vos croyances — votre « doudou » pourra vous être arrachée sans autre forme d'avertissement. (Considérez mes paroles comme un avertissement !)

À mesure que nos croyances à notre sujet et au sujet du monde qui nous entoure se métamorphosent en structures de pensées nouvelles et productives, notre comportement tend à changer, ce qui entraîne des changements et des réactions dans notre entourage. En même temps que l'énergie bouge parce qu'on lit un ouvrage ou qu'on donne ou reçoit des guérisons et des lectures par clairvoyance, plusieurs émotions et souffrances balayées sous le tapis et étouffées depuis la naissance (et parfois même avant) émergent ; on peut ainsi s'en libérer, les assimiler et les intégrer de façon plus saine. Quand l'énergie est libérée sous forme de douleur physique et émotionnelle, on peut la vivre au présent et se méprendre en l'attribuant à quelque chose qui se produit en temps réel. En psychologie, on parle d'un phénomène de *transfert*.

Si votre réaction à une situation est très exagérée par rapport à ce qui s'impose logiquement, c'est le signe qu'elle déclenche des émotions que vous n'avez pas traitées adéquatement par le passé. La meilleure manière de faire face à une période de croissance exigeante, c'est de reconnaître ce que vous vivez, d'arrêter de résister et de profiter du voyage.

Si vous vivez une période de croissance particulièrement éprouvante et que vous aimeriez obtenir les conseils de professionnels qui comprennent ce que vous vivez, sachez qu'il y a de nombreux centres de formation en clairvoyance un peu partout aux États-Unis et dans le monde, où un personnel attentionné et des étudiants enthousiastes seront heureux de discuter gratuitement avec vous de votre situation ou de vous faire une lecture ou un traitement de guérison, face-à-face ou à distance, pour une somme très modique (voir les chapitres 24 et 25).

CHAPITRE 2

Vous Utilisez Déjà Vos Capacités Psychiques

Je suis toujours étonnée et attristée quand quelqu'un me dit qu'il n'a jamais vécu d'expérience paranormale. En fait, nous vivons constamment des expériences psychiques, mais nous ne savons tout simplement pas que c'est ce qui se passe. Un grand nombre de nos pensées, de nos sentiments, de nos sensations, de nos rêves, de nos fantaisies, de nos anxiétés et de tout le reste, provient de sources extérieures, mais nous croyons à tort qu'ils ont pour origine notre corps et notre intellect.

Pour beaucoup d'entre vous, ce n'est que lorsque vous vivez une expérience paranormale nette et précise que vous envisagez la possibilité d'être clairvoyant. Par exemple, vous pensez à une amie que vous avez perdue de vue depuis des années et l'instant d'après, elle vous téléphone ; ou vous rêvez qu'un membre de votre famille est victime d'un malheur et apprenez le lendemain matin qu'il est décédé durant la nuit ; ou vous faites fi des inquiétudes « irrationnelles » de votre mère qui vous supplie de ne pas sortir, et le soir même, vous avez un accident étrange et votre voiture est une perte totale.

Certaines personnes ne croient à l'existence de leurs capacités psychiques qu'en ayant des expériences extrêmes de sortie astrale où elles voient une pièce comme si elles l'observaient à partir du plafond, ou en guérissant miraculeusement d'une maladie mortelle. Elles ne savent pas que durant la journée, leur esprit entré et sort de leur corps un millier de fois, ou que chaque semaine, elles profitent d'innombrables fois de guérisons en latence qui les sauvent de la mort.

Si vous ne tirez rien d'autre de ce livre, j'espère au moins que vous réfléchirez au moins à la possibilité que vous n'utilisiez pas seulement vos facultés paranormales à l'occasion, mais en tout temps. Nos capacités psychiques sont des aptitudes spirituelles. En tant qu'esprit, nous possédons les mêmes qualités qui sont attribuées à Dieu. Les esprits sont créateurs. Ils sont omniscients (ils connais- sent tout) et omniprésents (ils sont partout à la fois). Votre esprit possède ces aptitudes même lorsqu'il est lié à un corps physique — votre corps physique. Certaines de ces aptitudes spirituelles et psychiques peuvent être classées en *clairaudience, transe médiumnique, télépathie et clairsentience*, qui seront toutes illustrées dans ce chapitre.

La clairaudience est la capacité d'entendre les pensées d'un esprit, tant incarné que non incarné. La transe médiumnique est la capacité que possède votre esprit/énergie de quitter votre corps pour laisser temporairement la place à d'autres esprits/énergies. La télépathie est la capacité d'émettre et de recevoir des pensées par des moyens extrasensoriels. La clairsentience est la capacité de ressentir les émotions d'autrui. Utilisées consciemment, ces facultés paranormales vous aideront à vous comprendre et à vous guérir, et à comprendre et guérir vos semblables. Utilisées inconsciemment, comme c'est souvent le cas, elles causeront beaucoup de confusion inutile, de souffrance et de tourments.

Comme nous étions des jumelles identiques, ma sœur Amy et moi devions constamment répondre à des questions que nous trouvions parfaitement stupides: «Si l'une de vous deux souffre, est-ce que l'autre le ressent?» Nous répondions toujours par un «non» exaspéré! Or, presque vingt ans plus tard, j'ai pris conscience que je sentais non seulement la souffrance et les émotions d'Amy, mais celles de tous ceux qui m'entouraient. Ce concept n'avait jamais été introduit dans nos schèmes de référence, car nos parents, nos professeurs et la société dans laquelle nous avons grandi l'ignoraient. Il n'y avait que dans le domaine de la fantaisie, les rêves et les mythes qu'on pouvait ressentir les émotions d'un autre. Pour notre société à l'esprit fermé, si vous avez mal, il n'y a qu'une explication : quelque chose cloche dans votre organisme. Bien entendu, on nous a enseigné que la seule manière acceptable de faire disparaître la souffrance, c'est d'attendre de Voir si elle passe, de consulter un médecin et de prendre des médicaments, ou de se soumettre à une chirurgie.

J'ai commencé à saisir les limites et les dangers de ce paradigme peu de temps après avoir commencé ma formation de clairvoyante. Puisque la clairvoyance n'engage pas l'intellect, la pratique est la seule façon de la développer. Dès l'abord, j'ai donc été précipitée dans des lectures sans idée préconçue quant à ce qui se produirait. Durant les premiers mois de formation, je pratiquais généralement mes lectures avec des confrères et consœurs d'études (voir chapitre 17). C'est un excellent moyen d'acquérir de l'assurance comme clairvoyant, puisqu'en tant que débutant, on a très peu confiance en ce qu'on «voit» et encore moins le courage de le décrire. C'est aussi vrai quand on voit la même chose que les étudiants plus avancés. inévitablement, quelque participant évoquera ce que vous observez ou percevez en silence, et cette évocation accroîtra votre confiance en vous ; vous aurez la confirmation que vous êtes réellement clairvoyant et que vous n'êtes pas en train de «vous servir de votre imagination».

À ma grande surprise, j'ai vite observé que non seulement je voyais les mêmes images que mes collègues, mais aussi que je ressentais les sensations dans mon corps. Ainsi, durant une lecture, je me suis mise à ressentir une forte pression au sommet de mon crâne, comme si quelqu'un était assis sur ma tête. En même temps, j'ai ressenti une douleur intense dans le haut du dos et ma gorge s'est serrée. Tandis que je me demandais ce qui m'arrivait et que j'essayais de voir si mon assurance santé couvrirait une consultation médicale pour ce genre de problème, les autres participants se sont mis à se plaindre des mêmes malaises. À notre grand soulagement. un de nos professeurs est entré et a déclaré : «Vous voudrez peut-être saluer les esprits des communautés religieuses qui vous cognent sur la tête. Ne soyez pas étonnés si vous éprouvez des difficultés à faire votre lecture : il y a dans cette pièce beaucoup d'énergies qui ne veulent pas que vous parliez de ce que vous voyez. Et en passant (en s'adressant à un des étudiants), vous avez vraiment eu de graves problèmes de dos dernièrement, parce que je sens que vous, souffrez encore intensément ! » Aussitôt que la lecture a pris fin, mes malaises et mon inconfort avaient disparu.

Dans un autre cas, quelques minutes avant de commencer une consultation, j'ai tout à coup ressenti un étrange picotement aux gencives. Encore une fois, je me suis demandé ce qui n'allait pas. En entrant dans la pièce, la cliente s'est excusée en disant : « Désolée, j'ai l'air un peu bizarre. Je viens d'avoir un traitement de canal, et l'effet de la novocaïne ne s'est pas encore dissipé. » À la suite de ces expériences, j'ai compris que ces sensations physiques n'étaient pas vraiment les miennes et que je les recevais par canalisation.

Clairaudience, transe médiumnique et télépathie

La plupart des gens s'imaginent que leurs pensées leur appartiennent ; mais parfois, cette idée préconçue peut être bien loin de la vérité. Avez-vous déjà vécu la situation suivante : vous êtes aux prises avec une question ou un problème épineux, et vous êtes sur le point de tout abandonner, quand une solution brillante vous vient subitement à l'esprit. D'où pensez-vous que vient cette solution ? Nous nous accordons parfois beaucoup trop de crédit ! Plusieurs individus brillants — des scientifiques comme Albert Einstein, des artistes, écrivains, inventeurs et autres — n'ont jamais eu la vanité de croire qu'ils étaient seuls responsables des idées monumentales qui leur venaient en rêve ou au réveil. Je crois que ces pensées proviennent d'autres esprits ou individus.

Vous avez probablement remarqué que les gens avec qui vous avez des liens très étroits — frère ou sœur, meilleur ami, conjoint ou conjointe, et ainsi de suite — finissent vos phrases ou posent les questions que vous étiez sur le point de poser. Bien entendu, cela ne découle parfois que de vos similitudes, mais c'est souvent une manifestation de vos facultés paranormales.

J'ai eu ma première leçon consciente en clairaudience, transe médiumnique et télépathie quelques semaines après le début de ma formation. Ce jour-là, plutôt que de ressentir l'excitation habituelle à l'idée de faire une lecture, j'étais étrangement anxieuse en conduisant vers l'institut.

VOUS UTILISEZ DÉJÀ VOS CAPACITÉS PSYCHIQUES

J'ai failli faire demi-tour plusieurs fois et rentrer à la maison. Je me suis dit que je rentrerais si je n'arrivais pas à garer ma voiture directement devant la porte. J'ai trouvé un espace à moins d'un mètre de l'entrée. J'avais la nausée en me faufilant à l'intérieur de l'édifice.

J'étais assise devant la personne qui venait consulter depuis environ quinze minutes et je ne voyais que l'obscurité. Mon attitude, généralement optimiste, a cédé le pas à un sentiment de ridicule et d'inutilité et je me suis demandé : « Qu'est-ce que je fais ici ? Tout cela n'est qu'une énorme farce. Je n'ai pas vraiment de capacités psychiques. Je perds mon temps ! » Ce monologue s'est poursuivi un moment jusqu'a ce que j'entende les mots : « T'es qu'une sale idiote ! » Cette insulte grossière a sonné comme une musique à mes oreilles, car en un clin d'œil, j'ai compris que ces mots ne m'appartenaient pas ! Bien que j'aie tendance à me critiquer, je n'utilise jamais ce genre de langage — à moins d'être prise dans un embouteillage !

Intuitivement, j'ai su que ces paroles injurieuses provenaient d'ailleurs. Étant donné que le fait de « regarder » la cliente ne donnait aucun résultat, j'ai dirigé mon attention vers ce qui m'envoyait ces pensées. Immédiatement, j'ai vu deux yeux bridés et brillants : d'un seul coup, mon corps a été traversé d'une décharge électrique et j'ai été repoussée violemment sur ma chaise.

Cette « foudre » ne m'a pas blessée, mais elle m'a surprise. J'étais aussi très excitée, car cela ne faisait que confirmer mes soupçons. Spontanément, j'ai compris qu'indépendamment de sa nature, cet esprit ou cette énergie affectait la cliente. Sans laisser le temps à un confrère de terminer ce qu'il était en train de dire, j'ai laissé tomber : « Vous luttez depuis longtemps contre des problèmes d'estime de soi, et je pense que vous avez des pensées d'autopunition très virulentes sur une base régulière. »

Pour la première fois, la femme s'est exprimée avec émotion : « Oui ! Oui, c'est la raison qui m'a poussée à venir consulter. Il m'arrive même d'entendre des voix qui me disent de me faire du mal. Je crois vraiment que ce sont des esprits, plutôt que des hallucinations comme le prétend mon thérapeute. »

Cette première expérience s'est révélée très significative, puis-qu'elle m'a incitée à prêter attention à la source de mes pensées et de mes sensations physiques, non seulement dans mes lectures, mais dans mon quotidien.

Comme ces exemples le démontrent, votre estime de soi est parfois influencée par ce que les autres pensent et ressentent à votre sujet, et même par l'opinion qu'ils ont d'eux-mêmes. Par exemple, imaginez que vous êtes assis dans une salle de cours. Vous avez confiance dans le contenu du cours et vous êtes dans une période généralement harmonieuse de votre vie. Une femme arrive et s'assied à côté de vous. Elle est très préoccupée et veut obtenir une bonne note ; par ailleurs, elle se sent peu attirante et très peu intelligente. Que vous lui parliez ou pas, et même si vous ne la remarquez pas du tout, vous pourrez aisément absorber ou « syntoniser » son énergie, et voir votre estime de soi faire une chute vertigineuse en quelques secondes.

La plupart d'entre vous avez déjà pris la parole en public au moins une fois, ne serait-ce que pour faire une présentation orale en classe. En y repensant, vous découvrirez peut-être que votre succès ou votre échec était directement proportionnel à la réceptivité de votre public et à l'énergie qu'il dégageait, en ce sens qu'il peut vous avoir guéri ou attaqué psychiquement. L'énergie de nervosité et d'anxiété est non seulement contagieuse, elle exerce aussi un effet d'entraînement. Par conséquent, même si vous êtes en fait un orateur assuré, si vous êtes entouré de gens qui ont le trac, vous pourrez vous laisser gagner par leur frayeur et avoir plus de difficulté a prononcer votre allocution.

L'énergie d'une foule en colère — groupements néo-nazis, suprématistes, protestataires, groupes d'étudiants ivres et autres — peut se révéler séduisante et contagieuse. Ce caractère communicatif explique que certains individus commettent des actes horribles en groupe, alors qu'ils n'auraient même pas idée d'un tel comporte- ment s'ils étaient seuls. L'histoire a démontré que plusieurs adhérents à une pensée de groupe nocive ont été tellement mortifiés à cause de leurs propres actes qu'ils ont été incapables de vivre avec eux-mêmes par la suite, et ont fini par se suicider ou sombrer dans le syndrome du stress post-traumatique, comme plusieurs vétérans du Vietnam.

Dans la deuxième partie de ce livre, vous pratiquerez des techniques grâce auxquelles vous pourrez vous séparer de la peur, de la colère et de la négativité d'autrui. Ces outils vous permettront de garder contenance et de rester confiant si vous devez parler en public, ou face à un dé ? Par ailleurs, vous aurez grâce à ces derniers plus facilement conscience des situations où vous êtes influencé par des sources extérieures.

Clairsentience

Tout en poursuivant ma formation en clairvoyance le soir, je travaillais à plein temps comme agente de probation fédérale. Un jour, tandis que je marchais dans un couloir, j'ai ressenti une sensation bizarre dans la partie arrière de mon premier chakra, centre d'énergie situé a la base de la colonne vertébrale. Cela ressemblait à une brûlure, mais ce n'était pas exactement cela. Je me suis demandé ce qui n'allait pas. Une minute plus tard, j'ai été interpellée par un avocat enragé qui brandissait un de mes dossiers dans son poing crispé. Plus il s'approchait, plus la sensation dans le bas de mon dos s'intensifiait. J'ai compris que les deux étaient reliés.

Le lendemain, j'ai ressenti une sensation similaire, cette fois à l'avant de mon quatrième chakra, dans la poitrine. Quelques minutes plus tard, une femme hystérique s'est approchée de moi et m'a suppliée de faire quelque chose pour son benjamin qui venait d'être condamné à plusieurs années de détention. La sensation de brûlure dans ma poitrine a augmenté tant que j'ai été en compagnie de cette femme, au point où j'ai fini par avoir du mal a respirer. Dans les deux cas, les sensations ont disparu sitôt que mes interlocuteurs se sont éloignés. Heureusement, j'ai pris conscience que j'étais troublée par ma capacité psychique de clairsentience, plutôt que par des problèmes de santé exigeant une médication.

Bientôt, j'ai pu prédire avec une grande exactitude l'état d'esprit de la personne que j'étais sur le point de rencontrer ou le type d'interaction que nous allions avoir, en prêtant attention à mes sensations physiques inattendues. J'ai aussi commencé à me servir de cette habileté comme outil de diagnostic dans mon travail de guérison. Cependant, ce type de *précognition clairsentiente* avait ses limites, étant donné que je ne connaissais ni le contenu de l'interaction ni la personne que j'allais rencontrer (pour des renseignements aussi détaillés, il m'aurait fallu faire une lecture psychique). Ma nouvelle habileté présentait cependant une utilité: je pouvais maintenant distinguer les sensations qui m'appartenaient et celles qui appartenaient à autrui, plutôt que d'en être la victime. En appliquant certaines techniques que je vous expliquerai plus loin, j'arrivais donc à me soulager de ces sensations déplaisantes de façon efficace et opportune.

En même temps que je prenais conscience que j'étais influencée par les émotions et les pensées de mes semblables, je me rendais compte que j'étais de plus en plus sensible à ce qu'ils vivaient. Je me questionnais: combien de fois par le passé avais-je ressenti des souffrances ou des émotions que je croyais miennes, alors que ce n'était pas le cas? Je me suis mise la enquêter sur les plaintes de mes amis, de ma famille et de mes collègues, afin de déterminer s'ils ne capte- raient pas aussi, sans le vouloir, des sensations étrangères (grâce à leur clairsentience). J'ai été ébahie de constater que c'était très souvent le cas. Un jour, j'étais avec ma mère à l'hôpital. Nous étions assises côte à côte dans la salle d'attente où nous attendions que mon grand-père, atteint d'un cancer, soit soumis à divers examens. Comme je ressentais un grand stress, je suis entrée en méditation pour soigner mon cinquième chakra (centre d'énergie de la gorge). Après plusieurs minutes, j'ai pris conscience que ma mère, silencieuse près de moi, «syntonisait» ma vibration. Je savais qu'elle ressentait dans sa gorge la souffrance qui sortait de ma gorge. J'ai songé a lui en parler, mais j'ai décidé de ne pas interrompre ma méditation.

Une minute s'est écoulée. Ma mère s'est raclé bruyamment la gorge avant de s'exclamer: «Bon sang, je pense que je vais encore avoir la grippe. Ma gorge me fait un mal de chien.» J'ai essayé de lui expliquer ce qui était réellement en train de se produire, mais hélas, le concept lui était trop étranger. Elle est partie en direction de la pharmacie acheter un médicament qui la soulagerait de sa douleur. La situation m'a beaucoup attristée, car j'ai pensé au nombre de fois où, comme ma mère, des centaines de milliers de personnes ont pris des médicaments inutiles ou subi des interventions chirurgicales pour des douleurs mystérieuses qu'ils ressentaient réellement, mais s'appropriaient à tort.

Malheureusement, la plupart des gens que je côtoyais dans ma vie de tous les jours refusaient catégoriquement de considérer mes affirmations, même quand j'arrivais à présenter une argumentation claire et logique expliquant la source réelle de leur inconfort. Heureusement, je puisais du réconfort dans la compagnie de mes collègues d'études qui faisaient des découvertes similaires aux miennes, tant dans leur vie personnelle que dans nos lectures en groupe.

La clairsentience ne se limite pas au ressenti de la souffrance ; elle englobe d'autres énergies, y compris les émotions, les obsessions et l'excitation sexuelle. Il m'arrive souvent de rencontrer des clients aux prises avec une émotion intense — dépression, colère ou anxiété — et d'arriver à remonter à la source de leur émotion jusqu'a un conjoint ou un parent, vivant ou mort.

Un jour, en faisant une lecture pour un client, j'ai vu qu'il était obsédé par la crainte de perdre son argent, même si sa situation financière était vraisemblablement meilleure que celle de la majorité des gens. Sa crainte affectait sa relation avec sa conjointe et son amour de la vie. J'ai remonté à l'origine de son obsession jusqu'à son père, qui s'était suicidé au moment de la Grande Dépression. Le père était « connecté » avec d'autres esprits éprouvants sur le troisième chakra de mon client, ce qui lui occasionnait beaucoup de douleurs à l'estomac. Il a reconnu qu'il souffrait depuis des années de douleurs intenses, mais que les médecins avaient été incapables d'en déterminer la cause. Il avait la sensation qu'on le frappait à l'estomac. J'ai effectué quelques simples manipulations thérapeutiques pour l'aider à se libérer de cette énergie étrangère. Un mois plus tard, il me téléphonait pour me dire qu'il ne ressentait plus de douleurs pour la première fois en vingt ans et qu'il avait beaucoup plus de plaisir à dépenser son argent.

Mes étudiants me demandent souvent comment faire pour distinguer une émotion qui leur appartient d'une émotion qui vient de l'extérieur. Quand vous êtes incapable de maîtriser une émotion, que vous n'arrivez pas à changer d'humeur, en dépit de vos efforts, c'est le signe que l'émotion ne vous appartient pas vraiment. La dépression ou la tristesse qui vous accable est si intense et si douloureuse que la mort vous apparaît comme le seul recours possible, même si vous savez en toute logique que vous avez beaucoup de raisons de vivre. Par ailleurs, une émotion qui vient sans raison logique indique souvent une provenance extérieure.

La confusion, la désorientation et l'incapacité de penser sont également des indices que votre esprit est envahi par les préoccupations d'un autre.

D'après mes lectures et mon expérience, je suis certaine que ce que les psychologues appellent «l'anxiété diffuse» est exactement cela : de l'anxiété d'une source extérieure «diffuse» et qui est perçue par un individu sans méfiance. J'ai constaté que si j'arrive à découvrir la source de cette anxiété (soit en observant mon entourage ou en posant la question), le sentiment se dissipe rapidement et n'a que peu d'effet sur moi. Malheureusement, la plupart des gens font le contraire : ils sont anxieux parce qu'ils ressentent de l'anxiété, et dans le temps de le dire, ils sont chez le psychiatre pour se faire prescrire un tranquillisant.

Si vous vous rendez compte que vous êtes saisi d'une colère irraisonnée chaque fois que vous êtes en présence de quelqu'un, c'est le signe que vous «canalisez» ses émotions. Prenons un exemple : vous êtes en pleine forme et d'excellente humeur, et vous avez hâte de voir un ami. Mais voilà qu'après quelque temps en sa compagnie, vous ressentez soudainement et sans raison apparente de l'irritation et même de la rage. Ce n'est pas la première fois que vous vivez ce genre de situation avec lui. Évidemment, de nombreuses raisons peuvent expliquer la situation, mais il est possible que vous perceviez la colère inexprimée de votre ami et que vous la canalisiez dans votre organisme.

Compte tenu de la pléthore de lectures psychiques que j'ai données a des couples, j'ai établi que ce transfert d'émotions s'exerce fréquemment dans les relations où un des deux partenaires, souvent l'homme, a de la difficulté a exprimer des émotions comme la dépression ou la colère. La partenaire qui exprime volontiers ses sentiments canalisera par inadvertance l'émotion réprimée de son partenaire et finira au bout du compte par l'exprimer ouvertement. Comme l'émotion ne lui appartient pas, elle sera incapable de la gérer aussi efficacement que les siennes et finira en conséquence par tomber dans le déséquilibre, voire l'hystérie.

Depuis des siècles, l'homme qui réprime ses émotions se sert couramment de cette dynamique homme/femme pour justifier sa supériorité sur la femme qu'il qualifie d'«irrationnelle» ou de «trop émotive». Ironiquement, lorsque ce type de personne (souvent un homme, encore une fois) décide d'assumer la responsabilité de ses propres expressions d'émotions et se les réapproprie, sa partenaire n'aura plus à vivre les manifestations de son énergie émotionnelle. Autant les partenaires que la relation atteindront alors un état d'équilibre beaucoup plus harmonieux. Comme je l'ai déjà mentionné, le plus souvent, les émotions qui nous submergent irrésistiblement ne nous appartiennent pas.

L'émoi sexuel, la joie et l'excitation sont aussi des énergies transférables d'une personne à l'autre et tout aussi susceptibles d'être absorbées. Deux personnes qui s'attirent mutuellement échangent souvent à leur insu des énergies sexuelles. Elles ne sont généralement pas conscientes de l'échange énergétique en tant que tel : elles se sentent simplement aguichées et concluent que l'autre a un je-ne-sais-quoi auquel leur corps répond volontiers. Repensez à une situation ou vous avez ressenti une excitation sexuelle alors que vous étiez en compagnie de quelqu'un avec qui vous n'aviez aucune affinité, que vous n'aimiez pas particulièrement et que vous ne trouviez pas séduisant non plus. Il est fort possible que vous ayez cru que l'excitation vous appartenait, alors que vous étiez plutôt envahi par celle de l'autre. Vous avez peut-être même vécu de la confusion et été poussé à vous comporter d'une façon que vous avez regrettée par la suite.

Si j'en crois les nombreuses lectures auxquelles j'ai participé, il est clair que les fantasmes sexuels forment une énergie extrêmement puissante qui touche soit leur objet, soit une personne à proximité de leur auteur, comme si elle devenait l'objet du fantasme. En de nombreuses occasions, j'ai rencontré des personnes qui, selon ce que je voyais, présentaient tous les symptômes d'abus sexuel ou d'inceste. Quand je décrivais l'auteur des mauvais traitements et les circonstances de l'abus, la personne reconnaissait immédiatement son bourreau et la situation à laquelle je faisais allusion, mais insistait pour dire que l'incident n'avait jamais eu lieu.

Ainsi, le père d'une cliente, que j'appellerai Alice, était abonné a plusieurs magazines pornographiques. Chaque jour, il s'enfermait à clé avec ses magazines dans la salle de bain familiale et y restait des heures tandis que sa conjointe s'occupait des tâches ménagères. Comme il prenait grand soin de cacher ses magazines à sa famille, sa fille n'en avait jamais vu avant d'arriver à l'âge adulte. Quand Alice demandait pourquoi son père s'enfermait dans la salle de bain, sa mère lui expliquait qu'il avait des problèmes gastriques. Or, à partir de l'âge de sept ans, Alice a commencé à avoir des fantasmes sexuels extrêmement explicites concernant des actes dont elle n'avait jamais été témoin et dont elle n'avait jamais entendu parler, chaque fois qu'elle entrait dans la salle de bain. Ces fantasmes faisaient monter en elle un puissant désir sexuel qui la remplissait de confusion et d'un grand sentiment de honte et de dégoût d'elle-même. D'après ma lecture et la confirmation d'Alice, il était clair qu'elle avait absorbé les images et les émotions sexuelles évoquées par son père dans la salle de bain.

Cette anecdote démontre la nécessité de ce que j'appelle « le fantasme responsable ». Il est naturel et parfois même souhaitable d'avoir des fantasmes sexuels, mais il faut les surveiller et les maîtriser de manière à ne pas influencer accidentellement notre entourage, et en particulier nos enfants.

CHAPITRE 3

Votre Corps et l'Énergie

Comme nous l'avons vu au chapitre précédent, nous recueillons constamment des données concernant notre Univers et nos semblables à l'aide de nos perceptions extrasensorielles. Nous procédons en transmettant et en absorbant des données (sous forme de représentations, d'images, d'émotions et de douleurs) à l'aide de notre corps physique et des différents systèmes énergétiques qui correspondent à notre anatomie. L'aura et les chakras font partie de ces systèmes énergétiques. Bien qu'un exposé exhaustif sur ces systèmes énergétiques complexes dépasse la portée de ce livre, il est bon d'acquérir une compréhension fondamentale de leur fonctionnement et de leurs principales caractéristiques afin de comprendre comment nous gérons les énergies étrangères, comment nous sommes soumis à leurs influences, et ce que nous pouvons faire pour mieux les maîtriser. Quand on pratique la lecture psychique, il est aussi utile de connaître ces systèmes énergétiques et certaines caractéristiques élémentaires de l'énergie, car on est alors mieux outillés pour procéder. En effet, en connaissant les correspondances entre les différents systèmes énergétiques et le corps physique, on localise plus aisément les zones problématiques dans le corps, ce qui facilite le processus de guérison par clairvoyance.

Votre aura

Lisez n'importe quel texte spirituel tiré de la tradition hindoue, bouddhiste, soufie et kabbalistique, et vous constaterez qu'il existe un consensus universel à l'effet que l'être humain est beaucoup plus qu'un corps physique. Dans les faits, notre corps n'est qu'une toute petite partie de qui nous sommes et de ce que nous sommes. Notre esprit est contenu dans notre corps, mais il rayonne bien au-delà des limites ténues de notre chair. La partie de notre esprit qui enveloppe l'extérieur de notre corps est un champ énergétique souvent désigné sous le nom d'*aura*.

On peut percevoir cette aura à l'aide d'instruments physiques et voir ses couleurs grâce à la photographie Kirlian. Votre aura reflète tout ce qui concerne votre personnalité et vos expériences dans cette vie, et dans d'autres incarnations. Les clairvoyants perçoivent les informations contenues dans le champ énergétique sous formes de couleurs et d'images. L'aura est formée de couches ou corps spirituels. Au fil des âges, de nombreuses religions et disciplines spirituelles ont décrit l'aura de façon similaire. Règle générale, on pense que l'aura est formée de sept couches principales, ou corps. La photographie Kirlian permet de constater que ces couches ne sont pas distinctes : leurs couleurs se mélangent et recouvrent même par- fois complètement le sujet. Il arrive souvent que de façon inattendue, les couleurs de l'aura ou des autres énergies présentes apparaissent sur une photo ordinaire.

Aux fins de la lecture psychique, il convient de distinguer les différentes couches de l'aura, en imaginant que chacune est unique et séparée des autres. On retrouve ainsi plus facilement son chemin dans le complexe système de données inscrites dans le champ énergétique du consultant (voir chapitre 16).

D'après mon expérience, la première couche de l'aura (premier corps aurique) contient souvent les renseignements concernant l'organisme physique, étant donné que c'est la couche la plus près du corps. La deuxième correspond aux émotions et aux énergies sexuelles. La troisième contient des informations sur le pouvoir, la maîtrise et l'estime de soi. Dans la quatrième couche, on trouve des renseignements sur les questions sentimentales et les relations. La cinquième a trait à la communication. La sixième donne des indices quant à la perception de soi. Finalement, la septième couche, la plus éloignée du corps mais la plus près du monde extérieur, contient des informations sur les perceptions d'autrui, et héberge les énergies étrangères qui pénètrent dans l'aura ou en sortent. Des couches additionnelles existent peut-être, mais je n'en ai pas fait l'expérience, étant donné ma formation et mes idées préconçues sur l'aura.

Votre aura contient votre énergie personnelle, mais aussi l'énergie d'autrui et celle de votre environnement. Tout ce qui vous concerne — tout ce que vous avez été, tout ce que vous avez pensé, rêvé, expérimenté, ressenti, désiré, et toutes les relations que vous avez eues — est enregistré dans votre aura qui l'archive et peut aussi le transmettre. J'hésite à décrire l'aura plus en détails, car la meilleure façon d'en savoir plus, c'est comme toujours de faire vos propres observations, expérimentations et expériences clairvoyantes.

La couleur

Les clairvoyants voient l'énergie sous forme de couleurs. Comme l'énergie d'un individu et de son aura change constamment, les couleurs de cette dernière sont en perpétuel mouvement. Un jour, le bleu prédomine dans la première couche, tandis que le lendemain, elle vire au vert, selon les émotions, les actions de l'individu et les énergies étrangères qui l'influencent.

De nombreux ouvrages s'efforcent de définir la signification des couleurs de l'aura. Je préfère m'en abstenir, étant donné' que les couleurs sont des représentations symboliques et que le sens des symboles découle de l'expérience tant personnelle qu'universelle (on pourrait dire la même chose quant à l'interprétation des rêves). En fonction de leur parcours, deux clairvoyants diront qu'une même énergie est de la même couleur, de la même couleur mais de deux tons différents, ou de deux couleurs franchement différentes. Toutes les données sont filtrées : elles passent au crible des expériences de vie, des émotions, de la personnalité, des préjugés, et des programmations mentales et émotionnelles du clairvoyant (voir chapitre 4). Le même processus est à l'œuvre partout, pas seulement dans la lecture psychique.

Les clairvoyants fournissent des informations semblables sur l'énergie, mais sous des angles différents. En voyant du jaune dans l'aura de son client, le clairvoyant A annoncera qu'il s'agit de l'énergie de la mère de ce dernier ; le clairvoyant B aura le sentiment qu'il observe lui aussi l'énergie de la mère du client, mais qu'elle est bleue. S'il pousse un peu plus loin son questionnement, le clairvoyant A affirmera : « L'énergie jaune me dit que votre mère prie pour vous constamment et qu'elle vous aime beaucoup », alors que de son côté, le clairvoyant B dira : « L'énergie bleue que je perçois me dit que votre mère s'inquiète à votre sujet et qu'elle essaie de vous protéger. Or, cette protection crée un blocage. » Inconsciemment, le clairvoyant A se concentre sur l'énergie de la prière, parce que sa mère et lui prient beaucoup. Le clairvoyant B perçoit l'énergie du souci, parce qu'il essaie au même moment d'évacuer les inquiétudes de sa propre mère hors de son aura, car il veut cesser d'avoir peur de prendre certaines décisions concernant sa vie. Quoi qu'il en soit, les deux clairvoyants perçoivent des informations exactes qui seront utiles au client.

Parfois, je vois du rouge dans la première couche de l'aura et je constate qu'il exprime la colère de mon client. Ailleurs, je vois du rouge dans la septième couche, et il représente l'énergie créative générée par un intérêt amoureux. Je ne saurai probablement jamais pourquoi les deux données apparaissent sous forme de rouge, mais aux fins d'une lecture, la réponse est sans importance. Quand on fait une lecture, il faut faire taire son esprit analytique et l'écarter afin de regarder ce qu'on a devant soi. Si vous voyez une couleur, la dernière chose à faire, c'est de lui imposer une interprétation préconçue. Demandez-lui plutôt de vous montrer une image de ce qu'elle signifie. Demandez ensuite à l'image de vous révéler ce qu'elle signifie. Le processus est décrit en détail dans les chapitres 13 et 14. Après avoir donné plusieurs lectures, vous aurez acquis votre propre vocabulaire d'images et de couleurs, mais ce ne sera qu'un tremplin vers de nouvelles investigations par clairvoyance. Quand je vois du blanc dans l'aura d'un client, il s'agit souvent d'une énergie transmédiumnique, ou énergie émanant d'esprits désincarnés. Le cancer semble aussi vibrer sous cette forme. Quand je vois du noir, c'est souvent le signe d'une vibration inférieure, de maladie ou d'interférence. Cependant, ces deux couleurs peuvent avoir une infinité de sens ; il serait donc irresponsable que de faire de vagues suppositions à leur sujet dans le cadre d'une lecture.

Caractéristiques de l'aura

L'aura est extensible : parfois, elle ne s'aventure qu'à quelques centimètres du corps, mais en d'autres occasions, elle rayonne sur des centaines de kilomètres. Chaque individu a une façon différente de « porter » son champ aurique : certains sont plus à l'aise avec une aura étroitement collée au corps, quoiqu'ils la laisseront prendre de l'expansion dans certaines situations. Dans d'autres cas, c'est l'inverse. Les personnes réservées et introverties ont tendance à garder leur champ aurique plus près de leur corps que les personnes expansives. Si votre aura s'étend très loin, vous toucherez les personnes qui partagent le même espace que vous et vice versa. Par conséquent, il est souvent utile de resserrer son aura autour de soi quand on se sent assaillis par les stimuli, par exemple, dans une foule ou un embouteillage. On resserre son aura ; ou on lui fait prendre de l'expansion par la visualisation et l'énoncé d'intention.

Pendant deux mois, j'ai partagé mon appartement avec une amie clairvoyante qui était à la recherche d'un logement. En entrant dans une pièce, elle avait tendance a étendre son aura pour se sentir en sécurité. En fait, son aura s'infiltrait jusque daris les murs. Je trouvais cela très irritant, étant donné qu'elle envahissait l'espace que j'occupais déjà. J'avais l'impression d'être envahie par ses pensées et ses émotions, au point où je ne pouvais plus penser à rien d'autre qu'à elle. La première fois que j'ai abordé la question, elle a admis que ses ex-colocataires clairvoyantes s'étaient plaintes de la même chose. Avec un rappel amical et le recours à la visualisation, mon amie s'est montrée tout à fait capable de resserrer son aura autour d'elle.

Je vous encourage à jouer avec votre aura dans toutes sortes de situations afin de déterminer ce qui est le plus confortable pour vous — ainsi que pour les membres de la maisonnée!—vous apprendrez ainsi à prendre conscience de votre aura et à la renforcer. L'expansion et la contraction de l'aura s'apparente beaucoup a l'exercice physique. Plus vous exercerez votre aura par la visualisation, plus vous la renforcerez et plus vous maîtriserez votre champ énergétique et votre clairvoyance.

Les chakras

On trouve dans l'aura des centres d'énergie concentrée qui correspondent aux différentes zones du corps physique. On appelle ces centres énergétiques des *chakras*. Le terme vient du sanscrit et signifie « roue » ou « centre de force irradiante ». L'aura contient plusieurs de ces centres essentiels d'énergie au-dessus de la tête, ainsi que dans les mains et les pieds. Les chakras sont des points de contact importants où l'esprit rencontre le corps physique ; à l'instar de l'aura, ils contiennent une grande quantité d'information.

Mes expériences de clairvoyante et de guérisseuse m'ont confirmé que toutes les maladies prennent naissance dans les chakras ; si ces derniers ne fonctionnent pas comme il se doit, les organes physiques correspondants en subissent les conséquences. Beaucoup de clairvoyants, moi y compris, voient ces centres d'énergie sous forme de petits disques tournoyants. Quand un chakra ne tournoie pas, c'est qu'il est déséquilibré, comme la circulation énergétique dans l'organisme.

Pour ma part, je ne vois généralement pas les chakras en détail. Mon orientation et mon inclination n'étant ni technique ni mathématique, je suis plus intéressée par l'information stockée dans le chakra que par sa structure. Vous verrez peut-être les chakras de façon plus complexe ou détaillée. En même temps que vous travaillez a développer vos capacités de clairvoyance, je vous encourage à étudier les chakras et les autres systèmes énergétiques du corps et de l'esprit.

Chez l'homme, le premier chakra est situé à la base de la colonne vertébrale ; chez la femme, il se situe à l'entrée du col de l'utérus. Ce centre touche les questions concernant la survie du corps et les liens avec la société. En général, il y a un lien ou un cordon entre le premier chakra d'une mère et celui de son enfant. Quand mon bébé est malade, je ressens une douleur intense au premier chakra.

Selon Ruth et Gary Marchak, qui ont fondé le Seven Centers School of Yoga Arts de Sedona, quand le premier chakra fonctionne mal, l'individu aura du mal a ce que l'argent se manifeste, de même que ses désirs ou ce dont il a besoin, que ce soit un emploi gratifiant, de l'argent ou des relations saines. Dans le yoga des chakras, qui est une forme de yoga kundalini, quelques mouvements et postures permettent d'influencer ce chakra. Pour rééquilibrer le premier chakra et faire manifester l'abondance dans sa vie, il suffit souvent de pratiquer une série d'exercices (physiques ou mentaux) de façon soutenue pendant environ une semaine.

Le deuxième chakra contient les informations entourant les émotions, le pouvoir et la sexualité. Il correspond aux organes reproducteurs. Quand vous êtes en Contact avec votre don de clairsentience, que vous rencontrez quelqu'un qui vous attire ou que vous devenez intimes, vous sentez pénétrer dans votre deuxième chakra des cordelettes d'énergie semblables à des aiguilles. Ce chakra correspond également aux aptitudes psychiques de clairsentience. Ici encore, la pratique de certaines asanas et de visualisations pourra augmenter la circulation d'énergie dans ce chakra.

Dans mes lectures, j'ai observé que le cancer de la prostate résulte souvent d'une perte de pouvoir et d'une interruption de la circulation énergétique dans le deuxième chakra. Caroline Myss a produit une magnifique série de cassettes audio, *Three Levels of Power and How to Use Them*, que je vous recommande fortement. L'auteure y explique que les hommes qui prennent leur retraite à la fin d'une carrière, qui a occupé une grande partie de leur vie, semblent développer un cancer de la prostate plus souvent que ceux qui continuent de travailler. Les hommes qui prennent leur retraite du jour au lendemain se « déconnectent » de la source d'énergie qui nourrissait le sentiment de leur pouvoir personnel et de leur valeur, a savoir leur emploi. Quand ils perdent ce pouvoir, leur énergie s'écoule de leur deuxième chakra, ce qui entraîne des problèmes physiques.

Les femmes qui ont subi des sévices sexuels à un âge précoce, celles qui ont été victimes de négligence, de mauvais traitements ou de terribles déceptions dans leurs relations intimes, celles qui sont restées dans une situation malheureuse contre leur gré, développent souvent un cancer des ovaires ou une autre affection du système reproducteur féminin. En fait, je n'ai jamais rencontré d'exception à la règle parmi les dizaines de femmes à qui j'ai donné une lecture et qui ont subi l'hystérectomie. Les informations concernant cet historique sont toujours logées dans le deuxième chakra, mais elles peuvent aussi apparaître dans les chakras correspondants aux problématiques.

Le troisième chakra concerne les questions de contrôle et d'es- time de soi. Les personnalités de « type A » ou « maniaques du contrôle » ont tendance à avoir des problèmes gastriques, comme des ulcères, en raison de la suractivité de leur troisième chakra. Comme il est responsable de la distribution de l'énergie dans tout l'organisme, ce centre d'énergie est particulièrement puissant. Un individu qui a son troisième chakra survolté ressemble un peu à une chaîne stéréo crachant de la musique à plein volume : tout son entourage en est affecté.

D'un autre côté, si ce chakra est vide ou fermé, on aura affaire à une personne léthargique au point où son existence même pourrait être en danger. Cette personne sera aussi très avide de l'énergie d'autrui. L'être humain a besoin d'énergie pour fonctionner et s'épanouir. Le troisième chakra d'un individu qui ne génère pas assez d'énergie personnelle recher- chera de l'énergie chez ses semblables et l'attirera comme un aimant. Certaines des personnalités les plus puissantes de la planète fonctionnent ainsi — gourous spirituels, chefs religieux, hommes politiques, étoiles du cinéma et chefs d'entreprise. Soit parce qu'ils n'ont pas d'énergie personnelle, soit parce qu'ils accomplissent des tâches monumentales exigeant une quantité phénoménale d'énergie, donc pour tenir le coup, ils doivent se fier a l'aide et à l'énergie de leurs disciples, de leurs partisans, de leur cercle d'admirateurs ou de leurs nombreux employés.

Bien que nos systèmes énergétiques soient capables de se ressourcer, nous n'avons qu'une quantité limitée d'énergie pour un laps de temps donné, raison qui nous oblige à manger, dormir et relaxer. Nous ne pouvons gérer qu'un nombre donné de projets créatifs, de relations, de responsabilités et de problèmes, avant que notre organisme se mette à mal fonctionner en manifestant une maladie physique, mentale ou émotionnelle.

VOTRE CORPS ET L'ÉNERGIE

Pendant un certain temps, j'ai donné un nombre anormalement élevé de lectures à des femmes qui essayaient d'en faire trop (sans doute parce que c'était un de mes problèmes). Dans tous les cas, le message était clair : nous devions arrêter d'essayer de tout faire, et à la place, nous concentrer sur ce qui était le plus en accord avec notre objectif de vie. Cela signifiait éliminer les projets, les emplois, les activités et les relations qui ne facilitaient pas l'atteinte directe de notre objectif. Indépendamment du fait que l'objectif soit général (être en paix) ou très particulier (publier un livre). Quand on essaie d'en faire plus que l'énergie dont on dispose, ce qu'on investit est tellement dilué qu'aucune relation, aucun projet, ne reçoit l'énergie nécessaire pour en faire une joie et un succès.

Comme il distribue l'énergie, le troisième chakra est relié à tous les autres. Depuis que je me suis ouverte a mes capacités psychiques, j'ai remarqué que si je blesse une partie de mon corps — que je me cogne l'orteil ou que je m'écrase Lui doigt en fermant un tiroir —, je sens un serrement ou une douleur dans mon troisième chakra. Si jamais les circonstances vous permettent d'aider quelqu'un qui souffre d'une blessure ou d'un choc potentiel, John Fulton, directeur du Aesclepion Healing Center, en Californie, suggère ceci : placez votre main sur le troisième chakra (région du plexus solaire) de la personne blessée et demandez-lui avec douceur de concentrer son attention sur la partie de son corps que vous couvrez de votre main. L'énergie qui s'est accumulée dans la zone blessée et qui cause la douleur et le choc sera alors redistribuée. Distraire l'attention de la personne de sa blessure en la tournant vers son troisième chakra diminuera aussi ses souffrances. Si l'esprit (énergie) est sorti du corps au moment de l'incident, la concentration sur le troisième chakra l'aidera à revenir pleinement dans le corps. La personne aura besoin de toute son énergie pour guérir. J'ai constaté' que cette technique fonctionne bien avec les jeunes enfants et les bébés.

Aux Philippines, certains chirurgiens spirites et guérisseurs de la foi travaillent uniquement sur le troisième chakra du patient, indépendamment du type ou de la localisation de son malaise. Ils postulent, demandent, visualisent et prient que toute la maladie pré- sente dans le corps se concentre dans le troisième chakra ; ensuite, ils appliquent un ensemble de techniques pour extraire la maladie ou l'énergie étrangère du chakra.

Le quatrième chakra correspond au cœur, et concerne l'affinité avec soi et les autres. Les personnes ayant vécu des déceptions dans leurs relations, celles qui sont perfectionnistes et ont tendance a se montrer très exigeantes envers elles-mêmes, font souvent des crises cardiaques, étant donné le mauvais fonctionnement de l'énergie dans ce chakra. J'ai observé par clairvoyance que dans bien des cas, les femmes souffrant d'un cancer du sein avaient été déçues ou étouffées par leurs relations et qu'elles n'avaient pas eu, ou ne s'étaient pas donné la permission de se l'admettre. Les femmes souffrant du complexe du martyre sont aussi vulnérables face au cancer du sein.

Le cinquième chakra correspond à la gorge ; il occupe une fonction dans la communication tant physique que télépathique. Les esprits canalisés par la voix ou les pensées (comme dans la clairaudience) se « connectent » souvent sur ce chakra. Maux de gorge, laryngites, douleurs au cou et maux de tête sont souvent reliés à une perturbation de la circulation de l'énergie dans ce centre. Les personnes qui ont de la difficulté à exprimer leurs émotions présentent souvent ce genre de symptômes : en général, leur cinquième chakra est fermé ou pas assez ouvert.

Les dommages au cinquième chakra résultent parfois d'une expression trop longtemps retenue ; clans d'autres cas, le problème de communication est dû à un chakra endommagé. Dans la plupart des cas, quand ce chakra est abîmé, c'est qu'il contient les énergies étrangères d'un membre de la famille ou d'un intime qui a intérêt à ce que la personne se taise ou qui veut contrôler ce qu'elle dit. Souvent, les parents bien intentionnés bâtissent une sorte de barrage énergétique devant le cinquième chakra de leur bébé pour qu'il se taise. Que l'énergie prenne la forme d'une réprimande verbale ou télépathique. Tentant reçoit le message que « s'exprimer est indésirable, irritant pour autrui ou honteux ». Résultat : son cinquième chakra se contracte.

Bien entendu, il est essentiel d'établir des limites avec les enfants. La réprimande occasionnelle ne cause pas trop de dégâts, mais les parents pourront maintenir l'intégrité des chakras de leurs enfants en prenant conscience de leurs propres énergies, et en s'assurant qu'ils ne s'en servent pas pour envahir les chakras sensibles et sans protection de leur progéniture. En créant un environnement sûr où l'enfant est encouragé à exprimer ses émotions de façon appropriée — y compris sa colère contre ses parents —, on s'assurera que ses chakras restent sains, ce qui le rendra toute sa vie moins vulnérable aux maladies. Il deviendra aussi un communicateur ou un orateur plus compétent et plus confiant.

Les personnes incapables de verbaliser leurs émotions et d'exprimer leurs sentiments de colère, de déception ou de frustration, ne pourront jamais vraiment assumer leur pouvoir ; le cinquième chakra concerne donc aussi les problématiques de pouvoir personnel.

Le sixième chakra, aussi appelé *troisième œil*, est le centre de la clairvoyance. Il est situé au centre du cerveau, un peu au-dessus des yeux. Quand elle veut connaître vos pensées ou vos actions, la personne curieuse qui ne veut pas que vous en ayez conscience se « connecte » inconsciemment sur votre sixième chakra. Comme le centre qui le précède, le sixième chakra est très sensible aux énergies étrangères. Les enfants apprennent souvent à étouffer l'énergie de ce centre et essentiellement à se « déconnecter » de leur clairvoyance à un âge très tendre, afin d'éviter de voir ce que leurs parents ne veulent pas qu'ils voient.

Heureusement, il est assez facile d'évacuer les énergies étrangères, soit par un travail de guérison énergétique, soit en activant le sixième chakra par l'intention et l'utilisation. J'ai vu plusieurs étudiants novices incapables de « voir » quoi que ce soit en raison de la fermeture de leur sixième chakra, devenir des clairvoyants remarquables en quelques semaines, en étant simplement présents aux lectures et en pratiquant leur clairvoyance. Pour ma part, j'ai fait des lectures à quelques étudiants avant qu'ils apprennent qu'ils avaient des capacités de clairvoyance (et qu'ils sachent qu'ils les utiliseraient sous peu) : dans la majorité des cas, personne ne leur avait donné la permission de laisser leur sixième chakra donner son plein rendement. Or, moins d'un an plus tard, après avoir étudié les techniques présentées ici, ils m'ont tous fait une lecture fantastique qui a dépassé mes attentes.

Le septième chakra est situé au sommet de la tête : c'est le siège de l'âme. La partie inférieure de l'esprit circule du sommet de la tête jusqu'aux pieds, tandis que la partie supérieure de l'esprit circule des pieds a la tête. L'énergie poursuit sa course jusqu'à Dieu ou cette partie de notre être qu'on appelle le Soi divin. Le chakra couronne permet d'accéder au savoir spirituel par la « connaissance infuse » ; c'est par là que l'esprit sort du corps et que les esprits y entrent. Le gourou, le maître spirituel, ou la personne qui veut vous tenir en son pouvoir, entre en contact avec votre chakra couronne. Ce centre d'énergie est souvent dépeint comme un halo doré flottant au- dessus de la tête des personnages comme le Christ, les saints et les anges. Quand je suis sous surveillance par caméra vidéo ou sous le radar d'un policier, je sens une pression s'exercer sur mon chakra couronne, ce qui m'avertit que je ferais bien de ralentir et de me tenir à carreau !

Dans cet ouvrage, vous apprendrez à faire descendre votre énergie cosmique et votre énergie personnelle dans votre corps par votre septième chakra. Vous apprendrez comment calibrer et maintenir la vibration de votre chakra couronne à un niveau agréable et plaisant, ce qui vous évitera de vous « accorder » par inadvertance avec des vibrations inférieures (voir chapitre 9). Vous apprendrez aussi comment syntoniser le septième chakra de vos clients (ce qui revient à syntoniser leur esprit et leur vibration énergétique ou essence originelle) afin de faire des lectures éclairées (voir chapitre 14).

Avez-vous déjà joué quand vous étiez enfant à « léger comme une plume, raide comme une barre de fer » ? Dans ce jeu, un enfant fait semblant d'être mort et imagine qu'il est léger comme une plume et raide comme une barre de fer. Ensuite, deux enfants (au moins) s'agenouillent de chaque côté du « mort » et placent deux doigts de chaque main sous le corps. Un troisième s'assied face au chakra couronne, place deux doigts sous la tête du mort et invente une histoire sur la façon dont le décès est survenu. Puis, les enfants répètent « léger comme une plume, raide comme une barre de fer » et après avoir compté jusqu'à trois, essayent de soulever le mort.

J'ai joué à ce jeu des milliers de fois dans des soirées pyjama. Un soir, ma sœur et moi avons, de fait, réussi à soulever une camarade de 8 ans, très grassouillette, au-dessus de nos têtes. Le choc et la peur nous ont fait perdre notre concentration et nous l'avons laissée tomber. À ce jour, j'ignore si elle nous a pardonné !

VOTRE CORPS ET L'ÉNERGIE

Un jour, j'ai assisté à une conférence donnée par un guérisseur qui nous a révélé le secret du jeu. Il nous a expliqué que le truc consiste à syntoniser le chakra couronne du sujet et à s'aligner avec celui-ci. Il a fait la démonstration de ce qu'il avançait en invitant quelques personnes à poser leur main droite sur le chakra couronne d'un homme qui pesait 82 kilos au bas mot. Le sujet étant assis sur une chaise, trois personnes ont posé leur main droite sur sa tête et ont visualisé la même couleur durant trente secondes, suivant les instructions du conférencier. Elles ont ensuite placé deux doigts de chaque main sous la chaise et l'ont soulevée sans effort à environ un mètre du sol. Le guérisseur nous a expliqué que le processus aurait fonctionné même si le trio s'était aligné avec le chakra couronne d'une autre personne que le sujet de l'expérience. L'alignement de trois personnes avec la puissante énergie du chakra couronne d'une quatrième donne l'énergie, la puissance et la force nécessaires pour accomplir des exploits extraordinaires. S'il y a des scientifiques parmi mes lecteurs, il s'agit là d'un projet de recherche très intéressant!

Les chakras des mains sont associés à la guérison ; ils sont situés au centre de la paume de chaque main (il y en a aussi sous les pieds). Les taoïstes et les praticiens de la médecine énergétique chinoise appellent ces chakras les « puits bouillonnants ». Je sens facilement la souffrance des autres par le chakra de mes mains maintenant que je pratique la lecture et la guérison par clairvoyance depuis plusieurs années et aussi, depuis que j'ai eu plusieurs opérations spirites sur ces chakras quand je vivais aux Philippines. C'est une habileté utile pour ce qui est de localiser les zones problématiques, en particulier chez les bébés ou les personnes incapables de communiquer aisément. L'inconvénient, c'est que la douleur est parfois aussi intense et désagréable que si c'était la mienne. Heureusement, certaines techniques que je vous propose, par exemple s'ancrer, procurent un soulagement immédiat (voir les chapitres 7 à 12).

Les chakras des pieds sont connectés à la Terre. Toutes sortes d'énergies entrent dans le corps et en ressortent par les pieds. Aux Philippines, un de mes guérisseurs de la foi préféré, David Oligoni (alias « l'Exorciste »), travaille surtout avec les pieds. J'ai reçu plusieurs traitements curatifs de David et je l'ai vu guérir au moins soixante personnes. Quand il vous reçoit, il vous invite à vous étendre sur une table. Ensuite, il prend délicatement votre gros orteil entre un ou deux doigts, et commande aux démons de sortir de votre corps. Au début, vous trouvez la chose ridicule, jusqu'à ce que la plus horrible des douleurs commence à sortir de votre corps par votre gros orteil! En général, elle ne dure qu'une minute, mais on a le sentiment de souffrir une éternité. C'est aussi intense, sinon pire, que les douleurs de l'accouchement! Non seulement exorcise-t-on ainsi un «démon» de votre corps, mais il paraît que vous êtes aussi purifié de toute la souffrance à laquelle ce malheureux esprit était enchaîné.

Lors de ma première séance avec David, j'étais fort en colère: je me suis dit qu'il se servait certainement d'un instrument pointu pour me perforer le gros orteil. J'ai pensé que je n'avais pas fait tout ce chemin jusqu'aux Philippines pour me faire piquer sans merci par un charlatan! La seule chose qui m'a retenue de lui donner un coup de pied au visage, c'est la peur que les autres personnes présentes m'accusent d'être possédée! Quoi qu'il en soit, un an plus tard, David m'a choisie dans un groupe d'étudiants pour le seconder dans une guérison. Il m'a montré comment poser délicatement mon doigt sur l'orteil du patient, puis ses doigts ont enserré les miens. En un rien de temps, non seulement le patient hurlait de douleur, mais il s'est mis à marmonner des choses étranges et il a été pris de convulsions sur la table. Comme le patient était un ami en qui j'avais confiance, je savais qu'il ne jouait pas la comédie.

Quelques semaines plus tard, de retour a la maison, je pratiquais sur une amie clairvoyante une simple guérison de l'aura (autour du troisième chakra), quand je me suis surprise a marmonner tout bas les mots que l'exorciste avait murmurés en s'adressant à nos pieds vulnérables: «Sors de la, démon, sors de là!» Je me suis demandé si je n'étais pas en train de pratiquer un exorcisme. Soudain, mon amie a hurlé de douleur: «Oh, Seigneur! Mon orteil! Il y a une douleur atroce qui sort de mon orteil!»

Durant une lecture, vous pouvez vous concentrer sur l'aura et les chakras de votre client pour en apprendre davantage sur lui ou pour le guérir (voir chapitre 16). Comme je l'ai déjà souligné, bien qu'une grande quantité d'ouvrages aient été écrits sur ces systèmes énergétiques (dont quelques-uns sont recommandés dans la bibliographie), la meilleure façon d'approfondir le sujet est de faire vos propres observations en méditant et en faisant des lectures.

VOTRE CORPS ET L'ÉNERGIE

La projection astrale

Notre esprit est constamment en mouvement. Quand une clairvoyante donne une lecture, elle fait la lecture de l'esprit de son client. Si l'esprit est hors du corps, la clairvoyante sera incapable de donner une lecture exacte à moins de rappeler l'esprit dans le corps ou de se rendre où il est. D'ordinaire, quand j'ai de la difficulté à me concentrer en début de lecture ou que e constate en cours de route que mon attention s'émousse, c'est que l'esprit de mon client est absent de son corps ou qu'il en est sorti pour vagabonder. Cet exode se produit généralement quand le message reçu entraîne une grande souffrance. Les étudiants novices s'épargneront bien des frustrations en prenant conscience de cette dynamique énergétique. Rapatrier l'esprit ou l'énergie de quelqu'un dans son corps peut être aussi simple que de lui laisser savoir que vous êtes conscient que son esprit vagabonde, de poser vos mains sur ses épaules ou de visualiser son esprit qui revient dans son corps.

À l'inverse, il est parfois préférable que l'esprit sorte du corps durant certains traitements curatifs, afin que le guérisseur puisse nettoyer l'énergie néfaste qui brouille la communication entre l'esprit et le corps du client. Imaginez que vous nettoyez votre voiture, y compris ses tapis de caoutchouc ; pour que tout soit propre, vous devrez sortir les tapis de la voiture un moment. Durant les épisodes de stress et de souffrance intenses, le corps est le dernier endroit ou l'esprit veut se trouver (car c'est la que se vit la souffrance), aussi le quitte-t-il afin de rejoindre une autre personne, un autre lieu ou un autre temps. Il finit généralement par revenir, mais pas toujours.

C'est ce qui rend le sommeil essentiel. Celui qui ne se sent pas bien a besoin de dormir plus et veut aussi dormir davantage. Durant le sommeil, l'esprit est vraiment libre de quitter le corps et de retrouver sa source où il peut se refaire. Pendant ce temps, le corps se libère des tensions, des douleurs et des énergies étrangères, de façon qu'au réveil, corps et esprit soient revitalisés et prêts a coopérer à nouveau. On a amplement prouvé que les personnes privées de sommeil. même durant seulement trois jours, ont des hallucinations et des réactions psychotiques. En fait, n'ayant pu dormir depuis des mois, certains insomniaques ont fini par mourir par manque de sommeil. Dans ces cas rarissimes, le corps était une prison dont l'esprit n'arrivait plus à s'échapper ; en un sens, l'esprit est mort de faim parce qu'il ne pouvait plus se sustenter.

Notre esprit peut quitter notre corps non seulement durant notre sommeil, mais en tout temps. Beaucoup de gens connaissent l'expression *expérience hors du corps* (EHC) ou projection astrale. Elle fait généralement référence a l'expérience intense du dormeur qui quitte son corps et vit consciemment le processus. Durant ce type de projection consciente, le donneur a l'impression de flotter au-dessus de son corps ; il se rend souvent compte qu'il observe son corps comme s'il le survolait.

Dans sa série de magnifiques cassettes audio *Why People Don't Heal and How They Can*, Caroline Myss raconte l'histoire fantastique d'une femme victime d'un accident de voiture. Grièvement blessée, la femme sent qu'elle s'élève au-dessus de son corps jusqu'à ce qu'elle survole les lieux de l'accident. Soudain, son attention est attirée par une passagère dans une voiture non loin de la : la passagère est en train de prier pour elle avec ferveur. De son poste d'observation hors de son corps, la femme note la plaque d'immatriculation de la voiture et la mémorise. Après sa sortie de l'hôpital des semaines plus tard, elle parvient à retracer l'identité de la propriétaire de la voiture et communique avec elle pour la remercier. La passagère stupéfaite admet qu'elle a été témoin de l'accident et qu'elle a bel et bien prié pour les victimes.

Les gens font constamment de la projection astrale, mais ne s'en rendent tout simplement pas compte. En ce moment même, vous, lecteur et lectrice, êtes peut-être plus à l'extérieur qu'à l'intérieur de votre corps.

Quand vous rêvassez ou que vous êtes « dans la lune », vous faites de la projection astrale. Vous essayez de résoudre un problème ou vous répétez une présentation imminente ; vous pensez à un homme ou à une femme qui vous attire, vous êtes préoccupé par les factures à payer… Avant de vous en rendre compte, des heures se sont écoulées, vous êtes incapable de retrouver votre brosse à cheveux ou les clés de votre voiture, et vous avez usé le tapis à force de marcher de long en large.

Vous est-il déjà arrivé de vous rendre à un endroit en voiture et d'avoir un choc une fois à destination en constatant que vous ne vous souvenez pas d'avoir fait le trajet ? Ou alors, vous aviez l'intention de prendre une petite douche rapide, mais vous avez toujours du shampoing dans les cheveux une demi-heure plus tard? Heureusement, la majorité parvient a fonctionner assez bien, même l'esprit ailleurs, mais ce n'est pas toujours le cas. Avez-vous déjà assisté à un cours dont vous êtes sorti en n'ayant absolument aucune idée de ce qui avait été dit? L'endroit où vous vagabondiez avait beaucoup plus d'intérêt que ce qui se déroulait dans la salle de cours.

Chaque personne a une façon différente d'exploiter son corps. Les artistes et les écrivains ont tendance à passer plus de temps en dehors de leur corps parce que c'est ainsi qu'ils accèdent le plus facilement aux sphères de la création. Ceux qui choisissent de devenir policiers, pompiers, chirurgiens ou comptables, ont tendance a passer plus de temps dans leur corps parce qu'ils doivent rester concentrés sur ce qui se passe autour d'eux en tout temps. Bien que ces deux types puissent compléter leurs déficiences respectives, leur association est souvent désastreuse, car ils ont beaucoup de difficulté à se comprendre. Parmi nous, ceux qui sont «perdus dans l'espace» (incapables de quitter la maison avant midi) sont parfois très irritants a côtoyer. Mais parmi vous, ceux qui tentent de réduire notre temps de voyages intersidéraux en nous imposant leurs horaires rigides et leurs règles d'organisation le sont tout autant.

Dans les cas de mauvais traitements et de négligence, il arrive souvent que l'esprit de l'enfant maltraité fuit loin du corps, et laisse d'autres énergies ou entités en prendre possession. Cela explique la corrélation élevée entre l'enfance maltraitée et les troubles de dissociation comme les personnalités multiples. L'épilepsie, la schizophrénie, l'autisme, la sénilité et beaucoup d'autres troubles sont reliés aux liens précaires entre l'esprit et le corps. Les manifestations biochimiques ou physiques concurrentes n'invalident pas cette théorie de clivage spirituel; malheureusement, la médecine moderne a tendance à se concentrer exclusivement sur la biologie. Bien que les médicaments calment suffisamment certaines parties du cerveau pour inciter l'esprit à mieux intégrer le corps, prendre des pilules sans répondre aux besoins de l'esprit est un peu comme soigner une amputation avec un pansement adhésif.

Si vous ressentez constamment de l'ennui ou de la tristesse, si vous avez le sentiment que quelque chose manque à votre vie sans que vous arriviez à comprendre ce que c'est, c'est peut-être le signe qu'une partie de votre esprit a quitté l'asile de votre corps. Ce qui manque, c'est vous!

Il est très facile de faire entrer et sortir l'esprit du corps. Souvent, tout ce qu'on a à faire, c'est se concentrer sur l'endroit où on veut être et ensuite, imaginer et/ou postuler que l'esprit se rend à destination. Amusez-vous à faire l'exercice et observez les différences. Durant la journée, avant de procéder à des « réglages », fermez les yeux et posez-vous la question : « Où suis-je ? » Vous obtiendrez certainement des réponses fort amusantes !

Depuis la nuit des temps, les guérisseurs de toutes les traditions, des chamans amérindiens aux gourous indiens, savent que l'esprit voyage. La première fois que j'ai rencontré Manuel Lukingan à sa clinique d'acupuncture de Baguio, aux Philippines, il m'a demandé de relire et de corriger un document qu'il avait rédigé en anglais. J'ai été surprise de constater qu'il s'agissait d'un essai intitulé *Paypay*, ce qui signifie dans le dialecte de Manuel, « rappeler l'esprit laissé derrière ». Je l'inclus ici avec sa permission, parce qu'il correspond étroitement aux données que j'avais déjà recueillies par clairvoyance au fil de mes lectures avant mon arrivée aux Philippines. Par ailleurs, l'essai démontre l'universalité de certains des concepts abordés ci-dessus en matière de projection astrale. Le texte est basé sur les histoires que les aînés de la tribu ont racontées à Manuel. Les « aînés » vivent à Data, dans la province des Montagnes, dans des huttes d'herbes, sans eau courante ni électricité. Voici ce que Manuel écrit :

> *Paypay:* Cette étrange maladie frappe surtout de jeunes enfants qui sont à un âge où l'être émotionnel, mental et spirituel n'est pas assez puissant pour se protéger. On dit que l'âme de la victime a été laissée loin derrière, parfois dans un lieu géographique où elle a vécu. Seules quelques personnes vénérées comme clairvoyantes sont capables de voir ou de comprendre les circonstances de cette scission — les conditions, le moment et l'endroit. Parfois, à la suite de blessures subies accidentellement ou infligées délibérément, l'esprit de la victime a été cordialement invité ou attiré par d'autres esprits dans d'autres lieux, et il a été laissé derrière. Dans ce cas, l'enfant sera déprimé, il pleurera beaucoup, se montrera plus sensible que d'habitude, mais sera incapable de communiquer. Il pourra souffrir de troubles du sommeil

et de l'alimentation, et avoir les poils du corps hérissés. Dans ce cas, un guérisseur, souvent une vieille femme, retourne avec les parents à l'endroit où l'esprit de l'enfant est parti, par exemple en bord de mer, et l'invite à revenir en lui disant combien on s'ennuie de lui et en lui promettant de le nourrir et de s'en occuper. Malheureusement, cette pratique primitive qui a aidé tant de gens a aussi été écartée par les praticiens de la médecine allopathique actuelle, qui ne comprennent rien à l'esprit.*

On se réapproprie son esprit, ou son énergie, par la volonté. Le huitième chapitre est consacré aux techniques facilitant ce processus. Dans certains cas, l'aide d'un guérisseur ou d'un thérapeute spirite sera peut-être nécessaire, en particulier si un puissant trauma a motivé le départ prolongé de l'esprit ou si un autre esprit a pris possession du corps (voir les chapitres 22 à 25).

Les échanges d'énergie

Grâce à ma clairvoyance, j'ai constaté que de minuscules fils d'énergie lumineuse relient tout ce qui existe, êtres et choses. Sans ces connexions minuscules, nous ne pourrions ni exister ni communiquer. Plus notre intimité avec quelqu'un grandit ou plus notre contrat spirituel est important, plus ces connexions, ou cordes énergétiques, sont épaisses et denses.

Votre énergie a la capacité de voyager instantanément à travers le temps et l'espace. Chacune de vos pensées est faite d'énergie. Vos pensées ne sont pas simplement un processus mental : elles sont aussi énergétiques. Quand vous pensez à quelqu'un, c'est que son énergie est entrée dans votre champ énergétique ou est encore là, ou que votre énergie l'a rejoint ou l'accompagne depuis un moment. Pareillement, quand vous pensez à votre travail en fin de journée, quand vous pensez à un de vos projets, quand vous vous souvenez du passé ou que vous appréhendez l'avenir, votre énergie se déplace et s'investit dans le processus. Si on nous payait toutes les heures où notre énergie est au travail — et pas

---

*N.d.T. : Traduction libre.

seulement notre corps physique —, nous serions tous très riches ! Vos émotions et votre souffrance sont aussi des énergies qui voyagent à l'extérieur de votre corps, parfois plus vite que vous n'avez le temps de les ressentir. Ces exemples démontrent que les facultés psychiques comme la clairsentience, la clairaudience et la clairvoyance sont possibles.

Il n'est pas nécessaire que l'expéditeur ou le destinataire soit au courant de l'échange d'énergie ou de ses effets pour que l'énergie exerce son influence. Comme c'est souvent le cas quand il est question d'énergie de protection, l'un ou l'autre parti aura même eu consciemment l'intention de provoquer la réaction opposée. Il m'est souvent arrivé de faire des lectures à des clients qui souffraient de confusion, doutaient d'eux-mêmes et angoissaient à propos d'une stratégie qui avait pourtant déjà soulevé leur enthousiasme. En faisant une lecture, il devenait vite évident que la source de leurs émotions tenaces n'était autre que la voix silencieuse et insistante de leur mère ou de leur frère !

Ces proches étaient animés d'intentions honorables et tentaient de « protéger » l'être cher par des prières, des visualisations, ou tout simplement en les « aimant ». À la vérité, ils transmettaient plutôt la peur et les inquiétudes qui les rongeaient sous les prières et la protection ; par conséquent, l'être cher était beaucoup plus affecté par leurs énergies que par un quelconque malheur dont ils souhaitaient le protéger. Dans bien des cas, ils donnaient leur bénédiction et ne disaient rien pouvant indiquer qu'ils étaient inquiets. Reconnaître et comprendre ce qui se passait réellement n'en devenait que plus compliqué pour mes clients. En général, les énergies les plus difficiles a gérer sont celles des membres de notre famille et de nos amis qui nous « aiment ». Par rapport à un étranger qui essaie consciemment de se servir de son énergie pour nous faire du mal, nous sommes beaucoup plus vulnérables face a l'énergie de nos proches en raison de la valeur que nous accordons à leur opinion et de notre affection à leur égard.

Savoir reconnaître quand l'énergie de quelqu'un vous affecte ne signifie pas que vous devez confronter la personne, la critiquer ou l'éviter (bien que dans certains cas, la confrontation ou l'évitement soient les stratégies les plus judicieuses), mais plutôt que vous savez comment faire ce qu'il faut pour vous libérer de cette énergie. Bien souvent, aussitôt que j'observe une énergie étrangère dans l'aura d'un client ou que je lui signale sa présence, le client l'expulse, en autant qu'il ne veuille plus d'elle. C'est en essence l'objet de la guérison clairvoyante (voir chapitre 21). Cependant, il arrive que certains préfèrent conserver une énergie étrangère dans leur corps et leur champ énergétique en dépit des conséquences, parce qu'elle est là depuis longtemps ou qu'elle leur procure une énergie qui leur fait personnellement défaut. Ils sont à l'aise avec l'énergie et pensent qu'elle leur est nécessaire. C'est ce qui se produit dans une relation de codépendance.

À la lumière de ce qui précède, il est clair que parfois, ce qu'on peut faire de mieux pour celui qu'on aime, c'est de ne pas penser à lui, en particulier si on n'est pas d'accord avec ce qu'il planifie. Quand vous vous inquiétez de ce quelqu'un fait (par exemple, dans le choix d'un partenaire) ou que vous essayez de le convaincre qu'il a tort, en essence, vous remettez Dieu en question, le Dieu qui est en lui. Vous faites obstacle à l'apprentissage des leçons de vie dont il a peut-être vraiment besoin. Vous l'écartez peut-être de sa véritable voie. Même animé des meilleures intentions du monde, vous êtes peut-être en train d'enfreindre un grand tabou spirituel, et au bout du compte, votre tentative se retournera contre vous.

Je ne suis pas en train de dire qu'il ne faut pas prier pour les autres. Faite dans les règles, la prière est particulièrement utile. Il est essentiel que vous choisissiez non seulement les mots, mais aussi vos pensées et vos intentions. Plutôt que de prier pour le résultat que vous souhaitez pour autrui (ou pour ce que vous êtes certain qu'il veut), priez plutôt pour que Dieu ou l'Univers lui vienne en aide sur son chemin spirituel, quel qu'il soit. Parfois, même si l'ego résiste de toutes ses forces, l'esprit veut vivre une expérience particulièrement déplaisante. Parfois, une personne est destinée à être blessée ou même à mourir, et ce qu'on peut faire de plus aimant dans ce cas, c'est d'accepter les événements avec grâce.

Votre énergie versus celle de l'autre

Votre esprit se compose d'énergie pure, tandis que votre corps est constitué d'énergie et de matière répondant aux lois de la physique. L'énergie de votre esprit et de votre corps est la partie de vous qui survit à la mort de votre organisme. C'est elle qui s'active quand vous donnez. C'est cette partie de vous que vous sollicitez quand vous méditez et utilisez vos facultés paranormales.

Énergie individuelle et ADN sont analogues. Toutes les créatures vivant sur cette planète sont constituées des mêmes éléments, de la même matière, mais la façon dont cette matière est organisée et codée est unique à chacune. C'est la raison pour laquelle l'énergie qui convient le mieux à votre corps n'est pas celle de votre mère (à moins que vous soyez un fœtus), de votre amoureux (à moins que vous ne soyez en train de faire l'amour!), de votre gourou ou de votre maître ascensionné préféré. *La meilleure énergie, le meilleur combustible pour votre corps, c'est votre propre énergie*. Si vous ne me croyez pas, observez l'état de santé de plusieurs clairvoyants, guérisseurs et médiums qui ne se nettoient pas systématiquement des énergies étrangères après avoir terminé leur travail. Ils ont généralement un excédent de poids et souffrent d'une variété de maux physiques et même affectifs.

Je suis à la fois amusée et troublée quand les personnes engagées dans le mouvement « Nouvel âge » déclarent : « Je vais te donner de l'énergie » ou « Quand je suis avec ces gens, 'ai tellement d'énergie ! » Oui, quand votre compagnie est heureuse, excitée et enthousiaste, il arrive que vous absorbiez son énergie et que vous vous sentiez en pleine forme. Mais souvent, vous n'obtenez pas seulement une dose unique d'énergie étrangère : un lien durable s'établit par le biais d'un cordon énergétique, ce qui fait que lorsque la jovialité de votre compagnie tourne au vinaigre (la plupart des gens ne vivent pas dans la béatitude vingt-quatre heures par jour !), la nature de l'énergie que vous avez si goulûment aspirée par votre chakra du cœur ne vous paraîtra plus aussi appétissante ! Pis, si vous vous nourrissez de l'énergie d'un autre, vous le drainerez jusqu'à qu'il soit vidé et épuisé. Vous pourrez aussi lui transmettre involontairement une partie de vos chagrins et de vos souffrances par le cordon énergétique que vous aurez créé à votre insu.

J'ai observé par clairvoyance les effets délétères des énergies étrangères sur des centaines de personnes. Dans certains cas, c'étaient des clients malades et des personnes à qui je faisais des lectures ; en effet, il arrivait que les secondes absorbent à leur insu l'énergie des premiers. Les énergies étrangères provoquent la confusion, l'épuisement, la tristesse, l'inconfort, des douleurs, la maladie et parfois même la mort. Elles peuvent empêcher les gens de s'aimer et d'aimer leurs semblables. Elles peuvent les empêcher de réaliser leurs rêves et même d'en reconnaître l'existence.

Comme je l'ai déjà souligné, nous sommes tous en interrelation sur le plan énergétique ; si ce n'était pas le cas, nous serions incapables de communiquer et nous ne pourrions probablement pas exister. L'échange d'énergie est donc naturel et souhaitable. Ce dont je parle ici, c'est quand la quantité d'énergie ou la force sous-jacente à l'échange est extrême ou déséquilibrée. En faisant une lecture, on doit toujours rester conscients des énergies qui circulent entre le client et soi, de manière à protéger les deux partis dans l'échange.

Absorber l'énergie d'autrui

Les « guérisseurs nés » sont particulièrement vulnérables à ce type d'échange énergétique extrême. Les personnes chez qui le don est inné ressentent une profonde sympathie pour leurs semblables et font tout en leur pouvoir pour soulager leurs souffrances, souvent au détriment de leur bien-être personnel. Ces êtres compatissants deviennent souvent Clairvoyants, travailleurs sociaux, infirmières, thérapeutes, et ainsi de suite.

Par ailleurs, certains guérisseurs spirites très puissants, chamans amérindiens ou yogis indiens, absorbent délibérément la maladie ou le mal de leur patient afin de le guérir. Parfois, ces guérisseurs arrivent à dégager la maladie de leur organisme immédiatement, mais pas toujours. Il arrive aussi qu'ils choisissent de souffrir de façon chronique et même de mourir de la maladie d'un patient, parce qu'ils ont accepté un mandat spirituel consistant à endosser le karma de leurs malades. Les guérisseurs « naturels » (vous par exemple) font la même chose inconsciemment.

En fonction de mon expérience de guérisseuse, autant innée que de formation et de profession, je sais que j'ai pratiqué cette forme de guérison tant consciemment qu'inconsciemment. Je peux affirmer sans aucune hésitation que pour la plupart des gens, endosser la souffrance des clients n'est pas un préalable pour devenir un bon guérisseur ! Par ailleurs, la majorité a assez de son propre karma a assumer sans se charger du fardeau d'un autre. Par conséquent, je ne vous conseille pas de tenter l'expérience à la maison.

Les quelques fois où Manny a souffert de sévères troubles gastriques quand il était bébé, j'ai désespérément prié en l'entendant hurler de douleur que sa souffrance me soit remise. Bien entendu, j'aurais pu employer d'autres techniques de guérison, mais elles auraient exigé de la patience et plus de rationalité. Mes prières ont été exaucées : mon fils a manifesté un soulagement immédiat, tandis que j'ai été saisie de douleurs si profondes et si atroces que j'ai presque souhaité que Manny les reprenne ! Je souffrais tellement que j'avais peine à prendre soin de lui. J'ai même eu peur d'être obligée de téléphoner pour qu'on m'envoie une ambulance. J'ai compris que si je choisissais de continuer à guérir de cette manière, je ne ferais pas long feu, ni dans ma profession ni dans la vie. Heureusement, beaucoup de méthodes de guérison fort efficaces n'exigent pas du guérisseur qu'il se charge de la souffrance de ses clients. Ce sont ces techniques que nous aborderons plus loin.

Prendre en charge les problèmes d'autrui

Il y a quelques années, j'ai vécu une expérience de « guérison naturelle » involontaire qui m'a effrayée. C'était un samedi soir, alors que je quittais une soirée à laquelle 'assistais à Berkeley. Je n'avais pas bu une seule goutte d'alcool. En nous dirigeant vers la voiture, mon compagnon et moi avons croisé une femme qui paraissait souffrir de troubles mentaux. La chevelure en désordre, elle gémissait : « Aidez-moi ! Je ne retrouve plus ma maison. » J'étais très embarrassée de la voir dans cet état et je voulais lui venir en aide, mais mon compagnon a affirmé qu'elle était simplement très ivre, et il m'a m'entraînée vers la voiture.

Une fois dans la voiture, j'ai regretté de ne pas avoir aidé la pauvre femme... mais j'ai glissé un de mes CD favoris dans le lecteur et quand je suis arrivée devant mon immeuble, je l'avais oubliée. Je suis entrée dans le garage souterrain, j'ai garé ma voiture et pris l'ascenseur. En sortant de l'ascenseur au deuxième, je me suis arrêtée, en proie à la plus vive confusion. Je ne savais pas où aller et je n'arrivais pas à me souvenir du numéro de mon appartement, même si je vivais au même endroit depuis plus de deux ans. J'étais complètement désorientée. Toutes les portes se ressemblaient : j'ai erré de l'une à l'autre, cherchant désespérément un signe m'indiquant où je vivais. Comme ma confusion et ma peur grandissaient, je me suis demandé si je n'étais pas en train d'avoir une attaque ou si quelqu'un n'avait pas glissé du LSD dans ma consommation ! J'ai poussé un cri de soulagement en voyant mon compagnon, un confrère d'études en clairvoyance, devant la porte du 212. Quand je lui ai décrit en pleurant ma mystérieuse perte de mémoire, il a éclaté de rire : « Tu étais en train de guérir cette femme. Tu as endossé sa confusion. Ancre-toi et tu iras mieux. »

Je l'ai supplié de m'expliquer : « Comment le sais-tu ? »

« Souviens-toi des paroles que la femme marmonnait : "Aidez-moi IIe suis égarée. Je ne retrouve plus ma maison..." » C'est pour cela que tout à coup, tu ne pouvais plus retrouver la tienne ! » Hum ! Je déteste l'admettre, mais il avait raison.

Comment faire pour savoir si vous endossez comme si c'était la vôtre la souffrance de vos clients, de vos amis, de vos proches et même des gens de la rue ? Un signe révélateur, c'est le sentiment soudain que la situation est sans issue, et qu'il n'existe aucune solution quand vous parlez à la personne ou que vous pensez à elle. Parmi les autres signes : l'émergence d'un terrible sentiment d'urgence qui vous pousse à agir immédiatement, des pensées obsessives et des inquiétudes récurrentes à propos de la situation. Bien que cela puisse répondre à ce que vous entendez par « prendre soin de » quelqu'un, n'importe quel thérapeute ou travailleur social vous dira que c'est le plus sûr chemin vers l'épuisement professionnel.

Sur le plan émotionnel, quand vous endossez le problème de quelqu'un, vous n'êtes plus en position de l'aider de façon objective, en particulier quand cela vous arrive durant une lecture ou un traitement de guérison. C'est comme essayer de sauver quelqu'un qui se noie alors qu'on est soi-même en train de sombrer. De plus, comme je l'ai déjà précisé, vous pourriez faire obstacle à son cheminement spirituel qui lui présente une leçon de vie difficile qu'il doit apprendre. Quand vous endossez l'énergie ou le problème de quelqu'un et que vous essayez de le résoudre comme si c'était le vôtre, d'une certaine façon, vous endossez une partie du karma qu'il doit régler.

Cela ne veut pas dire que vous ne pouvez pas aider vos semblables, les soutenir ou ressentir une profonde compassion à leur égard. Il s'agit plutôt de vous réapproprier votre énergie, de comprendre que vous essayez de régler un problème qui ne vous appartient pas, et de prendre un certain recul sur le plan émotionnel, afin d'envisager la situation de façon plus objective et plus efficace. Parfois le plus simple, c'est de vous dire silencieusement que ce n'est pas votre problème, même si vous faites un traitement holistique par la voie d'une lecture, une guérison spirituelle, une rencontre de counseling, en faisant un don, ou autre chose.

CHAPITRE 4

Programmation Mentale Émotionnelle et Images Associées

La programmation mentale émotionnelle se présente sous forme de cristallisations d'énergie émotionnelle et de pensées, d'idées et de croyances associées, accumulées dans une certaine partie du corps. Agrégats formés au fil du temps, ces cristallisations sont les registres où nous enregistrons nos expériences, ainsi que les sentiments et les pensées qui y sont associés. Ce sont les cadres de référence qui motivent et régissent nos perceptions ; ils dictent nos réactions et notre façon d'interpréter les réalités de l'existence. Les Clairvoyants voient ces cristallisations de formes de pensées, d'émotions et de mémoires, sous forme d'images ou de représentations, d'où leur nom : *programmations mentales émotionnelles*.

La formation de certaines cristallisations remonte à une expérience traumatique ou chargée sur le plan émotionnel. Elles ont souvent pris naissance des siècles auparavant, lors d'une incarnation antérieure (vie passée). L'expérience forme un noyau d'énergie qui agit comme un aimant attirant des expériences et des énergies similaires. Avec le temps, cette collection d'expériences exerce parfois un effet d'entraînement. Elle devient extrêmement chargée sur le plan émotionnel et exerce une influence très forte sur les perceptions, l'attitude et le style de vie. Certains croient qu'à l'instant de notre création originelle en tant qu'esprit, notre «ardoise» était essentiellement vierge. Aucune cristallisation ne nous habitait. Au fil du temps, nous avons été pollués, embrouillés et étouffés par cette accumulation d'énergies mentales et émotionnelles.

La programmation mentale émotionnelle de base est une image qui s'est formée très tôt et qui a attiré avec le temps d'autres images similaires, mais moins chargées sur le plan émotionnel. Beaucoup de nos programmations de base nous ont été imposées par nos semblables très tôt dans la vie. Cela pourra avoir été fait de façon flagrante, par exemple quand un parent ou un professeur a affirmé que nous étions inaptes sur un plan ou un autre. La programmation pourra aussi nous avoir été transmise énergétiquement par une forme de pensée télépathique.

Tandis que nous vaquons à nos occupations quotidiennes, nous sommes constamment bombardés par les formes de pensée d'autrui. Notre estime de soi reste très étroitement liée à la perception que nos semblables ont de nous ou à l'idée que nous nous faisons de leurs perceptions, de même qu'à l'énergie qu'ils nous transmettent (et que nous acceptons). Vous avez peut-être déjà remarqué que selon le cas, votre estime de soi fluctue dans vos relations intimes. C'est principalement dû au fait que vous percevez — et jusqu'à un certain point acceptez — les images que votre partenaire a de vous, images qui peuvent n'avoir aucun lien avec votre véritable nature, mais qui vibrent quand même à l'unisson d'une énergie présente dans votre aura.

Les cristallisations formées par la programmation mentale émotionnelle bloquent la circulation d'énergie dans des zones précises de l'organisme ou du champ énergétique. Elles créent également des zones de vulnérabilité. L'esprit ou la personne qui veut obtenir quelque chose de nous se «connectera» généralement sur une de nos cristallisations. Dans une lecture ou une guérison par clairvoyance, il est bon de déceler les énergies étrangères logées dans l'aura et les chakras, mais aussi de regarder à quelles programmations sont fixées ces énergies, et de les décrire. Dans le cas contraire, l'énergie étrangère (ou des énergies similaires) pourra revenir parasiter le client.

Ces cristallisations ou programmations énergétiques ne font pas que magnétiser des expériences similaires, elles attirent aussi des individus

PROGRAMMATION MENTALE ÉMOTIONNELLE ET IMAGES ASSOCIÉES

qui nous rejoignent dans nos expériences, des personnes qui portent des cristallisations semblables aux nôtres, dites *images associées*. La personne qui a une image associée à la nôtre a généralement vécu des expériences de vie semblables. Nos proches nous présentent souvent un grand nombre d'images associées aux nôtres. En général, les personnes qui viennent nous consulter pour une lecture ou une guérison portent des cristallisations semblables aux nôtres ou, à tout le moins, une programmation de base sur laquelle nous travaillons aussi au moment de la rencontre. Ce point pourra s'avérer difficile à dégager au départ, étant donné que nous pourrons avoir l'impression que la vie et la personnalité de nos clients sont très différentes des nôtres.

Pour qu'un individu change, il faut que ses cristallisations soient vidées de leur énergie, qu'elles soient mises en lumière, détruites ou remplacées. Il est tout aussi naturel d'accumuler des cristallisations que de s'en défaire. Cela explique que nous attirions dans notre quotidien des personnes porteuses d'images associées. Chaque expérience, chaque événement, chaque personne, tout ce qui se présente nous offre l'opportunité de faire face à nos programmations pour nous en libérer. Comme je l'ai déjà mentionné, il arrive souvent que l'énergie de ces expériences fusionne avec la cristallisation originelle pour en accroître la puissance. Tout aussi souvent, ces expériences (ou ces personnes) « déclenchent » ou activent l'énergie émotionnelle de la cristallisation de façon que nous puissions la revivre, la dissoudre et passer à autre chose.

Les psychologues ont depuis longtemps remarqué que l'être humain manifeste dans sa vie des schémas répétitifs touchant ses expériences et ses relations. Vous avez probablement remarqué votre tendance a toujours attirer le même genre de partenaire amoureux, ou le même type de conflit professionnel. En lançant une intention dans l'Univers (par la détermination) la l'effet que vous voulez casser ce schéma et cesser de répéter les mêmes erreurs, vous mettez en branle un processus de guérison. L'Univers vous répondra en vous envoyant une personne ou une expérience qui fera bouger vos programmations de base pour qu'en temps opportun, vous parveniez à vous en libérer. Dans certains cas, vous rencontrerez, dans un laps de temps très court, une ribambelle de personnes presque rigoureusement identiques, en particulier si vous habitez un lieu ou l'énergie est élevée — comme Sedona où je vis — ou si votre détermination à vous guérir est inflexible.

Je crois qu'en un sens, les yogis et les bouddhistes qui proposent d'atteindre «l'illumination» et le «détachement» font référence à l'élimination des programmations. Comme la lecture psychique permet de voir les cristallisations, on peut les travailler dans une perspective de guérison en les vidant de leur énergie afin de diminuer leur pouvoir sur leur porteur.

En tant que guérisseurs, nous avons la capacité de faire disparaître une programmation du champ énergétique de nos clients. Mais prudence et discrétion sont de mise dans ce domaine, car nous nuirons peut-être à l'œuvre de Mère Nature et au plan spirituel de nos clients. Certains esprits ont travaillé très fort pour accumuler leurs expériences, et ne veulent pas qu'un clairvoyant y fourre son nez et les leur enlève! Par ailleurs, les gens s'ancrent dans leurs programmations pour se sentir en sécurité. Un client qu'on libère trop brutalement d'une cristallisation sera peut-être incapable de gérer la situation. Dans ce cas, le mieux est de détecter et de décrire les programmations, en indiquant au client quand il «tombe dedans» ou «s'y enlise».

La personne prisonnière d'une programmation mentale émotionnelle sombre dans un concept et une émotion: les arbres lui cachent la forêt. La cristallisation qui l'emprisonne colore totalement son monde. C'est comme si elle avait un sac de papier sur la tête. Dans le sac se cachent de vieux/instantanés de situations passées et des affirmations limitées sur la vie. Le problème, ce n'est pas que la personne est prisonnière du sac, c'est qu'elle ne le sait pas. Dans ce cas, ce que le clairvoyant pourra faire de plus utile, c'est lui rappeler qu'elle est prisonnière d'une programmation: elle pourra ainsi reprendre contenance et observer le processus avec plus de neutralité. Souvent, ce rappel suffit pour que la personne arrive à sortir de son scénario; elle peut alors considérer la situation d'un point de vue plus réaliste et plus équilibré, ce qui a pour effet de calmer son état émotionnel. Elle est alors en mesure de décider si elle souhaite s'attacher à la programmation ou établir un plan visant à l'éliminer.

Il arrive parfois qu'un client travaille depuis un bon moment sur une de ses cristallisations et qu'il soit en quête d'un dernier catalyseur grâce auquel il pourra la dissoudre ou la « faire éclater » (expression utilisée dans les cercles de formation en clairvoyance, parce qu'on visualise l'explosion de la cristallisation). La lecture psychique pourra jouer ce rôle. Cependant, certains sont tellement investis dans leurs programmations et tellement sous leur domination qu'ils se mettront en colère et vous accuseront d'insensibilité si vous tentez de leur en faire prendre conscience.

Quand le clairvoyant rencontre une programmation très chargée qui correspond à l'une des siennes, il peut avoir beaucoup de difficulté à la lire et même à en parler. Imaginez que vous essayez de lire au milieu d'un cyclone! Le clairvoyant pourra diminuer la charge par une visualisation où il draine l'énergie émotionnelle du scénario sans en modifier l'image (voir chapitre 13). Comme l'énergie bouge en réponse à l'observation, le clairvoyant aide l'individu à faire exploser ses cristallisations, même quand ils ne sont ni l'un ni l'autre conscients du processus ou qu'ils ne le comprennent que d'un point de vue intellectuel.

Je me fais un point d'honneur de rencontrer chaque année au moins deux clairvoyants de confiance qui me font une lecture intensive pour identifier les ornières (cristallisations) où je suis tombée par mes pensées et mes actions. La lecture provoque souvent un changement de paradigme au quotidien, qui ouvre la porte à un ensemble entièrement nouveau d'expériences. Il pourra aussi arriver qu'un client, peu disposé à dépasser ses programmations depuis plusieurs incarnations, vienne consulter et qu'il soit envoyé par Dieu ou par l'Univers parce que le clairvoyant est prêt à dissoudre ses programmations semblables. C'est l'un des principaux avantages des lectures psychiques, et cela explique pourquoi c'est une bonne idée de donner des lectures fréquemment et assidûment quand on étudie la clairvoyance. Les lectures activent et libèrent l'énergie, autant celle du client que celle du clairvoyant.

Dissoudre une programmation

Les arbres qui cachent la forêt: l'expression s'applique tout particulièrement aux programmations mentales émotionnelles, car il est impossible de les détecter quand on est en plein dedans. Quand on donne une lecture psychique, on peut observer certains signes révélateurs grâce auxquels on arrivera à déterminer si on porte des cristallisations semblables à celles du client. Plus on a de points communs, plus on a de scénarios similaires. En fait, il pourra arriver qu'un client vous ressemble tellement en termes d'âge, d'expériences, de questions, de problèmes et même d'apparence, que vous n'aurez plus aucun doute qu'ü vous a été envoyé pour vous aider à dissoudre plusieurs de vos cristallisations.

Si vous rencontrez en un court laps de temps plusieurs personnes qu'on pourrait prendre pour vos jumelles, vous saurez que vous approchez du point d'éclatement d'une programmation de base. C'est là que votre émerveillement devant la perfection de l'univers et l'ordre divin des choses grandira vraiment. Au début, on vous enverra peut-être un client qui semble très différent de vous, mais au fil de la lecture, vous découvrirez que vous vivez une même problématique et par conséquent, que vous avez une même image associée.

Parfois, vous n'aurez rien en commun avec votre client, mais il vous rappellera beaucoup une personne ayant contribué à la formation d'une de vos programmations, par exemple, un parent ou un conjoint. Dans ce cas, avant de commencer, vous ressentirez probablement une profonde réticence à l'idée de lire ce client, et il y a fort à parier pour que vous ressentiez des émotions intenses (souvent la colère ou la peur) en cours de lecture.

Si vous êtes envahi par une émotion, il convient d'abord de reconnaître que vous ressentez cette émotion, puis de fixer votre attention sur le centre de votre cerveau (voir chapitre 9) en demandant à Dieu et à votre Moi supérieur de vous aider a comprendre l'origine de votre ressenti. La réponse viendra en son temps. En suivant ces étapes, vous adopterez la position de l'observateur et vous serez moins la victime de votre état émotionnel. Si vous devenez subitement très émotif ou que vous ne pouvez plus accéder à votre clairvoyance en donnant une lecture à un client, cela indique que vous avez probablement une représentation associée ou que vous êtes sur le point de dissoudre une programmation de base.

Les programmations mentales émotionnelles affectent le clairvoyant non seulement dans le cadre de ses lectures, mais aussi au quotidien. En

PROGRAMMATION MENTALE ÉMOTIONNELLE ET IMAGES ASSOCIÉES

fait, tout idée fixe ou jugement tranché sur ce qui devrait être ou doit être constitue une cristallisation mentale émotionnelle. On reconnaît qu'on est prisonnier d'une programmation quand on résiste a une situation, ou qu'on est persuadé qu'il n'y a qu'une seule façon de le gérer, mais que cette façon ne fonctionne pas. On est manifestement prisonnier d'une programmation quand on est en compétition avec Dieu (par exemple, en disant des choses comme « ma vie ne devrait pas être ainsi »); quand on résiste à la main tendue par Dieu ou l'Univers (résister n'est pas la même chose que s'efforcer de faire des changements positifs — il n'y a aucune élégance dans la résistance); ou quand on est certains de la façon dont les choses doivent être, en dépit du fait que ce n'est pas ainsi qu'elles sont. Ce sont nos programmations qui créent nos souffrances.

En plus de donner ou de recevoir des lectures, le cinéma peut contribuer au processus de dépassement et de dissolution des programmations qui ne nous servent plus. Comme dans n'importe quelle autre expérience, il y a toujours une raison spirituelle derrière le fait qu'on voit un film donné à un moment donné. Comme chaque film concentre des millions de programmations mentales émotionnelles des scénaristes, des directeurs et des acteurs qui y ont participé, il ne peut qu'illuminer nos propres programmations. Plus on pratique la lecture psychique, plus on devient habile à travailler avec son énergie et ses programmations. En fait, quand je passe un moment sans donner de lectures, je me sens léthargique. Souvent, je regarde une quantité incroyable de films jusqu'à ce que je remplisse à nouveau mon carnet de rendez-vous. Les livres ont parfois cet effet cathartique. Quoi qu'il en soit, ceux qui ne donnent pas de lecture ou ne regardent pas de films travaillent naturellement à la dissolution de leurs cristallisations chaque fois qu'ils conversent ou affrontent une nouvelle situation. La seule différence, c'est qu'en restant inconscient, le processus s'avérera probablement plus lent et plus douloureux.

D'un autre côté, beaucoup de guérisseurs et de clairvoyants s'enlisent dans leurs programmations plutôt que de les faire éclater; ils souffrent davantage que le commun des mortels qui ne pratique aucune forme de travail énergétique. Ces clairvoyants et guérisseurs « malades » sont épuisés et même traumatisés, parce qu'ils ne savent pas reconnaître et dépasser leurs images associées, et qu'ils n'utilisent pas les outils présentés dans ce livre ou ailleurs pour dissoudre les énergies et revitaliser leur source d'énergie personnelle (voir les chapitres 7 à 12).

Après l'éclatement ou la dissolution d'une programmation de base, attendez-vous à vivre une période d'adaptation, dite période de croissance. Durant cette période, toutes sortes d'émotions, parfois conflictuelles, pourront surgir; la situation pourra s'avérer très déstabilisante, étant donné que vous aurez évacué une programmation que vous croyiez vôtre, mais qui n'était qu'un ramassis de perceptions, d'idées et d'émotions du passé. Pendant un certain temps, vous aurez l'impression d'être en suspension, de ne pas savoir qui vous êtes, ni même où vous allez atterrir. Vous pourrez vivre beaucoup de chagrin en prenant conscience du temps que vous avez perdu, emprisonné dans vos programmations ridicules. Souvenezvous qu'il convient de faire preuve d'indulgence à votre égard : vous étiez exactement au bon endroit au bon moment, tout comme vous êtes parfait tel que vous êtes maintenant.

CHAPITRE 5

Visions Clairvoyantes

En essence, les visions clairvoyantes sont formées de la même « matière » qui compose les images oniriques et les représentations visuelles évoquées à l'aide de la mémoire, de l'imagination et de la visualisation. Notre esprit contient ce que mes professeurs ont appelé, faute d'une meilleure expression, « un appareil ou une machine à créer des images ». Cet appareil énergétique est situé dans la zone du sixième chakra, derrière le front. Plusieurs personnes donnent à ce chakra le nom de troisième Les visions clairvoyantes proviennent du cerveau en même temps que de la source universelle. On peut les transmettre en les communiquant verbalement et télépathiquement, en utilisant la visualisation et la prière, et aussi les diffuser dans l'Univers où elles créeront et manifesteront des représentations matérielles (voir chapitre 12).

L'image onirique comme la vision clairvoyante présentent tant une connotation symbolique qu'un sens littéral. Ainsi, dans une lecture, j'ai clairement vu l'image d'une personne vêtue en infirmière et j'ai découvert par la suite que c'était la profession de ma cliente. En une autre occasion, il était clair que ma cliente n'était pas infirmière, mais qu'elle possédait la nature d'une guérisseuse compatissante, symbolisée par l'uniforme.

L'un des aspects les plus difficiles de la lecture psychique consiste à déterminer si une vision appelle une interprétation symbolique ou littérale. Il est évident que si on interprète à tort une image de façon symbolique plutôt que littérale, l'exactitude de la lecture en souffrira, ce qui pourra troubler le client. En voici un exemple : vous voyez l'image de votre client étendu dans un cercueil sous une pierre tombale. Cela pourrait annoncer sa mort physique, mais aussi symboliser tin très grand changement, comme dans le cas d'une mort spirituelle.

Il y a plusieurs façons d'aborder la question de l'interprétation d'une vision clairvoyante. On reçoit souvent en même temps que la perception, un indice de son intuition ou de son savoir (aptitude psychique du septième chakra) qui fait monter instantanément à la conscience le sens de ce qu'on observe. Mais ce n'est pas toujours ainsi que les choses se passent, en particulier quand on commence à étudier la clairvoyance. Quand vous ne savez pas si vous devez interpréter une image de façon littérale ou symbolique, je vous conseille de demander à votre vision de vous fournir une autre représentation pour clarifier le sens. Avec de la patience et de la persévérance, votre requête vous sera accordée plus souvent qu'autrement.

Un jour, en donnant une lecture, j'ai vu l'image d'un cœur tout noir qui semblait lutter pour continuer à battre. Incertaine du sens de la vision, j'ai cherché un peu plus loin en visualisant le cœur malade et en lui demandant de m'en dire un peu plus. Cette fois, j'ai vu mon client étendu sur un lit d'hôpital, une intraveineuse au bras : j'ai compris que j'observais une image que je devais prendre au pied de la lettre.

Si vous n'arrivez pas à obtenir des indices utiles après avoir invité une image confuse à clarifier son sens, décrivez ce que vous percevez à votre client en précisant que vous ignorez ce que votre vision signifie. Bien entendu, faites preuve de discrétion quand une interprétation littérale suggère une épreuve — décès, blessure ou maladie grave. Les choses se compliquent quand on perçoit de l'information sur le corps physique, parce qu'il arrive qu'une maladie ne soit pas encore visible ou perceptible, mais qu'elle affecte déjà le corps énergétique. Dans le cas de la lecture évoquée plus haut, j'ai tâté le terrain avec tact en demandant à mon client s'il avait récemment souffert de problèmes cardiaques. Il m'a confié qu'il avait subi une chirurgie à cœur ouvert peu de temps auparavant, ce qui m'a fait comprendre que j'étais sur le bon chemin, tout en confirmant le sens littéral de ma vision.

Dans une autre lecture, j'ai encore vu un cœur, celui de ma cliente. Il saignait et paraissait mutilé ou écrasé. Cette fois, en incitant ma vision à m'en révéler davantage, j'ai vu des images d'un homme en colère sautant sur la poitrine de ma cliente. Comme il était peu probable qu'un homme ait vraiment fait cela, j'étais presque certaine d'avoir affaire à une image symbolique. Mon intuition/savoir et ma compréhension intellectuelle des conséquences d'un trauma émotionnel sur le corps physique m'ont fait comprendre que ma cliente courrait le risque d'une attaque cardiaque tant qu'elle n'aurait pas évacué la souffrance associée à l'homme de l'image. Comme souvent, dans un cas de ce genre, j'ai décrit les images symboliques à ma cliente, mais je lui ai aussi recommandé de prendre rendez-vous avec son médecin, juste au cas où ma vision aurait un sens littéral. Par la suite, elle m'a révélé que son conjoint l'avait trompée après vingt-cinq ans de mariage et qu'elle avait subi une chirurgie cardiaque l'année précédente.

Quand je forme des étudiants débutants, je leur conseille de ne pas trop poser de questions à leur client, étant donné que cela les fait sortir de leur sphère de lecture et les incite à se fier à une autre source que leur clairvoyance. Par ailleurs, le client pourrait donner une mauvaise réponse (parfois intentionnellement, parfois sans le faire exprès) qui sèmerait encore plus de confusion dans l'esprit du néophyte et remettrait du même coup sa certitude en question. Cela obligerait également le client à valider l'étudiant, responsabilité qui ne lui revient pas puisqu'il est là pour recevoir.

Quand vous donnez une lecture psychique, je vous conseille de sortir de votre rationnel et de résister à l'envie d'interpréter ce que vous recevez. Si une vision ne s'accompagne pas d'un sens clair. décrivez simplement et précisément ce que vous voyez. Chaque fois que 'ai transmis vine information erronée, la faute en revenait à mon interprétation logique de l'image, non à l'image en soi. Les visions clairvoyantes sont presque toujours pures ; elles ne mentent jamais. Il y a toujours une raison derrière le fait que c'est *cette* image qui se présente et pas une autre. Vous n'êtes pas obligé de connaître systématiquement la raison ou le sens de chacune. Vous seriez étonné de constater à quel point il est fréquent que votre client saisisse exactement le sens de ce que vous décrivez. Dans certains cas, il ne voudra pas que la signification vous soit révélée et c'est pourquoi vous n'obtiendrez pas l'information.

Les visions clairvoyantes sont générées par l'esprit du clairvoyant, par l'esprit du sujet de la lecture, ou un troisième parti, par exemple, un autre esprit ou un des sujets impliqué dans la lecture. Les visions clairvoyantes proviennent aussi de ce qu'on appelle l'*esprit universel* ou *inconscient collectif* (expression créée par Carl Jung). Parfois, votre client comprend avant vous le sens de ce que vous recevez, étant donné que les images proviennent de sa « cinémathèque » personnelle. Et il arrive qu'on ne parvienne pas à interpréter ce qu'on voit parce qu'on est prisonnier d'une programmation mentale émotionnelle (voir chapitre 4).

Dans une lecture que e donnais à une cliente prénommée Sarah, j'ai eu la vision d'un cœur d'or rayonnant, posé avec soin sur la banquette d'une limousine noire. Je n'avais aucune idée de ce que cela signifiait et mes demandes de clarification sont demeurées vaines. Comme elle n'avait aucun sens pour moi, j'ai failli écarter l'image, mais heureusement, j'ai obéi à mon intuition et décrit ce que je voyais à Sarah. Elle a fondu en larmes et m'a expliqué que son père, chauffeur de limousine, lui avait donné un petit médaillon doré en forme de cœur quelques jours avant son décès. J'avais le sentiment que cette image était générée par Sarah et son père décédé. Elle n'avait absolument aucun sens pour moi.

Dans une autre lecture, une mère et sa fille m'ont demandé d'expliquer la mort douteuse d'un jeune homme qui avait été un intime de la famille. J'ai tout de suite vu l'image d'un homme souriant, étendu sur le côté, la tête appuyée sur son bras nonchalamment replié. Comme il ne m'arrive pas souvent de remarquer la position de ce que je vois, j'ai soupçonné que c'était significatif, sans comprendre pourquoi. J'ai donc décrit ce que je voyais : la mère a immédiatement sorti une photographie de son porte-monnaie et me l'a tendue. C'était celle d'un jeune homme, dans la position exacte que je venais de décrire, avec un large sourire sur son visage. J'ai senti que ma vision avait été générée par le jeune homme ou par ma cliente. Cette dernière m'a plus tard révélé que sa fille et elle doutaient au départ de l'authenticité de mon don. À mon insu, j'avais donc participé à une démonstration qui avait gagné leur confiance. De ce fait, elles ont pu se fier à ce que je leur ai ensuite révélé sur la mort mystérieuse du jeune homme.

Bien que je refuse catégoriquement de participer au jeu de la preuve ou de jouer à « testons la clairvoyante », j'ai une pratique que j'applique en début de lecture : je demande à ma clairvoyance de me donner un symbole associé à mon client afin que nous sachions tous deux que je « syntonise » bien la bonne personne. Cette pratique est tellement ancrée que je n'ai même plus à faire la demande ou à y penser consciemment ; parfois, la première image qui me vient, c'est ce symbole distinctif.

Je donne des lectures depuis de nombreuses années, ce qui m'a permis d'établir une corrélation directe entre la clarté de mes visions et la capacité de clairvoyance et l'ouverture de mon client. En général, quand ma clairvoyance, fonctionne au maximum, c'est que mon client est naturellement très ouvert à la sienne. Quand je ne vois rien, c'est qu'il n'a pas l'autorisation (la sienne ou celle d'autrui) de se servir de sa clairvoyance. Quand les images sont très amusantes, c'est en général parce que mon consultant a un très bon sens de l'humour. Pareillement, les images théâtrales semblent appartenir aux clients extrovertis. Quand mes visions dépeignent une succession de problèmes, c'est que mon client se concentre sur les siens. Et quand je vois beaucoup d'images sexuelles… je vous laisse deviner !

En général, le symbole devient un symbole quand un individu ou une culture vit une expérience en rapport avec un élément qui sert par la suite à sa représentation. Ainsi, l'Allemagne nazie a utilisé le swastika (croix gammée), ce qui explique pourquoi en voyant ce symbole, on pense tout de suite à la haine et à l'intolérance, même si ce n'était pas son sens à l'origine. Quand j'étais enfant, j'avais terriblement peur des insectes ; par conséquent, si je vois un client entouré d'insectes, je comprends qu'il s'agit d'un symbole représentant un facteur qui instille la peur dans sa vie (ce que mes clients ont confirmé maintes et maintes fois).

Comme il n'y a ni temps ni espace dans le monde de l'esprit, il arrive que le processus séquentiel du symbolisme fonctionné à l'envers : dans une lecture, la clairvoyante ou la cliente rencontre un élément apparemment inconnu et dénué de sens qui ne révèle sa signification que plus tard, quand il entre enjeu dans une expérience qui se présente.

Les visions clairvoyantes ressemblent beaucoup à des entités vivantes. Dotées de leur existence propre, elles se révèlent par des voies mystérieuses. Quand on commence à étudier la clairvoyance, on est facilement frustrés par la nature insaisissable et moqueuse de ces énigmes. Je vous encourage à traiter chaque vision comme un maître ou un gourou personnel. Parfois, il vous donnera immédiatement la réponse et vous expliquera en termes très nets ce que vous voulez savoir. Mais parfois, il vous enverra errer à l'aveuglette dans la forêt pour que vous trouviez les réponses par la voie de l'expérience directe. Pour un clairvoyant, la patience et la détermination sont des qualités indispensables, tout comme la capacité de les manifester simultanément et avec élégance.

Bibliothèque de symboles

Au fil des ans, j'ai rassemblé une collection d'images symboliques qui accélère et rend plus efficace l'interprétation de mes visions. Je n'ai pas monté cette collection en me servant de mon esprit rationnel ; les symboles me sont plutôt apparus spontanément, de façon répétée, dans mes lectures et par la suite, dans mes rêves. Dans bien des cas, il s'agit des mêmes symboles apparus à certains clairvoyants que je rencontrais pour obtenir une lecture. Ce sont des raccourcis, des panneaux indicateurs qui me fournissent des données concises et aisément identifiables. Les images sont animées, elles bougent. Elles entrent en interaction avec d'autres images pour me narrer l'histoire de mon client. Les interrelations de chacune m'en révèlent encore davantage sur leur sens individuel.

Les symboles clairvoyants fonctionnent sur le même principe que les symboles de la vie courante. En conduisant, vous voyez fréquemment des signaux d'arrêt sur votre chemin. Le stop est un symbole facile à identifier et à comprendre ; il indique que vous devez immobiliser votre véhicule. Pour en saisir pleinement le sens, vous devez tenir compte de l'endroit où il est situé, de votre situation, des autres voitures et des personnes présentes. Le stop signifie toujours qu'il faut s'arrêter, mais selon qu'il est de l'autre côté de la rue ou tourné vers la voie a contresens, ce ne sera pas nécessairement à vous de le faire. En ce sens, quand je vois dans une lecture un signal d'arrêt, je comprends que quelqu'un dit d'arrêter ; il me faut néanmoins suivre le fil pour découvrir qui tient le stop, qui le lit, et pourquoi il faut s'arrêter.

Voici certains symboles de ma bibliothèque clairvoyante : une fenêtre, une pomme, un arbre, des coupes à champagne, un piano, un plafond, un escalier, un miroir, une balançoire de terrain de jeux, un soleil et un stop. Dans le chapitre 16, je vous suggérerai quelques façons d'utiliser certains d'entre eux, qui faciliteront votre parcours de lecture. Avec le temps, vous élaborerez votre bibliothèque personnelle. Plus vous travaillerez avec vos images symboliques, plus elles s'enrichiront et se manifesteront dans vos rêves et dans les différents aspects de votre vie.

PARTIE 2

Outils Psychiques

CHAPITRE 6

Présentation des Outils Psychiques

Les outils psychiques se présentent sous forme de techniques de visualisation que vous pourrez utiliser tant dans vos lectures psychiques que dans votre quotidien. Pratiqués en solitaire, ils forment aussi une technique simple quoique puissante de méditation. Leur maîtrise vous prépare à la lecture et à la guérison par clairvoyance en renforçant votre capacité de visualisation. Les outils psychiques assurent votre protection et nourrissent votre énergie. Ils vous aident à maintenir vos frontières, à dissoudre les énergies étrangères ou indésirables, et à rester dans le moment présent. Ils induisent un sentiment de calme et de neutralité, tout en favorisant une communication plus étroite entre votre conscient et votre être profond. Autrement dit, ce sont des techniques de guérison personnelle qui pourront par la suite vous servir à guérir vos semblables. Dans les chapitres suivants, je décrirai la fonction et la valeur de chaque outil, et leur utilisation étape par étape.

Quand vous visualisez quelque chose, vous ne vous contentez pas de «vous servir de votre imagination», expression courante qui suppose que vous êtes simplement en train de jouer avec des processus mentaux qui ne débordent pas du cadre de votre intellect. Comme je l'ai expliqué précédemment, vos pensées sont faites d'énergie. On peut lancer cette énergie dans l'Univers afin de susciter une réponse. Pareillement, quand vous formez une image mentale, vous organisez l'énergie selon une forme très puissante, capable d'agir sur d'autres énergies en vous et en autrui (intellect, esprit et corps). Par conséquent, quand vous visualisez ou utilisez les outils psychiques, dans les faits vous manipulez, activez et transformez l'énergie. Votre activité s'accompagnera parfois d'une correspondance sous forme de réponse émotionnelle ou de sensation physique. Ainsi, en ancrant une énergie, vous sentirez peut-être une douleur qui s'écoule de votre pied, ou en rapatriant votre énergie, un picotement ou une pulsation au sommet de la tête.

Certains capteront les effets de vos visualisations. En début de lecture, tandis que le client s'installe en face de moi, je me prépare en faisant le tour de ma trousse à outils psychiques. En de nombreuses occasions, mes clients plus sensitifs (généralement d'autres clairvoyants professionnels qui ne connaissent pas mes outils, mais en ont désespérément besoin) me demandent d'un ton soupçonneux : « Qu'est-ce que vous êtes en train de me faire ? Je sens toutes sortes de choses dans mon énergie. » Surprise, je les rassure : « Je ne vous fais rien. J'étais concentrée sur moi. En fait, pendant quelques secondes, j'ai même oublié que vous étiez là. Je m'ancrais, et je faisais circuler mes énergies cosmiques et telluriques. Votre corps s'est contenté de suivre le mouvement. »

Attention aux attentes

En dehors des bienfaits des outils psychiques que je vous présenterai dans les prochains chapitres, ce sont parfois les sensations physiques correspondantes qui font passer le clairvoyant novice d'un état de foi à la certitude. Cependant, je dois vous mettre en garde : le plus sûr chemin vers l'échec et la frustration est celui qui est pavé d'attentes.

L'expérience que vous vivrez avec les outils psychiques sera unique, entièrement vôtre. Certains seront complètement époustouflés par leur première tentative de visualisation, tandis que d'autres ne sentiront rien. Certains seront d'avis que les outils sont amusants. faciles et gratifiants à utiliser ; d'autres les jugeront frustrants dès l'abord et pourront même abandonner avant d'en percevoir les bien-faits. Ceux qui appliquent depuis longtemps des techniques similaires apprécieront le rappel que de nombreux chemins mènent à Rome, alors que d'autres jugeront leurs techniques supérieures et s'irriteront de mes suggestions. Le plus important, c'est de faire ce qui *vous* convient. Avant de conclure que quelque chose fonctionne, il faut avoir la foi et se donner le temps d'expérimenter. Certains miracles sont instantanés ; d'autres exigent du temps et de la persévérance.

CHAPITRE 7

Premier outil Psychique — Ancrage

En anglais, on définit le mot *grounding* (ancrage) comme « un conducteur électrique relié à la terre ou à une structure ». Dans le cas des objets animés et inanimés, l'ancrage ou « mise à la terre » fonctionne en accord avec la loi de la gravité. On définit également la gravité comme « l'attraction des corps vers le centre de la Terre ». Sans gravité, nous serions précipités dans l'espace et nous serions incapables d'exister sur la planète. Nous serions instables, comme des plumes à la merci d'un cyclone.

Jusqu'à un certain point, notre corps physique est toujours ancré ou connecté a la planète (même en vol, on reste relié à l'atmosphère terrestre en vertu de la force gravitationnelle, ce qui fait qu'on peut descendre l'allée de l'avion sans s'envoler). Mais qu'en est-il de notre corps énergétique et spirituel ? Certaines personnes sont mieux ancrées que d'autres ; par ailleurs, notre ancrage, notre connexion à la planète, peut changer du tout au tout en un clin d'œil. Face au stress, à la nervosité, a la souffrance et aux émotions intenses, le corps spirituel perd souvent son ancrage. En ce cas, même si notre corps physique est toujours rattaché à la planète, le reste de notre énergie s'éparpille un peu partout. Elle peut s'élever au-dessus de notre tête, en quête d'un séjour plus accueillant et plus agréable, ou bousculer au passage quiconque aura le malheur de se trouver sur son chemin.

On reconnaît facilement les personnes «déracinées»: elles égarent souvent leurs effets, tombent dans l'hystérie ou se montrent survoltées; elles sont «dans la lune», ont de la difficulté à suivre les indications et n'ont pas conscience de leurs actions ou de leur ressenti (ne soyez pas mal à l'aise, la plupart de ces caractéristiques me décrivent!). Sans ancrage, vous êtes beaucoup plus susceptible de refléter l'influence de qui vous entoure ou de ce qui vous environne; en conséquence, les gens auront de la difficulté à vous côtoyer ou jugeront votre présence irritante.

Prenons un exemple: si vous n'êtes pas bien ancré en rendant visite à un ami qui ne l'est pas non plus, et qu'il se montre d'une humeur massacrante, votre enjouement initial pourra céder le pas à la morosité de votre hôte en quelques minutes. Si vous n'êtes pas bien ancré en conduisant, vous risquez non seulement de vous perdre, mais aussi de devenir aussi irritable que les conducteurs qui sont pressés, même si vous disposez de tout le temps nécessaire pour vous rendre à destination (si tout le monde avait un ancrage, la rage au volant n'existerait pas!). Dans le même ordre d'idées, si vous n'êtes pas bien ancré en donnant une lecture psychique, vous serez plus susceptible de vous associer aux énergies néfastes qui pourront se présenter.

On peut renforcer l'ancrage de l'esprit, de même que celui du corps physique, par l'utilisation d'une corde d'ancrage. Cet outil énergétique harnachera votre énergie de façon que vous puissiez vous concentrer et conserver votre force et votre calme intérieurs en dépit des revers.

Imaginez un séquoia de mille ans dont les racines gigantesques s'enfoncent à un kilomètre ou plus dans le sol. Croyez-vous qu'un gros coup de vent, ou un bûcheron trop zélé, arrivera à le faire tomber? Peu probable! Le vent pourra-t-il faire chavirer un navire ancré au fond de l'océan avec un câble gros comme un corps d'homme et une ancre de fer grande comme l'Empire State Building? Probablement pas! Si votre corps et votre esprit sont reliés à la Terre par un solide ancrage énergétique (grâce à la visualisation), le jour où votre patron vous réprimandera ou vous congédiera de but en blanc, où un voleur surgira d'un bond des buissons pour vous attaquer, où votre cliente se lèvera brusquement de sa chaise en cours de lecture pour se mettre à aboyer comme un chien, vous saurez garder votre calme et répondre, au lieu de réagir. Si cela vous semble peu probable, c'est tout simplement parce que vous n'avez pas l'habitude d'être bien ancré!

En plus de vous «cheviller» à la terre et «d'atteler» votre énergie, l'ancrage est un moyen très puissant et très efficace pour libérer l'énergie délétère ou devenue accessoire, comme la souffrance, l'anxiété, le stress, les pensées indésirables, et ainsi de suite. La force de gravité n'attire pas que vous vers le centre de la Terre : elle attire tout ce qui est en vous et autour de vous. Votre ancrage vous servira donc a expulser de votre corps et de votre champ énergétique les énergies et les entités qui ne vous servent plus. Grâce à votre corde d'ancrage, vous pouvez expulser n'importe quelle préoccupation, émotion, pensée, image, souffrance ou difficulté, et toute forme d'énergies étrangères.

Choisissez comme ancrage la forme qui vous convient ; une corde solide, une colonne de lumière, un collier de fleurs ou d'étoiles, une cascade d'eau, un arbre, une extension à vos jambes, un tuyau vide, un gros collier de perles, ou un boa rose duveteux (pour les grandes occasions!) ne représentent que quelques-unes des possibilités. Votre ancrage doit être connecté a votre premier chakra (centre d'énergie tournoyante), situé à la base de votre colonne vertébrale. Il descend ensuite vers le centre de la planète où il se connecte. Comme il n'y a ni temps ni espace dans la dimension spirituelle, votre ancrage atteint instantanément le centre planétaire et traverse évidemment tout ce qui se trouve en dessous de vous. Vous pouvez vous ancrer n'importe où, même en avion. Cependant, il est souvent plus facile de s'ancrer à l'extérieur, les pieds en contact avec le sol.

Bien que vous puissiez enraciner n'importe quelle zone de votre corps, je vous suggère d'ancrer votre premier chakra, car c'est le centre d'énergie qui régule le fonctionnement du bas de votre corps et son lien avec le monde matériel. Il est important de comprendre que même si la connexion se trouve dans le premier chakra, on peut facilement expulser une énergie à partir de n'importe quel endroit de son corps et de son champ énergétique, y compris le sommet du crâne. Il suffit d'imaginer que ce qu'on veut expulser se déloge sans effort, passe immédiatement dans le premier chakra (comme dans un drain) et continue le long de l'ancrage jusqu'à sa libération dans le centre de la Terre. La force gravitationnelle supprime la nécessité de l'effort. On la laisse simplement aspirer ce qu'on veut libérer par son ancrage (il n'est même pas nécessaire de savoir de quoi il s'agit).

Une fois au centre de la Terre (où la chaleur est intense), ce qui a été expulsé est détruit et retourne à sa source originelle : par conséquent, on ne pollue pas la planète et on ne la blesse pas. Dans les faits, quand vous libérez une personne de votre champ énergétique, vous libérez son énergie pour qu'elle puisse lui revenir. Vous ne lui faites aucun mal. Vous pourrez ressentir de la culpabilité ou de la peur en imaginant un de vos proches en train de dégringoler le long de votre corde d'ancrage vers le centre de la Terre. Ces sentiments viennent de ce que vous brisez votre entente première à l'effet de guérir, de porter, de soutenir cette personne et de la nourrir de votre énergie, en même temps que de sa réticence à se détacher de votre aura. Si vous ressentez de la culpabilité en vous libérant de quelqu'un, demandez-vous de quelle couleur est votre sentiment et voyez-la qui quitte votre champ par votre corde d'ancrage. N'oubliez pas qu'on n'a pas davantage le droit d'envahir votre champ énergétique que l'on a le droit de vous toucher ou d'entier chez vous sans votre autorisation.

Voici un exemple illustrant la façon d'expulser quelqu'un de votie champ énergétique par votie corde d'ancrage. Imaginons que vous ne cessez de penser à votre patron qui s'inquiète du respect de certaines échéances. Vous constatez que vous êtes incapable d'arrêter de penser à lui : son énergie est dans votre esprit. Imaginez une trappe a la base de votie crâne, puis visualisez votre patron et son énergie (demandez-vous de quelle couleur est cette énergie, ou assignez-lui une couleur, et visualisez son expulsion ; ainsi, la prochaine fois que vous verrez cette couleur, vous saurez à qui appartient l'énergie). Ensuite, visualisez votre patron et son énergie qui passent par la trappe et sont aspirés par votre corde d'ancrage jusqu'au centre de la Terre. Visualisez l'image qui explose ou se dissipe. Si vous êtes inquiet à l'idée de blesser ou d'irriter votre patron en l'expédiant dans le feu tellurique, visualisez la couleur représentant votre inquiétude et expulsez-la par votre corde d'ancrage. Imaginez ensuite que la chaleur de la Terre purifie l'énergie de votre patron et revient dans son corps. Comme vous vous en doutez, celui-ci sera plus heureux et en meilleure santé à mesure qu'il se remplira de son essence personnelle.

PREMIER OUTIL PSYCHIQUE

Une fois que vous avez ancré votre corps, assurez-vous que votre aura—le champ énergétique qui enveloppe votre corps—est scellée à votre corde d'ancrage, afin de pouvoir expulser toute forme d'énergie étrangère qui s'entête a vous parasiter. Il suffit de replier délibérément toute la circonférence de votre aura et de l'insérer à votre corde d'ancrage sous vos pieds. N'oubliez pas que votre aura enveloppe tout votre corps, y compris votre tête et vos pieds. Même si c'est la base de votre aura qui est insérée à votre corde d'ancrage, tout élément logé au sommet sera aspiré vers le bas par la force de la gravité. Faites appel a votre imagination et à votre intention, et vous y arriverez. Plus vous visualisez clairement l'exercice, plus il s'avérera efficace.

Vous pouvez pratiquer l'ancrage n'importe où, n'importe quand. Je vous conseille de pratiquer en méditant dans la solitude afin de vous concentrer pleinement, mais aussi dans les lieux publics afin de pouvoir expérimenter la différence. Je vous suggère aussi d'explorer l'ancrage dans différentes situations, par exemple face à une situation familiale génératrice de stress, pendant une réunion du personnel, quand vous courez ou en faisant de l'aérobie, si vous vous égarez, et même en état d'ivresse !

Il serait peut-être bon de pratiquer vos premiers ancrages dans la solitude, dans un endroit tranquille où vous serez à l'aise pour libérer les émotions qui pourraient surgir. Certaines personnes aiment s'ancrer en voiture. Même si c'est très utile d'être bien ancré quand on conduit, il faut faire preuve de prudence quand on visualise ses outils psychiques, car leur utilisation demande une certaine concentration qui se révélera distrayante si on fait autre chose en même temps. Dans le cas de la conduite automobile, cela pourrait s'avérer dangereux. Par ailleurs, il arrive que le processus entraîne une certaine somnolence en raison des énergies qui sont expulsées, ce qui causera d'autres problèmes si on est au volant.

On peut s'ancrer debout ou assis. Afin de vous préparer aux lectures psychiques, je vous suggère de vous ancrer en vous assoyant sur une chaise plutôt que sur le sol, étant donné que c'est probablement ainsi que vous donnerez vos lectures. Par ailleurs, ce que vous faites dans votre « espace de méditation » appellera systématiquement une réponse dans votre « espace de lecture ».

Certaines danses et postures de yoga favorisent naturellement l'ancrage, alors que d'autres exercent l'effet contraire. Il est toujours bon de s'ancrer au début et à la fin d'une activité, quelle qu'elle soit. Si vous pratiquez une technique psychique/spirituelle qui facilite la libération de l'esprit ou le déplacement des corps énergétiques, je vous conseille fortement de vous ancrer au début de votre session et de rapatrier toute votre énergie quand vous terminez. Autrement, vous pourrez avoir de la difficulté à conduire pour rentrer à la maison ou à fonctionner au quotidien.

En visualisant votre ancrage et vos autres outils psychiques, faites en sorte de les voir le plus en détails possible. Dans le cas de la corde d'ancrage, vérifiez à l'occasion vos points d'ancrage pour voir qu'ils sont intacts (une extrémité connectée sur votre premier chakra, l'autre au centre de la Terre). Vous devrez parfois faire usage de volonté pour créer les détails de votre corde d'ancrage ; dans d'autres occasions, elle apparaîtra sous une forme spontanée, sans intervention consciente de votre part. Dans ce cas, vous serez probablement étonné et même impressionné de l'image qui surgit d'une source autre que votre rationnel. Le plus important, c'est de visualiser clairement votre corde d'ancrage, et non de vous contenter de postuler intellectuellement sa présence. Cette attention aux détails exige un peu de discipline, mais donne de meilleurs résultats.

En tout temps, si vous remarquez que votre corde d'ancrage a changé d'une manière qui vous incommode, si son apparence vous met mal a l'aise, si elle a l'air abîmée ou si vous y voyez l'image de quelqu'un que vous connaissez, détruisez-la et créez-en une nouvelle, de préférence légèrement différente de la précédente. La raison en est simple : il se peut que votre corde d'ancrage ait été polluée par les énergies que vous avez voulu expulser, ou qu'elle soit la cible d'énergies qui souhaitent vous influencer ou vous contrôler. Elles auront plus de difficulté a vous localiser si vous changez votre corde d'ancrage.

Si vous n'arrivez pas à visualiser une certaine portion de votre corde d'ancrage ou si vous avez beaucoup de difficulté a vous concentrer quand vous essayez d'en créer une, vous êtes probablement influencé par une énergie étrangère. Cela s'apparente un peu à ce qui se produit avec un tuyau d'aspirateur bloqué, un broyeur à déchets brisé, des tuyaux d'évier rouillés ou… vos intestins.

PREMIER OUTIL PSYCHIQUE

Détruire votre corde d'ancrage

Si une énergie extérieure affecte votre corde d'ancrage, la solution est facile: débarrassez-vous-en! Il suffit de commander que cette énergie soit drainée par votre corde d'ancrage — ou de la détruire en même temps que votre corde —, et de continuer à créer et à détruire de nouvelles cordes d'ancrage jusqu'a ce que la difficulté disparaisse. Il est très facile de détruire votre corde d'ancrage. Imaginez simplement que vous l'enroulez pour former une petite balle, puis voyez la balle qui explose ou se dissipe (si vous avez de la difficulté à la détruire, lisez le chapitre 12). Vous pouvez aussi appliquer des mesures préventives pour protéger votre corde d'ancrage des attaques, en affirmant et en imaginant qu'elle est impénétrable. Vous pouvez même l'équiper d'un bouclier protecteur comme celui du vaisseau spatial *Enterprise*, dans *Star Trek*! Même si vous avez la certitude que votre corde d'ancrage est intacte, il est bon de la détruire et de la refaire à l'occasion (même si vous trouvez plus simple de vous contenter de votre vieille corde — bien sûr que vous économiseriez aussi du temps si vous ne preniez jamais de bain et ne changiez jamais de vêtements!).

À l'instar de votre énergie et de votre esprit, votre corde d'ancrage peut facilement rester prisonnière du passé. Le type, la taille et la nature de votre corde change d'un jour à l'autre, et même d'une minute a l'autre. Une corde d'ancrage mince et diaphane convient souvent, mais en période de stress, un câble très résistant s'impose.

Voici une façon de vous assurer que votre corde d'ancrage est bel et bien à jour: imaginez une nouvelle corde sur laquelle vous inscrivez la date et l'heure. Vous pouvez aussi ajouter votre nom en utilisant la couleur des vêtements que vous portez. Ensuite, affirmez que vous attirez votre corde d'ancrage au moment présent, en synchronicité avec l'endroit où votre corps se trouve, ce qui est et ne peut être que le moment présent. Si vous prenez des vacances, emménagez dans un nouvel appartement, passez la nuit chez un ami, et ainsi de suite, assurez-vous que votre corde d'ancrage est connectée là où vous êtes et non là où vous étiez. Règle générale, on pourrait minimiser et même éviter les symptômes du décalage horaire et les chocs culturels si on saisissait le concept de l'ancrage d'ici et maintenant.

Ancrage personnel

Cet exercice peut se pratiquer de diverses manières. Je vous suggère de le lire quelques fois avant de passer à la pratique. Si vous avez de la difficulté à vous souvenir des étapes, pratiquez en lisant les directives au fur et à mesure. Une autre méthode efficace serait d'enregistrer les directives sur cassette et de la passer pour pratiquer. Vous pouvez aussi pratiquer avec un ami, en vous lisant mutuellement les directives.

Après quelques pratiques, l'exercice vous viendra naturellement. Vous pourrez alors vous amuser a créer vos méthodes d'ancrage et votre corde d'ancrage personnalisée. Pratiquez l'exercice au moins dix minutes. Plus vous consacrerez de temps à votre ancrage, plus vous en profiterez.

Assoyez-vous sur une chaise, les deux pieds au sol. Fermez les yeux et détendez-vous. Imaginez sous votre chaise un câble très fort et très lourd qui pèse des centaines de tonnes. Visualisez ce câble dans tous ses détails. Examinez ses fibres. De quelle épaisseur sont-elles ? De quelle manière sont-elles tordues ? De quelle couleur est le câble ? Est-il identique d'un bout à l'autre, en termes de forme, de taille et de couleur ? Quelle longueur a-t-il ? Quelle est son épaisseur ? A-t-il la même épaisseur d'un bout à l'autre ? Sentez le câble. Goûtez-y (euh… vous devrez peut-être recracher quelques fibres piquantes !). Remarquez que le câble est creux et qu'il est doublé d'un métal très résistant et très glissant. Visualisez ses deux extrémités : regardez si elles sont effilochées ou si elles se terminent par un nœud bien net. Vous êtes libre de changer tout ce qui vous fait douter de la solidité du câble ou vous met mal à l'aise.

Maintenant, physiquement, faites comme si vous ramassiez vraiment le câble sous votre chaise. Penchez-vous pour vrai et voyez-vous saisir une extrémité du câble dans votre main droite.

Ensuite, placez l'extrémité du câble près de votre premier chakra, à la base de votre colonne vertébrale. De la main gauche (souvenez-vous que vous tenez le câble dans la main droite), tâtez la base de votre colonne et visualisez votre premier chakra qui tourne comme l'essoreuse d'un lave-linge.

Insérez l'extrémité du câble au centre de l'essoreuse. Le nœud qui termine le câble est plus gros que votre chakra ; par conséquent, une fois inséré, le câble ne risque pas de tomber. Visualisez qu'il est bien en place. Tirez dessus. S'il se détache, faites un nœud plus gros et réessayez jusqu'a ce qu'il tienne. Vous pouvez aussi appliquer une bonne colle forte pour le fixer au chakra, un adhésif qui sera indestructible à moins que vous ne commandiez qu'il ne lâche.

Maintenant, penchez-vous la nouveau et saisissez l'autre extrémité du câble. Visualisez un bloc de ciment énorme et très lourd sous votre chaise. Attachez le câble autour du bloc. Ensuite, comptez jusqu'à trois et laissez tomber le bloc au bout du câble au centre de la Terre. Ce genre de câble s'allonge autant que nécessaire, des millions de kilomètres s'il le faut. Comme il n'y a pas de limite de temps ni d'espace dans le travail avec l'énergie et l'imagination, il atteint le centre de la planète en un millionième de seconde. Par ailleurs, comme il a la capacité de pénétrer n'importe quel type de matière, vous arriverez à vous ancrer, que vous soyez au sommet d'un building de vingt étages ou dans un avion en vol.

Maintenant, visualisez le câble au centre de la planète. De quoi ce centre a-t-il l'air ? Est-ce de la lave en fusion ? De quelle couleur est-elle ? Si vous éprouvez de la difficulté à visualiser, dessinez un cercle autour du bloc de ciment et écrivez « centre de la planète » dessus avec votre marqueur magique. Tirez sur le câble pour voir comment le bloc réagit. S'il remonte un peu, enfoncez-le plus fermement. Félicitations ! Vous venez de créer votre corde d'ancrage !

Maintenant, contentez-vous de l'observer quelques minutes. Regardez-la de haut en bas. Observez vos sensations physiques. À présent que votre corde est fiable, vous pouvez vous en libérer. Comme la gravité planétaire aspire naturellement les énergies étrangères et délétères à l'extérieur de vous, de votre aura et de votre corde d'ancrage, vous n'avez pas à fournir d'effort. Détendez-vous et observez ce qui sort de vous. Si vous sentez que vous faites un effort, lâchez prise sur le sentiment et expulsez-le par votre corde. Si vous êtes distrait par des pensées concernant votre entourage, votre travail ou les problèmes du quotidien, sachez qu'il s'agit de l'énergie dont vous vous libérez. Visualisez ces distractions sous forme d'images ou de symboles, et voyez-les tomber le long de votre corde d'ancrage jusqu'au centre de la planète.

À ce stade, c'est une bonne idée d'ancrer votre aura. Imaginez que la partie de votre aura qui entoure vos pieds se fusionne avec votre corde d'ancrage (qui a la forme d'un câble dans cet exercice). Vous devrez peut-être accroître la circonférence de votre câble pour que votre aura puisse s'y insérer en entier. Maintenant, affirmez que les énergies étrangères présentes dans votre aura, même au sommet, glissent sans effort par votre corde d'ancrage jusqu'au centre de la planète. En terminant, remerciez votre corde d'ancrage pour son beau travail et voyez-la explosant en mille morceaux. Une fois entièrement détruite, créez une nouvelle corde d'ancrage. Présentezvous à la nouvelle corde, et demandez-lui de vous protéger et de vous aider à lâcher prise tout au long de la journée.

Maintenant que vous avez expulsé toutes les énergies indésirables, vous devez vous remplir de votre énergie personnelle, ce que vous apprendrez à faire dans le prochain chapitre.

Ancrage de l'environnement

Une fois que vous maîtrisez le concept de l'ancrage personnel, il est important d'ancrer votre environnement. Autrement, la force gravitationnelle de votre puissante corde d'ancrage aspirera sans le faire exprès les énergies qui vous entourent, quelles qu'elles soient, et elles pourront vous déstabiliser. C'est un peu comme ce qui se produit quand on passe l'aspirateur sur le plancher et qu'on aspire la carpette par accident ; cette anicroche ne rend que plus difficile le nettoyage du plancher. Parfois, la carpette peut même endommager ou briser l'aspirateur. Si votre corde d'ancrage aspire toutes les énergies environnantes, vous aurez toutes les chances de les ressentir, ce qui ira à l'encontre des buts de votre ancrage. La solution est donc d'équiper votre environnement (à savoir la pièce où vous êtes) de sa propre corde d'ancrage. Vous purifierez les lieux, renforcerez le pouvoir votre corde d'ancrage et lui permettrez ainsi de ne travailler que pour vous.

Visualisez la pièce où vous êtes. Imaginez que vous dessinez une colonne de lumière dorée dans chaque coin. Il s'agit d'une colonne ou d'un pilier semblable à ce qu'on voit devant un temple grec ou une maison coloniale typique. Chaque colonne est énorme et massive, en dépit du fait qu'elle est faite de lumière. Chacune va du plafond (elle peut s'élever au-delà du toit) au plancher. Chacune traverse le plancher, le sol, les fondations de la maison, la boue, les pierres et l'eau, et atteint le centre de la Terre. Une fois que vous avez au moins une colonne dans chaque coin (certaines pièces ont plus de quatre coins ; dans ce cas, vous pouvez faire une colonne pour les coins supplémentaires, mais ce n'est pas indispensable), créez au centre de la pièce une colonne deux fois plus grosse qui s'enfonce aussi jusqu'au centre de la Terre. Reliez les colonnes aux coins à la colonne centrale à l'aide de filaments de lumière dorée. Une fois terminée, la structure ressemblera à un mât enrubanné.

Maintenant, commandez à toutes les énergies qui ne sont pas alignées avec vous et vos objectifs de quitter la pièce par les colonnes de lumière. Imaginez que la Terre aspire sans effort et profondément en son centre l'énergie des gens, des esprits et des autres entités, l'énergie émotionnelle superflue, toute énergie qui fait obstacle à votre sérénité, à votre bonheur et à votre capacité d'accomplir vos tâches, et ainsi de suite. Pendant que l'énergie est expulsée, observez quelles couleurs sont aspirées par les colonnes. Vous pouvez aussi postuler simplement que les énergies sont expulsées. Pendant ce temps, restez en contact avec vos sensations physiques.

Une fois que vous avez fait l'ancrage de la pièce, il est temps de vous l'approprier. Imaginez que vous écrivez votre nom, dans une couleur de votre choix, sur au moins quatre murs. Vous pouvez aussi visualiser votre portrait au mur.

Une fois que vous avez terminé l'opération d'ancrage et que vous vous êtes approprié la pièce, vous pouvez répéter le processus dans toute la maison, au bureau, et ailleurs. Vous avez le choix de répéter la procédure dans chaque pièce, ou d'imaginer l'édifice entièrement enveloppé d'une sphère de lumière. Imaginez que cette sphère a une corde d'ancrage absolument gigantesque qui relie tout l'édifice au centre de la planète. Imaginez que toute énergie superflue est expulsée par cette corde. Ensuite, si vous le souhaitez, vous pourrez faire la même opération d'ancrage pour votre rue, votre quartier, votre ville, votre région, votre pays, et même l'Univers !

Avantages d'ancrer et de s'approprier une pièce

Le fait d'ancrer une pièce et de vous l'approprier assure non seulement votre protection et garde intacte votre propre corde d'ancrage, mais guérit aussi les lieux. Quand je traite une maison, j'applique presque systématiquement la technique que je viens de décrire. Une fois que vous aurez procédé à l'ancrage d'une pièce ou d'une maison. vous constaterez qu'il est beaucoup plus facile d'y vivre, de la garder propre et organisée, ou de la quitter si c'est ce qui convient le plus à vos intérêts.

Vous pouvez faire l'ancrage d'une pièce ou d'un édifice quand vous y êtes, ou à partir d'un lieu éloigné. En ancrant un lieu et en vous l'appropriant, vous le rendez sécuritaire pour vous. Si vous ancrez un lieu avant une entrevue d'emploi, une soirée, une rencontre conflictuelle, des procédures judiciaires ou même une course à l'épicerie, vous aurez plus de chances de vous sentir à l'aise une fois sur place, et que les choses tournent en votre faveur ou, a tout le moins, qu'elles se déroulent de façon plaisante et paisible.

Ancrage d'un objet perdu

Vous pouvez utiliser la technique de l'ancrage pour retrouver un objet perdu ou une personne égarée. Il suffit d'abord de vous ancrer, puis d'ancrer l'objet avec une corde d'ancrage de la même couleur. Visualisez et ressentez que vous êtes heureux de retrouver l'objet. Ensuite, flânez aux alentours de l'endroit où vous pensez l'avoir égaré. Si l'objet est ailleurs, vous pourrez avoir l'idée subite de vous rendre où il se trouve ou alors, il refera surface incessamment.

Le processus n'a rien à voir avec la pensée ou la lecture psychique. J'obtiens plus de succès en procédant à l'ancrage d'un objet qu'en cherchant à le localiser par clairvoyance, puisqu'en général, mon esprit rationnel fait obstacle à ma recherche avec des pensées concernant l'endroit où l'objet devrait logiquement se trouver. Pour les objets perdus, j'obtiens un succès presque systématique avec la technique de la corde d'ancrage. Je connais cependant des clairvoyants très habiles dans ce type de recherche

PREMIER OUTIL PSYCHIQUE

par clairvoyance ; c'est pourquoi je vous encourage à faire vos recherches tant avec la lecture psychique qu'avec la technique d'ancrage.

Procéder à l'ancrage d'un objet semble fonctionner de différentes manières. Quand l'objet est caché juste sous votre nez, le fait d'ancrer l'objet dissipe l'énergie qui le dissimule à la vue, tandis que le fait de vous ancrer vous-même vous permet d'expulser de votre aura ce qui vous empêche de voir ce que vous cherchez. Le processus contribue aussi à faire sauter les blocages de la mémoire. Le fait de vous ancrer et d'ancrer l'objet avec une corde d'ancrage de la même couleur crée dans le monde matériel une attraction magnétique entre les cordes, ce qui vous aide à retrouver l'objet. Comme les pensées et les émotions créent la réalité, vous attirez naturellement l'objet égaré quand vous visualisez la joie que vous ressentirez en le retrouvant.

CHAPITRE 8

Deuxième outil Psychique — Rapatriement de l'Énergie Personnelle

Comme nous l'avons vu dans le chapitre 3, votre énergie a la capacité de quitter votre corps et votre aura, et de voyager un peu partout. Elle fréquente souvent des endroits comme votre lieu de travail ou flotte autour des projets sur lesquels vous Vous concentrez, dans l'aura de votre conjoint et même dans votre ordinateur! La plupart des gens laissent : une grande partie de leur énergie dans le passé ou l'avenir, ce qui fait qu'ils ont de la difficulté à apprécier le moment présent et à en profiter pleinement. Comme votre énergie suit vos pensées, si vous vous préoccupez de savoir où vous allez Vivre dans six mois, ou si vous pensez encore au commentaire déplaisant qu'un collègue de travail vous a fait quelques semaines plus tôt, votre énergie n'est pas dans l'instant : elle est branchée sur la source de vos préoccupations.

La mort est l'exemple le plus extrême de la séparation du corps et de l'énergie de l'esprit. Quand une personne est malade, ou qu'un de ses organes souffre d'insuffisance, c'est généralement en raison d'un blocage dans la circulation de l'énergie, soit parce que l'énergie est ailleurs, soit parce que celle d'un autre occupe la zone et obstrue le flot.

Notre énergie erre souvent du côté de nos relations et de nos connaissances. Il nous est alors plus difficile de penser et d'agir par nous-mêmes, de nous concentrer sur nous et sur nos projets créatifs, et de maintenir notre santé physique, mentale et émotionnelle. Quand notre énergie est investie dans une relation néfaste ou de maltraitance, avec une personne à la pensée et au comportement négatifs, nous sommes particulièrement vulnérables à la maladie et a l'épuisement. Cependant, le déséquilibre nous guette même dans une relation parfaite, si nous investissons trop d'énergie dans la relation ou la personne. Dans tous les cas, qu'il s'agisse d'une substance, d'un travail ou d'une personne, l'individu aux prises avec une accoutumance a un problème de circulation de son énergie. Une façon de résoudre la problématique est de faire appel à des techniques pennettant de rapatrier son énergie personnelle.

Si vous pensez presque tout le temps à votre amant, votre conjointe, votre enfant, votre ami ou quelqu'un d'autre, vous donnez vraisemblablement trop d'énergie à cette personne ou son énergie occupe trop d'espace dans votre champ énergétique. Chaque fois que vous décidez que vous ne voulez plus penser à quelqu'un ou à quelque chose, mais que vous êtes incapable de chasser vos pensées récurrentes, c'est le signe incontestable que vous devez rapatrier votre énergie. En rappelant votre énergie dans votre aura, vous ferez non seulement cesser le flot de pensées indésirables, vous diminuerez votre confusion et renforcerez votre capacité à communiquer avec votre voix intérieure. Vous serez plus vivant, plus allègre, plus motivé et plus enthousiaste face à la vie.

Soyez simplement conscient du fait que si vous rapatriez l'énergie investie dans une personne, celle-ci le sentira intensément. Ce sera la même chose que si vous détachez votre énergie d'un projet dans lequel quelqu'un est très investi : vous aurez probablement à subir une réaction assez forte de sa part. Dans le cas où vous rapatriez l'énergie investie dans votre petit ami, attendez-vous à n'importe quelle réaction ou presque. Il pourra subitement ressentir de l'insécurité et vous téléphoner pour savoir pourquoi vous ne lui avez pas adressé la parole depuis déjà trois heures! Ou il accueillera avec plaisir cette nouvelle sensation d'espace et d'autonomie, et elle le rendra si heureux et le remplira d'une telle appréciation à votre égard qu'il vous achètera un présent ou vous demandera en mariage. D'un autre côté, il se sentira peut-être assez détaché pour agir comme il n'ose le faire depuis des mois — en rompant! (Oh! Ai-je dit ce qu'il ne fallait pas?) Une chose est sûre: l'Univers et votre petit ami remarqueront tous deux le changement dans votre énergie et répondront de la meilleure façon possible, et pour votre plus grand bien. Toute-fois, votre plus grand bien n'est pas toujours ce que vous désirez dans l'instant. En rapatriant votre énergie, vous verrez si vous êtes ou n'êtes pas prêt émotionnellement a recevoir la réponse.

Les personnes qui s'investissent dans des projets créatifs — artistes, écrivains, cinéastes et autres — tireront vraiment avantage de cet outil, puisqu'une partie du processus créatif consiste à quitter son corps pour se fondre dans un projet.

Quand j'ai commencé à rédiger ce livre, je passais environ quatre heures par jour devant mon ordinateur à taper avec frénésie, inconsciente de tout, sauf des mots qui se déversaient sur la page et à peine consciente de mes mains qui bougeaient sur le clavier. En cours d'écriture, c'était formidable, mais à la fin de ma journée, j'étais très ennuyée en constatant que j'étais incapable de penser à autre chose. Non seulement je n'arrivais plus à dormir, mais je vaquais à mes occupations telle un zombi, totalement absorbée par mon livre. Le père de mon fils me demandait plusieurs fois par jour si j'allais bien, et le bébé lui-même me regardait d'un air perplexe: «Mais maman, où es-tu?» Le problème était que j'investissais une énorme quantité d'énergie personnelle dans ce livre. Souvent, la seule façon que j'avais de rectifier la situation était de rapatrier mon énergie en méditant.

J'ai constaté que le processus créatif exige souvent que nous quittions notre corps pour aller ailleurs, afin d'être libres d'explorer de nouvelles avenues et de nous immerger totalement dans nos projets. Tout va bien jusqu'à ce que nous soyons obligés de redescendre sur terre et de nous consacrer aux banalités de la vie, comme conduire la voiture pour nous rendre au travail ou payer les factures. Dans ce cas, nous devons disposer d'un moyen pour revenir entièrement dans notre corps et au présent.

L'outil psychique de rapatriement de votre énergie vous sera très utile pour faire face a cette nécessité. Dans le cadre d'une guérison ou d'une lecture par clairvoyance, il est particulièrement important de rapatrier votre énergie autant pendant qu'après la rencontre, parce que votre énergie parvient très facilement à pénétrer le champ énergétique de votre client tandis que vous poursuivez votre exploration.

Comme clairvoyante, il m'arrive d'avoir un problème quand je suis confrontée à une lecture particulièrement ardue : je vais trop loin dans le champ énergétique du client en essayant de découvrir la source de ses difficultés, alors qu'il n'est pas nécessairement prêt a en prendre conscience. Plutôt que de me retirer, j'explore de plus en plus profondément jusqu'à ce que je trouve la réponse. Dans ce cas, ce que je fais essentiellement, c'est fusionner mon énergie avec celle de mon client. Généralement, à la fin de la lecture, je suis non seulement épuisée, mais il m'arrive d'être incapable de chasser la personne de mon esprit (j'ai la confirmation que c'est le cas quand je commence à faire des cauchemars à son sujet !). La seule façon de rectifier la situation quand e constate ce que e fais, ou ai fait, est de rappeler consciemment mon énergie.

Vous évacuerez beaucoup d'énergie dans le cadre de vos lectures psychiques, en particulier si vous utilisez un ancrage. Si vous ne vous ressourcez pas en cours de route, non seulement vous serez épuisé, mais vous deviendrez plus vulnérable à l'assaut des énergies étrangères indésirables. À chaque fois qu'on utilise le formidable outil de libération qu'est l'ancrage, il faut impérativement rapatrier son énergie personnelle. Comme le disaient mes professeurs ; « La nature a horreur du vide. » Si vous ne vous remplissez pas de votre énergie une fois ancré, une autre énergie le fera (peut-être même celle que vous venez d'expulser !). Ce n'est pas une pensée agréable !

Rapatriement de votre énergie

Visualisez un énorme soleil doré chatoyant. Ses rayons torrides sont si vifs que vous devez plisser les paupières pour le regarder. Imaginez qu'il flotte à quelques centimètres du sommet de votre crâne. Imaginez ensuite que vous prenez un marqueur magique et que vous écrivez votre nom au centre du soleil. Sous votre nom, vous distinguez un puissant aimant miroitant. C'est l'un des plus puissants au monde, mais la seule chose qu'il attire, c'est votre énergie personnelle. Vous êtes prêt à rapatrier votre énergie.

DEUXIÈME OUTIL PSYCHIQUE

Affirmez que, quel que soit l'endroit où se trouve votre énergie, indépendamment de son éloignement, dans quelques secondes au plus, elle reviendra à vous dans votre soleil doré. Rappelez votre énergie de vos relations, de votre travail, de vos buts, de vos projets, de votre famille, de vos animaux de compagnie, de vos biens matériels, de votre passé et de votre avenir. Toute cette énergie est d'abord recueillie par votre soleil doré qui la purifie et la revitalise. Les énergies étrangères parasitant votre énergie personnelle seront incapables de supporter la chaleur de votre soleil doré. Visualisez votre soleil qui grandit et grossit jusqu'à ce qu'il soit sur le point d'exploser.

Maintenant, physiquement, touchez le sommet de votre crâne du bout des doigts. Faites comme si vous perciez un trou dans votre chakra couronne, au sommet de votre tête. Ensuite, servez-vous de votre doigt pour percer un trou dans la partie inférieure de votre soleil doré. (Notez qu'en posant les gestes physiquement, vous aidez votre esprit et votre imagination ales accepter, et à mieux les intégrer.) Une fois le trou percé, détendez vos mains.

Maintenant, imaginez que toute votre énergie revitalisée par votre soleil doré coule sans effort de la base de la sphère jusque dans votre tête, par le sommet de votre crâne. L'énergie tombe instantanément au bout de vos orteils. Elle remplit graduellement vos pieds, vos chevilles, vos mollets, vos cuisses, votre torse, votre poitrine, vos épaules et votre cou. Elle se répand dans vos bras et vos mains et les remplit jusqu'a ce qu'elle déborde des petits chakras tournoyants de vos mains et coule dans votre aura. Votre énergie personnelle continue de se diffuser dans votre cou, votre visage et votre crâne, déborde du trou au sommet de votre crâne et se répand ensuite dans votre aura.

Soyez conscient que votre corps et votre aura se remplissent de votre énergie, de votre force vitale, au point où elle déborde de vos yeux, de votre bouche, de vos oreilles et de votre nez. Elle continue de remplir vos organes, comme votre cœur et vos poumons, et vous la voyez courir dans vos veines et vos cellules. Voyez l'énergie circuler dans vos chakras avec tant de force qu'elle les fait tourbillonner. Voyez une partie de votre énergie descendre le long de votre corde d'ancrage pour la renforcer et vous aider à vous l'approprier pleinement. Une fois que vous êtes certain d'avoir entièrement rempli votre corps et votre être, imaginez que vous scellez le trou au sommet de votre crâne. Remerciez votre soleil doré d'avoir travaillé avec vous, puis voyez-le s'envoler dans l'atmosphère, jusqu'à ce que ce soit de nouveau le moment de faire appel à lui.

CHAPITRE 9

Troisième outil Psychique — Neutralité

La neutralité est la meilleure amie du clairvoyant. Quant à ses pires ennemis, ce sont ses réactions émotionnelles, ses attentes et son attachement à un résultat. La neutralité apporte le calme et la sérénité. On est alors comme un capitaine consciencieux qui guide sûrement son navire à travers l'océan houleux, prêt à changer de cap. Quand vous êtes emporté dans le tourbillon de vos émotions et de vos attentes, Vous ressemblez au capitaine désespéré qui veut tellement atteindre sa destination qu'il lance son navire au cœur de la tempête, perd le cap et pousse son équipage à la mutinerie. Dans une lecture psychique, la clairvoyante doit naviguer à travers des émotions et des énergies tumultueuses comme un ouragan, et affronter des problèmes aussi formidables que des tsunamis. Si vous ne savez pas nager, vous courez le risque de sombrer, indépendamment de la clarté des images et des données extrasensorielles que vous recevez.

Beaucoup de vos clients seront aux prises avec des souffrances, des peurs, des doutes et des problèmes. En fait, plusieurs ne seront pas vraiment là pour une lecture. Es seront là pour être guéris et libérés de leurs souffrances, pour qu'on résolve leurs problèmes et bannis- sent leurs inquiétudes — instantanément. S'ils ne se sentent pas mieux après la lecture (même si Vous leur donnez de l'information importante ou susceptible de leur sauver la vie, mais qu'ils ne souhaitent pas entendre), ils ne blâmeront qu'une seule personne... VOUS.

Certains vous poseront une question, mais feront tout leur possible pour vous empêcher de percevoir la vraie réponse. Certains exigeront que vous leur disiez tout, mais ne révéleront rien et garderont férocement leurs secrets de tout leur être, en érigeant des forteresses autour de leur âme tremblante plus vite que vous n'arriverez à vous frayer un chemin au travers de leurs défenses. Certains mentiront. D'autres vous vénéreront. On vous désirera, on sera en compétition avec vous, on vous haïra, on sera incapable d'être bien avant de vous avoir totalement écrabouillé. Dans certains cas, très rares, on pourra même se montrer violent.

Dans vos lectures, vous rencontrerez les victimes impuissantes d'abus insidieux qui sont aujourd'hui pédophiles. Vous donnerez des lectures à des voleurs, des menteurs, des toxicomanes et des adultères. Vous aiderez des gens qui ont peur de perdre leur brosse à dents favorite, d'autres qui ont peur de perdre la garde de leurs enfants, et d'autres encore qui ont peur de perdre leur santé mentale. Certains seront hystériques, d'autres parleront des langues inventées. Quelques-uns seront suicidaires, certains à l'agonie et d'autres auront déjà l'air morts. Vous constaterez que certains ne peuvent ou ne veulent pas faire les changements que vous savez indispensables pour leur croissance. Vous retracerez leurs progrès sur la voie tortueuse de leur triste avenir, et vous ne verrez que solitude, désespoir et mort. Amusant, n'est-ce pas ?

En fait, cela pourra sembler étrange, mais les lectures les plus amusantes, stimulantes, intéressantes et inspirantes que j'ai données comportaient plusieurs de ces éléments. Quand on adopte un point de vue neutre, la lecture psychique s'apparente au visionnement d'un film de peur ou d'un drame de cœur. Dans le confort et la sûreté de son esprit, on voit toutes sortes d'existences intéressantes auxquelles on n'aurait ordinairement pas accès. On est totalement absorbés par ce qu'on regarde et on peut même ressentir toute une gamme d'émotions (sans s'identifier à elles). On entretient peut-être une certaine forme d'attente ou d'espoir quant à la fin du film, mais il faut savoir qu'il n'y a rien qu'on puisse faire pour changer les personnages ou réécrire le scénario. On rentre parfois chez soi en réfléchissant à la morale de l'histoire, ou en se remémorant un certain moment marquant, mais en général, on ne perd pas le sommeil à ce sujet.

D'un autre côté, si on perd sa neutralité en cours de lecture, il s'avère beaucoup plus difficile de faire face aux défis qui se présentent. On a plus de difficulté a rester concentré et on tend à donner des conseils basés sur une information personnelle limitée, au lieu d'attendre que la clairvoyance se révèle d'elle-même dans son infinie sagesse. Quand on perd sa neutralité, on perd sa capacité à communiquer honnêtement et efficacement. Cela dit, comment fait-on pour être neutre ?

Lire à partir du centre de son cerveau

Votre esprit est libre de quitter votre corps et d'aller n'importe où, en même temps qu'il a la capacité de se déplacer dans tout votre corps. Bien qu'en tout temps, une partie de votre énergie soit répartie dans l'ensemble de votre corps, la partie de vous qui correspond à votre esprit a tendance à se loger dans un endroit précis. Beaucoup d'hommes (mais pas tous assurément) se centrent dans leur deuxième chakra (centre sexuel) ou dans la partie analytique de leur cerveau. Beaucoup de guérisseurs et de thérapeutes tendent à se situer au niveau du chakra du cœur.

Selon la situation, votre esprit se déplace naturellement durant la journée. Ainsi, en jouant avec vos enfants, vous êtes probablement dans votre chakra du cœur. Quand vous avez une querelle d'argent avec votre conjoint, vous êtes probablement dans votre troisième chakra. Si vous avez des relations sexuelles satisfaisantes, vous êtes dans votre deuxième chakra. Quand vous donnez une lecture, votre énergie se loge naturellement dans votre sixième chakra (correspondant au troisième œil), étant donné que vos aptitudes de clairvoyance sont là. Cependant, à mesure que la lecture progresse, vous courez le risque de syntoniser le chakra à partir duquel votre client fonctionne, ou de tomber dans vos images associées.

Si vous lisez à partir d'un autre chakra que votre troisième œil, votre lecture aura tendance à prendre l'énergie du chakra sollicité. Comme vos chakras inférieurs concernent surtout les émotions, vous lirez a travers ce filtre et serez par conséquent plus vulnérable à leur influence. En restant dans votre sixième chakra, c'est-a-dire au centre de votre cerveau, vous pourrez maintenir une neutralité impossible à atteindre dans les chakras inférieurs. (Notez que cette position au centre du cerveau n'est pas celle de l'esprit analytique, toutefois logé dans le cerveau lui aussi.)

Beaucoup de clairvoyants donnent des lectures parce qu'ils sont des guérisseurs nés qui aiment leurs semblables et souhaitent les aider. Malheureusement, la plupart ne sont pas conscients de la différence entre le centre de leur cerveau et leur quatrième chakra. Tout va bien jusqu'à ce qu'ils rencontrent une personne difficile à lire : ils perdent alors leur capacité de percevoir et de communiquer l'information de façon objective, ou en raison de leur engagement émotionnel, ils affaiblissent leur système en absorbant une trop grande partie de l'énergie de leur client.

Quand je descends dans mon chakra du cœur en cours de lecture, je m'en aperçois : je me mets à pleurer, je me sens impuissante ou tellement en colère que j'ai peine a rester assise. Parfois, je me laisse tellement prendre par mon désir de sauver mon client que plusieurs minutes s'écoulent avant que je prenne conscience que j'ai arrêté de lire et que je ne fais que prodiguer des conseils inutiles. Au bout d'un moment, je constate que j'ai perdu ma neutralité ; je me remets donc sur les rails en moins de deux à l'aide de la technique décrite plus bas, et je transmets à nouveau des renseignements porteurs d'une sagesse supérieure à celle de mon cœur et de mon esprit rationnel.

Bien entendu, il n'est pas nécessaire, ni même souhaitable, d'être constamment dans le centre de son cerveau ou sixième chakra. Parmi les plus grandes joies de l'existence, citons l'amour intense ressenti dans le chakra du cœur, l'expérience sexuelle vécue avec le deuxième chakra, l'envol de l'esprit au pays des rêves très loin au-dessus du septième chakra. Il y a un temps et un lieu pour l'objectivité comme pour l'abandon insouciant. Néanmoins, dans le cadre d'une lecture psychique, vous devez arriver à maintenir votre objectivité. Votre efficacité et votre bien-être dépendent de votre maîtrise.

TROISIÈME OUTIL PSYCHIQUE

Technique de neutralité

Assoyez-vous dans une posture confortable et fermez les yeux. Tournez votre attention vers l'intérieur. Posez un doigt (physiquement) sur votre troisième œil, un peu au-dessus des sourcils et au centre du front, et pressez doucement. Maintenant, affirmez que vous concentrez votre conscience et votre esprit à environ cinq centimètres de votre doigt, au centre de votre cerveau. Une fois que vous y êtes, prenez un peu de recul. Demandez-vous d'où vous arrivez. Avez-vous l'impression que vous étiez plus bas et que vous vous êtes élevé, ou arrivez-vous d'au-dessus de votre tête ? Au début, vous serez peut-être incapable de déterminer où vous étiez. Ce n'est pas un problème. Je vous suggère cette vérification simplement pour que vous observiez à quel endroit vous avez tendance à centrer votre conscience.

Maintenant que vous êtes au centre de votre cerveau, imaginez que vous regardez au travers de votre troisième œil, comme s'il s'agissait d'une fenêtre dans votre front, exactement là où votre doigt entre en contact avec votre épiderme. (Vous pouvez laisser votre doigt en place ou le retirer n'importe quand en cours d'exercice. Si vous n'êtes plus certain d'être toujours au centre de votre cerveau, posez à nouveau votre doigt sur votre front et répétez les étapes précédentes.) Imaginez que vous regardez à travers cette fenêtre qu'est votre troisième œil et que vous voyez ce qui se trouve réellement dans la pièce. Vous pouvez ouvrir vos yeux un instant pour vous rappeler de quoi la pièce a l'air, avant de les refermer et de faire comme si vous voyez la même chose avec votre troisième œil. Comme la fenêtre de votre troisième œil est un peu plus haute que vos yeux physiques, imaginez la pièce d'un point de vue un peu plus élevé. Maintenant, rapatriez l'énergie de votre corps, ou chakras inférieurs, et toute énergie personnelle qui pourrait flotter au-dessus de votre tête. Commandez qu'elles se rassemblent dans un point au centre de votre cerveau, à quelques centimètres de votre troisième œil.

Nous allons maintenant créer votre lieu désigné au centre de votre cerveau. Visualisez une pièce. En imagination, installez une chaise ou un fauteuil confortable au centre de la pièce. Observez la couleur du tissu. Assoyez-vous et observez vos sensations. Le siège est-il aussi doux qu'un oreiller ? Dur comme du métal ? Imaginez que vous prenez un marqueur magique ou de la peinture, et que vous peignez votre nom sur les quatre murs de la pièce. Tout en procédant, intégrez le fait que vous vous appropriez cette pièce, qui est la représentation du centre de votre cerveau.

Ensuite, munissez cette pièce, qui est le centre de votre cerveau, d'une corde d'ancrage. Vous pouvez la faire en appliquant la technique proposée dans le chapitre 7 pour procéder à l'ancrage d'une pièce de votre maison. Érigez une colonne de lumière dorée dans chaque coin de la pièce et reliez l'ensemble à une grande colonne située au centre. Ensuite, chassez les énergies étrangères qui voudraient vous empêcher d'accéder au centre de votre cerveau ou qui occupent les lieux en les expulsant par votre corde d'ancrage. Observez l'énergie tandis qu'elle quitte le centre de votre cerveau. Observez vos réactions physiques.

Pour conclure, imaginez que vous êtes sur votre chaise au centre de votre cerveau. Levez-vous et faites le tour de la chaise en courant. À l'aide de vos mains imaginaires, touchez les murs, le sol et le plafond de cette pièce au centre de votre cerveau. Enfilez votre costume de danse préféré et célébrez votre présence au centre de votre cerveau en dansant la danse la plus folle que vous puissiez imaginer. Félicitations ! Vous venez de revendiquer le temple de votre neutralité !

CHAPITRE 10

Quatrième outil Psychique — Circulation des Énergies Telluriques et Cosmiques

Le corps conserve sa santé tant que son énergie circule bien. Si la circulation s'interrompt tout à fait, on meurt. Quand le flot est lent, on est lourd et le système immunitaire en souffre. Quand l'énergie est prisonnière d'une partie du corps ou de sa contrepartie énergétique (c'est-à-dire les chakras ou l'aura) ou qu'elle n'y circule plus, la zone est douloureuse, insensible ou malade.

Quand l'énergie circule à travers le corps, elle ne fait pas que refléter l'état de santé, elle protège aussi l'organisme des énergies et des entités étrangères. La plupart des gens ont appris ou compris intuitivement que visualiser de la lumière autour de leur corps les protège efficacement du mal et du danger. Ce qu'ils ignorent toute- fois, c'est que cette lumière doit circuler. Après tout, on atteint plus difficilement vine cible mouvante que stationnaire. Si vous ne voulez pas que quelqu'un vous remarque ou s'accroche à vous, votre meilleure stratégie consistera à bouger vite et souvent. Pensez à la vitalité et à la puissance des chutes Niagara ou des rapides bouillonnants de la rivière Colorado, compare' à la stagnation des eaux fétides, infestées de puces et souvent putrides du Great Salt Lake, dans l'Utah, ou à la léthargie des marécages du Sud, grouillant de vilaines bestioles de toutes sortes.

Plusieurs moyens permettent d'accroître la circulation de l'énergie dans le corps et l'aura. L'acupuncture, la massothérapie, l'exercice, la guérison énergétique, la danse, le chant, la peinture et même la douche : tout cela augmente le flot d'énergie en circulation et contribue à soulager la douleur et les inconforts.

L'exercice est un moyen facile et naturel d'augmenter la circulation d'énergie dans l'organisme. Quand on pratique l'exercice physique — jogging, marche rapide, patin à roues alignées, basket ou autre —, il est évident que l'activation du corps entraîne la circulation de l'énergie. Quand on reste longtemps immobile, la circulation d'énergie ralentit. La respiration fait aussi circuler l'énergie. L'art millénaire du yoga utilise l'exercice et la respiration pour diriger consciemment l'énergie dans le corps afin d'atteindre la santé, la paix suprême et l'euphorie. La visualisation est aussi une bonne façon de faire circuler l'énergie.

Le corps est immobile quand on donne une lecture psychique. Comme l'attention est entièrement concentrée sur ce qu'on reçoit, la respiration et le fonctionnement du système nerveux autonome ralentissent souvent sensiblement jusqu'à atteindre le rythme du sommeil profond. Bien qu'il soit bon de se rappeler de respirer dans la mesure du possible, la pratique d'exercices structurés n'est pas vraiment commode, ni même possible, quand on donne une lecture. Et je n'ai pas encore rencontré de clairvoyant qui donne ses lectures en joggant autour de la pièce.

Énergies cosmiques et telluriques

Votre corps est constitué de l'énergie de la Terre : l'énergie *tellurique*. Vous absorbez naturellement plus d'énergie tellurique en plein air qu'à l'intérieur d'un édifice fait de matériaux synthétiques. J'ai commencé a comprendre la valeur de l'énergie tellurique quand je suis déménagée à Sedona. La différence était phénoménale entre la personne qui revenait de quelques heures de randonnée pédestre dans les canyons tortueux d'Oak Creek, ou d'une escalade de ses époustouflants rochers rouges, et celle qui descendait d'avion en provenance du New Jersey en n'ayant pas mis les pieds dans la nature depuis des mois, sinon des années. Celles qui avaient passé ne serait-ce que deux heures en plein air avaient des auras vibrantes, des chakras tournoyants, plus attirants et apparemment plus sains. Je sentais souvent dans mes pieds un picotement d'énergie tellurique dès qu'un client revenant de randonnée entrait dans mon bureau. Cela me rappelait l'importance de prendre un moment entre deux lectures pour aller marcher 1 en effet, je ressemblais plus à une citadine épuisée qu'à une résidente de l'un des plus beaux coins sauvages de la planète.

L'énergie tellurique entre dans le corps par les chakras des pieds. Elle est parfois lourde ou grossière, mais on peut l'adapter à son confort par la visualisation et l'intention. Elle peut circuler partout dans le corps, mais la partie supérieure de l'organisme et les chakras qui s'y trouvent sont plus délicats ; ils n'ont donc pas besoin d'en recevoir une dose aussi massive que la partie inférieure et les chakras correspondant. Les chakras supérieurs sont plutôt conçus pour traiter ce qu'on appelle communément les énergies *cosmiques*, c'est-à-dire l'énergie de l'air et de la source de l'esprit.

En acupuncture, les énergies telluriques et cosmiques sont dites *yin* et *yang*. On porte beaucoup d'attention à l'équilibre de ces énergies dans le soulagement de la douleur et le traitement de maladies comme l'arthrite, le syndrome du canal carpien, le diabète, l'épilepsie, la paralysie, et ainsi de suite. Dans son ouvrage fascinant. *Autobiographie d'un yogi*, Paramahansa Yogananda attribue l'acquisition de pouvoirs miraculeux aux énergies cosmiques. Yogananda décrit ses rencontres avec deux femmes indiennes qui ne mangeaient jamais. Il explique que l'une d'elles, Giri Bala, n'a rien mangé depuis plus de cinquante-six ans et est pourtant dans une forme splendide. À l'âge de douze ans, elle a supplié Dieu de l'aider à maîtriser son appétit insatiable pour la nourriture. Ses prières ont été exaucées dans une vision où un gourou lui est apparu et lui a enseigné une technique secrète de yoga qui lui permet de recharger son corps avec l'énergie cosmique tirée de l'éther, du soleil et de l'air. (Yogananda, p. 451) Plusieurs scientifiques indiens réputés ont étudié le cas de Giri Bala avec rigueur et l'ont déclaré authentique.

Quant à la deuxième femme, Therese Newman, elle ne mangeait ni ne buvait rien depuis plus de douze ans. En 1923, elle avait été miraculeusement guérie de sa cécité et de sa paralysie après avoir prié sainte Thérèse. Peu de temps après, elle s'est mise à tomber en transe profonde et à revivre chaque vendredi la crucifixion du Christ. Les stigmates (blessures sacrées du Christ) se manifestaient sur son front, sa poitrine, ses mains et ses pieds ; du sang coulait même de ses yeux. Therese avait cessé de manger peu de temps après sa guérison, car elle savait qu'elle serait nourrie par la grâce de Dieu et les énergies cosmiques de l'Univers. Son cas a été authentifié par l'Église catholique, qui a supervisé le reste de son existence et surveillé par la suite ses activités et associations. (Yogananda, p. 365)

Je dois admettre que même si je me nourris souvent d'énergie cosmique, mon goût pour la nourriture est encore dévorant, et je ne suis pas prête à remplacer ma passion pour les biscuits aux pépites de chocolat et les frites par un régime d'éther cosmique ! Néanmoins, j'utilise la visualisation depuis plusieurs années pour refaire consciemment le plein d'énergie cosmique (parfois avec des exercices et des respirations). De fait, j'ai constaté que j'arrive à éliminer la douleur physique, autant la mienne que celle d'autrui, et à me régénérer quand je suis fatiguée et que je vis du stress. J'ai aussi observé chez beaucoup d'étudiants et confrères d'études, des changements remarquables dans leur santé physique, mentale et émotionnelle, suite à la libération de générations de cristallisations et de programmations, et d'une foule d'énergies étrangères, libération favorisée parles énergies cosmiques et telluriques.

Dans une lecture psychique, la visualisation est le moyen le plus sûr et le plus efficace de vous assurer que votre énergie circule convenablement dans votre corps. En pratiquant les techniques cidessous, vous apprendrez à syntoniser les énergies telluriques et cosmiques, et à les faire circuler dans votre corps et votre champ énergétique. Vous pouvez les utiliser autant dans le cadre d'une lecture psychique que dans vos autres activités — qu'il s'agisse de méditer, de travailler ou de courir un marathon.

Activation de votre circuit d'énergie tellurique

Choisissez un siège confortable. Fermez les yeux et tournez votre attention vers l'intérieur. Détruisez votre corde d'ancrage actuelle et créez-en une nouvelle. Laissez votre attention glisser vers vos pieds. Imaginez que vous voyez les petits chakras de vos pieds qui tournoient. Affirmez qu'ils s'ouvrent le plus largement possible. Observez votre ressenti. Ensuite, refermez-les au maximum. Répétez l'exercice plusieurs fois, puis affirmez que vous ouvrez les chakras de vos pieds de 80 pour cent.

Maintenant, visualisez un point à l'intérieur de la planète, directement en dessous de vous, un point profond où l'énergie de la Terre attend votre appel. Choisissez un point parfaitement pur, non pollué par les produits toxiques ou chimiques. Visualisez la couleur de l'énergie tellurique et faites-la monter à travers la Terre, le gazon ou le revêtement de sol, jusqu'aux chakras de vos pieds. Laissez l'énergie tellurique circuler dans vos chakras et les nettoyer. Imaginez qu'ils ressemblent à des lave-linge miniatures et que vous pouvez voir à l'intérieur par leur porte circulaire. L'énergie tellurique nettoie vos chakras des énergies étrangères qui y sont incrustées.

Après un moment, laissez l'énergie tellurique monter librement dans vos jambes, traverser les os, les muscles, la peau, les veines et les artères de vos chevilles et de vos mollets, jusqu'à vos genoux. L'énergie fait alors une pause pour circuler dans les chakras de vos genoux et les nettoyer. Après un moment, elle se diffuse dans les cellules de vos cuisses, de vos fesses et de vos organes génitaux, puis atteint votre premier chakra (chakra racine), à la base de votre colonne vertébrale si vous êtes un homme, à l'entrée du col de l'utérus si vous êtes une femme. Laissez le flot puissant de l'énergie tellurique circuler dans votre chakra racine jusqu'à ce qu'il rutile et tourbillonne. Ensuite, observez le mouvement de la gravité qui aspire 80 pour cent de cette énergie par votre corde d'ancrage jusqu'au centre de la planète. Revenez au 20 pour cent qui reste et qui circule librement dans votre premier chakra. Faites monter l'énergie dans le reste de votre corps. À mesure qu'elle monte, laissez-la circuler dans vos principaux chakras, dans vos muscles, vos os et votre peau, jusqu'a ce qu'elle s'élève au-dessus de votre chakra couronne et se répande dans votre aura. Laissez-la alors retomber au pied de votre aura, s'enrouler autour de vos pieds, et remonter à nouveau jusqu'au sommet de votre aura.

Observez le mouvement de l'énergie pendant quelques minutes. Visualisez votre corps sur la chaise et observez le processus de circulation énergétique. Observez comment la circulation de l'énergie se manifeste dans votre corps. Ressentez-vous des sensations inhabituelles ou inattendues ?

Si vous avez de la difficulté à faire l'exercice, c'est peut-être que vous avez besoin d'adapter le flux en termes de débit ou de quantité d'énergie en circulation. Travaillez à établir le débit qui vous convient. Si cela ne vous est d'aucun secours, choisissez un autre point à l'intérieur de la planète et changez la couleur de l'énergie tellurique — évitez les couleurs très sombres, ternes ou que vous n'aimez pas : vous verrez peut-être une différence.

Je vous conseille de pratiquer cette technique durant une semaine, en séances de vingt minutes au moins, et d'en faire un exercice de méditation, avant d'activer votre circuit d'énergie cosmique. Si possible, tenez un journal ou un registre de vos expériences. Notez tout ce qui se produit d'inhabituel dans votre corps et votre vie. Cela vous aidera à comprendre les avantages liés à la circulation de l'énergie tellurique, compare au circuit cosmique.

Intégration de votre énergie cosmique avec votre énergie tellurique

Commencez par vérifier votre corde d'ancrage et au besoin, créez- en une nouvelle. Faites circuler l'énergie tellurique en suivant les indications de la section précédente. Puis, visualisez un point très haut dans l'espace. Ce point représentera ce que nous appelons le *cosmos*, d'où provient l'énergie cosmique. Vous pouvez situer ou visualiser le cosmos au-delà du Soleil ou très loin dans l'Univers, le voir comme un endroit au paradis, au-delà de l'arc-en-ciel et même entre les mains de Dieu. J'aime à penser que mon énergie cosmique provient de la source qui m'a créée.

Visualisez une brillante énergie dorée qui tombe librement du ciel. Totalement neutre, cette énergie ne contient aucune énergie étrangère. Voyez-la qui tombe et aspirez-la en Vous par votre chakra couronne, au sommet de votre crâne. Voyez-la qui tourbillonne à l'intérieur de votre chakra couronne, le nettoie, l'active et stimule ses capacités. Après

QUATRIÈME OUTIL PSYCHIQUE

quelques instants, observez l'énergie qui se concentre a l'arrière de votre crâne et s'engage dans les deux canaux qui s'ouvrent de chaque côté de votre sixième chakra. Ces canaux descendent en parallèle le long de votre colonne vertébrale. Observez votre sixième chakra : son mouvement tournoyant entraîne l'énergie cosmique dans vos chakra supérieurs. Visualisez l'énergie cosmique qui dévale le long de vos vertèbres cervicales, dorsales et lombaires, par les deux canaux parallèles, jusqu'à votre premier chakra où l'énergie tellurique circule déjà. Continuez à observer tandis que 20 pour cent de votre énergie cosmique poursuit sa course vers le bas, traverse vos jambes et vos pieds, et glisse le long de votre corde d'ancrage jusqu'au centre de la planète.

Reportez ensuite votre attention sur votre chakra racine tour- noyant. Observez le mariage de l'énergie cosmique et de l'énergie tellurique. Visualisez la couleur de chacune et observez tandis qu'elles se mélangent pour en former une nouvelle. Visualisez cette nouvelle couleur (combinaison de 80 pour cent d'énergie cosmique et de 20 pour cent d'énergie tellurique) tandis qu'elle s'élève jusqu'au sommet de votre tête par deux canaux qui courent le long de la surface de vos principaux chakras. Observez l'énergie qui circule librement dans les muscles, les os, les veines et les artères de la partie antérieure de votre corps, et qui se répand dans tous les endroits où elle n'a pas encore eu l'occasion de circuler.

Quand le mélange d'énergie atteint votre chakra de la gorge, imaginez qu'il se sépare en trois : une partie de l'énergie pénètre dans chaque épaule, descend le long du bras et se répand dans le chakra de la main où elle circule en boucle jusqu'à ce que les chakras de vos deux mains soient remplis et que le mélange d'énergie cosmique et tellurique déborde dans l'aura qui les entoure. Quant au flot principal, il s'élève, traverse votre visage et votre crâne pour jaillir de votre chakra couronne et se répandre dans votre aura. Observez tandis que votre aura se remplit d'énergie irradiant de vos pieds jusqu'au sommet de votre tête. Pratiquez cette méditation sur la circulation de l'énergie cosmique dix minutes par jour pendant une semaine, et observez les pensées, les sentiments et les sensations qui montent.

Trucs utiles

En faisant circuler les énergies telluriques et cosmiques, vous devez garder quelques facteurs essentiels à l'esprit. D'abord, vous n'avez pas la faire d'effort ou à travailler pour faire circuler l'énergie : contentez-vous de l'inviter, de la diriger et d'observer son mouvement. Si vous constatez que vous faites des efforts, attribuez-leur une couleur et libérez-les en les expulsant par votre corde d'ancrage.

Par ailleurs, vous devez comprendre que l'énergie est neutre. Tant que vous invitez des énergies provenant de sources fraîches et pures, elles seront propres. Affirmez qu'aucune autre énergie ne peut interférer ou se combiner avec vos énergies telluriques et cosmiques sans votre autorisation consciente, et il en sera ainsi.

N'oubliez pas qu'il ne s'agit pas simplement d'un exercice de visualisation. La circulation d'énergie provoque toutes sortes de changements dans votre corps et, comme nous l'avons vu précédemment, parfois, lorsque vous libérez la souffrance et les émotions, vous ressentirez ces changements au fur et à mesure qu'elles se libèrent. Par conséquent, si vous ressentez une sensation déplaisante, sachez qu'elle est temporaire et qu'elle n'a rien à voir avec les énergies telluriques et cosmiques en elles-mêmes. Elle a plutôt un rapport avec les éléments, quels qu'ils soient, que les énergies vous aident à évacuer. Comme il s'agit d'un exercice très efficace, il vaut mieux pratiquer pendant un moment dans un environnement sûr, confortable et privé, avant de tenter l'expérience au volant de votre voiture ou en interaction avec d'autres dans un cadre professionnel.

Le modèle de circulation énergétique que je viens de décrire semble bien fonctionner, mais il n'est pas coulé dans le béton. S'il vous pose un problème, je vous suggère de continuer à le pratiquer régulièrement durant quelques semaines, étant donné que votre difficulté pourrait indiquer des zones de cristallisations ou de blocages énergétiques causés par vos programmations mentales émotionnelles. Je vous encourage néanmoins à expérimenter la circulation des énergies cosmiques et telluriques selon le modèle qui vous convient. Certaines personnes préfèrent une structure plus souple, et dans ce cas, choisiront de laisser leur énergie circuler plus librement.

CHAPITRE 11

Cinquième outil Psychique — Création et Maintien des Frontières Personnelles

Souvent, quand je donne une lecture psychique, la cliente est tellement intéressée par ce que je dis qu'elle étend son aura jusqu'à m'envelopper. C'est fréquent quand la cliente ferme les yeux et entre dans un état de relaxation profonde. Quand son aura se mélange à la mienne (il est plus facile de reprocher aux autres d'envahir notre espace que de reconnaître que nous envahissons le leur!), c'est non seulement une source de malaise physique pour moi, mais aussi un obstacle à la lecture.

Si vous essayez de regarder un objet en le tenant juste sous votre nez, vous n'arriverez pas à le voir clairement ou à le voir dans son ensemble : il est trop près. Le concept s'applique à l'observation psychique de l'aura. Voilà pourquoi je maintiens en général une distance d'environ un mètre entre mon client et moi, même si j'ai les yeux fermés. le juge parfois utile de demander à une cliente de s'adosser à sa chaise et de resserrer son aura autour de son corps. Il arrive cependant que la cliente se sente confuse ou rejetée. C'est pourquoi d'ordinaire, je choisis de prendre l'affaire en main psychiquement : je visualise un objet à la périphérie de mon aura et j'affirme que l'énergie de ma cliente se retranche derrière cet élément séparateur.

L'élément séparateur est un outil précieux : grâce à lui, on crée une frontière énergétique entre les autres et soi, ce qui contribue en retour à renforcer des frontières psychologiques peut-être faibles (l'élément séparateur est essentiel pour les codépendants). L'élément séparateur distingue pour votre corps et votre énergie ce qui vous appartient de ce qui ne vous appartient pas. C'est aussi une forme de protection. Cependant, je préfère dire de cet outil qu'il sépare plutôt que d'en faire un objet de protection, étant donné qu'en se concentrant sur la protection, on attire parfois involontairement ce qu'on souhaite éviter (parce qu'on résiste).

Il y a des années, j'ai découvert que cette technique était fort utile dans la vie courante. Un jour, j'assistais a une conférence fascinante sur les agroglyphes par Colin Andrews, pionnier et chercheur infatigable. L'auditorium étant plein à craquer, 'ai pris le dernier siège libre. Une femme accompagnée d'un enfant est entrée à ma suite ; un homme lui a galamment offert son siège avant de se diriger vers l'arrière, où j'étais assise. Une fois la lumière tamisée, Andrews a commencé la présentation de son diaporama sur ces cercles de récolte d'une complexité exquise. J'ai perdu la notion du temps jusqu'à ce que je sois brusquement submergée par une vague d'épuisement.

Je me suis demandé ce qui n'allait pas. J'étais en pleine forme la seconde d'avant, mais j'avais maintenant l'impression que j'allais m'évanouir si je ne m'étendais pas. Heureusement, j'ai pris conscience que le galant homme qui avait renoncé à son siège un peu plus tôt était debout à quelques mètres de moi. J'ai détourné mon attention des diapos et je lui ai jeté un regardL j'ai constaté qu'il faisait porter son poids d'une jambe sur l'autre d'un air malheureux. J'ai réfléchi : « Hum… Est-ce que ma fréquence s'accorde à l'état d'épuisement de cet homme ? Après tout, il est debout depuis un bon moment. »

J'ai rapidement visualisé une marguerite d'un rouge éclatant circulant à la périphérie de mon aura. Ensuite, j'ai visualisé l'énergie de l'homme sous forme d'une couleur bleuâtre qui quittait mon aura et retournait dans son corps. Finalement, j'ai rapatrié mon énergie dans mon corps. À cet instant, l'homme m'a regardée comme si sur un certain plan, il savait ce que je faisais. Puis il est parti à l'autre bout de la salle.

Je me suis tout de suite sentie mieux et j'ai reporté mon attention sur

CINQUIÈME OUTIL PSYCHIQUE

la conférence. Mais j'ai été reprise par la même sensation d'épuisement une vingtaine de minutes plus tard. Je me suis dit que j'avais probablement fait erreur, que mon état n'avait rien à voir avec cet homme, et que je couvais certainement quelque chose. À la fin de la conférence, en me levant pour sortir, je suis tombée sur lui. À un moment donné, il était revenu se placer directement derrière moi sans se faire remarquer. Je me suis frayé un chemin hors de la salle, j'ai vérifié mon élément séparateur une seconde fois, et j'ai retrouvé mon état nonnal presque aussitôt.

N'importe quel objet peut servir de support à la visualisation d'un élément séparateur : fleur, arbre, clôture, miroir, billet de cent dollars (pour vous rappeler l'abondance qui vous appartient), et ainsi de suite. Il est bon de se servir du même élément pendant un certain temps : à l'occasion, jetez-y un coup d'œil par clairvoyance pour vérifier s'il a changé après avoir absorbé différentes énergies ou subi leur influence. Comme dans le cas de la corde d'ancrage, il est bon de détruire fréquemment votre élément séparateur et d'en créer un nouveau pour vous assurer qu'il agit bel et bien en temps réel.

Par ailleurs, selon les situations, vous aurez besoin d'éléments différents en termes de taille, de puissance et de caractéristiques. Si je rencontre une personne hostile qui veut manifestement me faire du mal, j'imagine un miroir ou un ventilateur qui lui renvoie son énergie agressive. En d'autres occasions, je visualise un cœur géant orné d'un visage souriant pour me rappeler (et peut-être rappeler à cette personne hostile) que l'amour est plus fort que la haine. Il m'arrive même de visualiser un élément vraiment amusant ou ridicule pour changer les vibrations malsaines qui m'entourent : en effet, le rire a une vibration beaucoup plus élevée que la peur et la colère.

Votre élément séparateur doit être placé a la périphérie de votre aura. S'il est près de votre corps ou dans votre aura, ce dont vous souhaitez vous séparer pourra quand même vous atteindre et vous affecter comme s'il était dans votre corps. Vous pouvez visualiser un seul objet qui effectue des révolutions autour de votre aura, ou en imaginer plusieurs. Les débutants ayant peu confiance en leur élément séparateur ont tendance à en créer plusieurs afin de couvrir chaque centimètre de leur aura. Néanmoins, un seul objet donnera le résultat escompté.

Vous pouvez aussi affirmer que votre élément séparateur a la capacité de protéger la totalité de votre corps et de votre aura, même s'il n'occupe qu'un point à la périphérie de votre enveloppe énergétique. Vous pouvez imaginer qu'il reste stationnaire ou qu'il orbite autour de votre aura : comme je l'ai déjà mentionné, l'énergie en mouvement est beaucoup plus puissante que l'énergie stagnante. Par ailleurs, pour accroître l'efficacité de votre élément séparateur, vous pouvez vous en servir en conjonction avec vos autres outils, par exemple, l'ancrage et la circulation des énergies.

L'élément séparateur étant un outil hautement efficace, vous aurez soin de ne pas ériger autour de vous une forteresse si imprenable qu'elle vous condamne à l'isolement ou à l'invisibilité. En général, le problème ne se pose pas, à moins que vous ne pratiquiez cette technique sur de longues périodes.

CHAPITRE 12

Sixième outil Psychique — Création et Destruction

Le processus de lecture et de guérison par clairvoyance exige que vous soyez capable de créer certaines images et de les détruire. Vous devez être capable de créer consciemment un écran de lecture et une visionneuse, car il vous faut un support pour afficher les informations clairvoyantes que vous recevez. Vous devez ensuite être capable de détruire les images afin qu'elles n'aient pas d'impact négatif sur votre santé, et que vous puissiez disposer d'une autre visionneuse où de nouvelles données pourront s'afficher.

Pratiquées avec assiduité, les techniques présentées dans ce chapitre et dans ce livre accroîtront graduellement et formidable- ment votre capacité à créer des représentations visuelles, et à les détruire. Votre capacité à créer et à détruire vos visualisations a un lien direct avec votre capacité à créer et à détruire dans d'autres domaines de votre vie ; vous devrez donc en être conscient si une technique en particulier vous donne du fil à retordre. Quand vous créez et détruisez un objet en imagination, vous faites bouger l'énergie et vous influez sur tout ce qui vous entoure.

Bien des gens n'ont aucune idée de l'extraordinaire potentiel créatif qui est le leur. On les entend dire qu'ils n'ont pas une once de créativité.

Et pourtant, ils ont un emploi, des enfants, une maison et un compte de banque. Qui est responsable de la création de ces éléments de leur quotidien, sinon eux? Notre vie est un cycle continuel de création et de destruction. De la naissance à la mort, de la maternelle à la fin de nos études, du mariage au divorce, du premier jour d'un emploi à celui où l'on remet sa lettre de démission, de l'achat d'une nouvelle robe à son don à une friperie, du gros chèque de paye bien mérité à sa dilapidation complète, voilà nos créations et nos destructions.

Chaque moment de notre vie, nous créons et nous détruisons. Quand j'ai soif, je vais dans la cuisine, je me verse un verre de lait et voilà: je viens de créer un verre de lait. Bien entendu, je n'ai pas créé le verre ni trait la vache, mais ultimement, j'ai formulé la pensée d'un désir et pris les mesures nécessaires pour créer un verre de lait. Ensuite, je l'ai bu. Le lait que j'ai bu n'existe plus. En essence, je l'ai détruit.

Je monte dans ma voiture et constate que je n'ai presque plus d'essence. Je sais que j'ai besoin de faire le plein. Je crée donc une image mentale de ce que je dois faire pour obtenir de l'essence. Je me rends dans une station d'essence et je fais le plein. Je n'ai pas foré le sol pour trouver le pétrole et je ne l'ai pas acheminé jusqu'à la station, mais j'ai tout de même conduit ma voiture jusque-là et rempli le réservoir. En essence, mes formes de pensée m'ont aidée à créer l'essence dont j'avais besoin pour ma voiture. Ensuite, je conduis ma voiture durant la semaine, ce qui fait qu'elle consomme toute l'essence. Ce que j'avais créé n'existe plus. L'essence a été détruite. Je l'ai détruite.

Je crois qu'en matière de création et de destruction, nous sommes tous de capacité égale. Toutefois, les problématiques et les programmations mentales émotionnelles entourant ces deux activités diffèrent énormément selon les individus. La capacité de création et de destruction de chacun est influencée par toutes sortes d'émotions et de formes de pensée. Certains ressentent de la culpabilité en créant quelque chose pour eux et même seulement en y pensant, tandis que d'autres se sentent coupables quand ils se libèrent de quelque chose ou le détruisent, que ce soit une relation amoureuse, un emploi ou autre chose.

Beaucoup ne comprennent pas le fonctionnement des lois de la création matérielle. Certains ont des peurs, des insécurités, des anxiétés, des

SIXIÈME OUTIL PSYCHIQUE

programmations familiales et des blocages mentaux qui leur nuisent. En fait, la plupart des individus n'ont aucune difficulté à créer (bien qu'ils affirment le contraire), c'est uniquement qu'ils sont trop occupés à créer des choses qui ne laissent ni temps ni espace à leurs nouvelles créations.

L'importance de méditer avant de donner une lecture s'explique par le fait que si votre esprit fourmille de pensées et d'énergies étrangères, l'information clairvoyante n'aura aucun moyen de se distinguer du fouillis qui règne dans votre conscience. Une fois que vous aurez décidé de vous concentrer uniquement sur les données clairvoyantes ou sur certaines représentations visuelles, vous devrez mettre au point une technique pour évacuer ou détruire les autres formes de pensées flottant dans votre esprit. Vous y arriverez en méditant et en pratiquant les outils psychiques que je vous propose (voir les chapitres 6 à 12). Si vous avez de la difficulté à lâcher prise sur vos pensées parasites, vous avez peut-être de la difficulté à évaluer ce qui parasite votre vie et les différentes parties de votre corps, à moins que ce ne soit l'inverse.

Comme nous l'avons vu précédemment, la lecture et la guérison par clairvoyance accélèrent le déblocage et l'évacuation des formes de pensée, des émotions et des énergies étrangères tant chez le clairvoyant guérisseur que chez le client. Celui qui s'engage sur la voie de la lecture et de la guérison psychique doit se sentir à l'aise avec le processus de libération et de destruction.

La libération et la destruction sont porteuses de changement. Si vous êtes incapable de tolérer le changement, vous aurez de la difficulté à détruire. Si vous avez de la difficulté à détruire, vous serez bientôt englouti sous vos créations au point de tomber malade, de ne plus arriver à créer ce que vous voulez vraiment, et finalement, de sombrer dans une forme de dépression qui vous obligera à faire des changements dans votre vie de toute façon. Si vous êtes incapable de tolérer le changement, vous souffrirez de le voir ou de l'initier dans la vie de vos clients et patients. En donnant des lectures. vous créerez des blocages qui vous empêcheront de voir les images porteuses de changement et vous échouerez à communiquer efficacement les messages qui s'y rapportent. Vous ne pourrez lire que des gens aussi coincés que vous!

Bien, après avoir lu ce qui précède, vous pensez peut-être: «Je n'aime pas le changement et je ne me sens pas particulièrement créatif. Je sais aussi que je n'aime pas lâcher prise, que ce soit par rapport à un bien ou à une relation. Je ferais peut-être mieux d'interrompre ma lecture et d'abandonner mon idée futile d'apprendre à donner des lectures psychiques. » Chassez cette pensée sur-le-champ ! C'est vrai : donner des lectures psychiques accélérera votre processus de libération et de transformation, ce qui vous obligera à faire vrai- ment face à votre réticence à détruire. Mais au bout du compte, vous devrez tout de même affronter tout cela pour réaliser vos rêves et vivre une existence réellement satisfaisante. C'est à vous de voir si vous voulez le faire maintenant ou dans trente ans.

Si votre vie ne se déroule pas comme vous le voulez, ou si tout va comme sur des roulettes, mais que vous êtes constamment anxieux et apeuré à l'idée que votre vie change, vous avez un problème avec la création et la destruction. La seule façon d'apprendre à faire face à l'existence et à trouver la paix et le bonheur, c'est de vous occuper avec efficacité et élégance des dons que Dieu vous a donnés. La lecture psychique et/ou la pratique des techniques présentées dans ce chapitre et ce livre vous aideront à asseoir consciemment votre capacité à créer et à détruire. Cela fera de vous un meilleur clairvoyant, un meilleur guérisseur et du moins, une personne plus confiante et plus calme.

Si vous êtes très intéressé à donner des lectures, c'est que vous êtes destiné a le faire. Ne laissez pas votre peur de ne pas être à la hauteur vous empêcher d'apprendre ce qu'il vous faut justement pour exceller !

Destruction : un « gros mot »

J'ai mentionné en passant à un de mes bons amis que je rédigeais un chapitre sur la création et la destruction. Il m'a fait remarquer avec insistance : « Je n'utiliserais pas "destruction" si j'étais toi. C'est un terme trop fort. Il mettra certaines personnes mal à l'aise. »

J'ai rétorqué : « Où est le problème ? La destruction fait partie du quotidien et si elle rend les gens mal à l'aise, ne vaut-il pas mieux les aider à apprivoiser l'idée plutôt que de l'éviter ? Je sais que plusieurs des

SIXIÈME OUTIL PSYCHIQUE

informations que j'avance vont mettre mes lecteurs mal à l'aise. Je ne vois pas cela comme un problème : le but de mon livre est de fournir des techniques, des outils et des méthodes pour gérer ce qui les rend mal à l'aise, peu importe ce que c'est. Ils ne sont peut-être pas assez courageux ou solides pour aborder ces sujets parce qu'ils ne savent pas qu'il y a des solutions. J'écris un livre sur les solutions. »

J'ai pris conscience de l'importance de maîtriser sa capacité de destruction après avoir donné plusieurs lectures où mes clients m'ont demandé de déterminer par clairvoyance pourquoi ils éprouvaient des difficultés à créer et à permettre aux choses de se manifester. Ainsi Sarah, Tune de mes premières clientes, désirait ardemment former une nouvelle relation. La jeune femme ne fréquentait personne depuis son divorce, trois ans auparavant. Elle se sentait très seule et frustrée. J'ai créé une visionneuse et demandé d'obtenir des informations sur le prochain petit ami de Sarah. J'ai tout de suite vu Sarah qui disparaissait sous une avalanche de vêtements, de boîtes et de babioles de toutes sortes en ouvrant la porte de sa penderie. Sarah a jugé l'image très amusante et admis que cela ressemblait assez à ce qui se produisait quand elle ouvrait les portes de son placard. (J'expliquerai dans le prochain chapitre comment créer une visionneuse.)

« Mais qu'est-ce que cela a à voir avec une relation ? » m'a-t-elle demandé. Je n'en avais pas la moindre idée, aussi ai-je demandé à l'image de me montrer une autre image. J'ai vu apparaître des meubles, dont un gros canapé vert d'allure confortable, mais passablement usé et vieux. J'ai demandé à l'image de se préciser, et j'ai vu un homme étendu sur le canapé. Bedonnant et en partie chauve, il regardait un match de lutte à la télé. Réticente, j'ai donné la description à Sarah, en pensant que ce n'était probablement pas le genre de petit ami dont elle voulait entendre parler ! Aussi ai-je été soulagée de l'entendre déclarer : « C'est la description exacte de mon ex-conjoint et de notre canapé. Il m'a donné l'ameublement au moment du divorce. » J'ai poursuivi ma lecture en essayant d'écarter ces éléments, étant donné que je voulais obtenir des renseignements sur le prochain petit ami de Sarah.

J'ai détruit les images et la visionneuse, puis j'ai créé une nouvelle visionneuse en forme de rose. J'ai vu l'image indistincte d'un homme avec un bouquet de fleurs à la main, qui cognait à la porte d'entrée d'une maison. Sarah a ouvert la porte et une trombe d'eau a poussé l'homme dans le vestibule. Je me suis concentrée sur l'eau : j'ai vu des images d'enfants, d'ameublement et le conjoint de Sarah. Ce dernier a entrepris d'étrangler l'homme qui apportait les fleurs. Celui-ci a dévalé les escaliers en courant et a quitté l'immeuble à toutes jambes.

C'est alors que j'ai compris de quoi il retournait. Sarah n'arrivait pas à renouer de relation amoureuse, non parce qu'elle n'était pas entourée d'hommes intéressés, mais parce qu'il n'y avait pas de place pour une nouvelle relation dans sa maison ni dans sa vie. Elle était divorcée depuis trois ans, mais l'énergie de son conjoint était tellement présente qu'il aurait aussi bien pu être assis sur le canapé de la salle de séjour. J'ai compris intuitivement que Sarah devait d'abord faire le ménage de ses placards, symbole des facettes de sa vie où elle s'accrochait inconsciemment au passé. Ensuite, il lui faudrait se défaire du canapé et des meubles où son ex-conjoint était enraciné. Mais il y avait plus important encore : Sarah devait se libérer de l'énergie de son ex-mari, présente dans plusieurs parties de son corps.

Au début, elle a refusé avec véhémence de se défaire du canapé, alléguant toutes sortes de raisons pour expliquer l'impossibilité de la chose. Quand j'ai suggéré qu'elle n'était peut-être pas prête à laisser partir l'énergie de son ex-conjoint, elle a admis qu'elle avait encore de la difficulté à accepter le divorce et parlait fréquemment à son ex-mari. Sarah avait cru qu'en rencontrant quelqu'un, elle pourrait laisser tomber le passé plus aisément, mais elle comprenait maintenant que c'était le contraire qui était vrai. Par ailleurs, elle m'a confié que chaque fois qu'elle essayait de se défaire d'un bien, elle ne savait pas si elle devait le mettre aux ordures, le donner à un organisme de bienfaisance ou autre chose, ce qui fait qu'elle le remettait dans le placard.

Tandis que je cherchais ce qui pourrait aider Sarah dans ce contexte, je l'ai vue examiner son derrière devant un miroir, sourcils froncés. J'ai perçu que son incapacité à se défaire de ses biens ou, en un sens, à les détruire, compliquait ses efforts pour maigrir. Résultat : elle se sentait moins attirante, ce qui la rendait effectivement moins attirante aux yeux des hommes intéressés. (Dans la majorité des cas, les personnes avec de l'embonpoint que je connais ont de la difficulté à détruire, à se défaire de leurs relations malsaines passées et de leurs biens matériels. En fait, certains mangent plus que de raison, car ils craignent inconsciemment de ne pas pouvoir créer plus de nourriture pour le futur.)

Pour nouer une relation amoureuse, Sarah allait devoir actualiser l'entente avec son ex-mari. D'après la loi, leur divorce avait été prononcé, mais pas au niveau énergétique. Sur le plan spirituel, Sarah n'était pas disposée à mettre un terme à la relation et n'en avait rien fait. Quand je lui ai demandé si elle aimerait que je l'aide, elle m'a répondu qu'elle n'était pas prête à lâcher prise. Je lui ai répondu qu'il n'y avait pas de souci : le plus important était qu'elle en soit consciente. Au bout du compte, elle devrait choisir entre renouer avec son ex-conjoint ou dissoudre leur lien énergétique. Entre-temps, il était peu probable qu'elle arrive à entrer en relation avec un autre homme.

Pour conclure la lecture, j'ai cherché par clairvoyance un geste que Sarah pourrait poser qui ne la submergerait pas. Je l'ai vue organiser une soirée où ses amies viendraient l'aider à faire le ménage de ses placards. Elles n'auraient pas les mêmes attachements que Sarah, ni les mêmes résistances qu'elle à se défaire de ses biens. D'après ce que je voyais, elles s'amuseraient aussi énormément. Sarah a jugé l'idée formidable, et vu tout de suite à qui elle demanderait un coup de main.

Les éléments de cette rencontre se sont répétés systématiquement d'une lecture à l'autre ; ils m'ont fait comprendre pourquoi il nous faut lâcher prise pour manifester nos rêves et nos désirs du moment. Ils m'ont aussi fait comprendre à quel point les gens résistent au changement. J'ai appris que pour certains, un geste aussi simple que le ménage de la maison ou le don d'une boîte de vieux vêtements représente un premier pas gigantesque dans l'expulsion d'une foule d'énergies tenaces et encombrantes. J'ai appris comment vérifier où j'en suis dans ma vie en portant attention à la désorganisation de ma maison, de ma voiture, de mon sac a main et de mon porte-monnaie, quand ils débordent d'articles qui n'ont pas servi depuis des mois et même des années. Je sais maintenant que si ma vie extérieure devient un foutoir, ma vie intérieure suit le mouvement !

L'importance de la foi

Nous voulons tous nous sentir en sécurité et savoir qu'en quittant une relation ou un emploi, en vendant la maison ou la voiture, il se présentera quelque chose d'encore meilleur qui nous évitera de vivre de l'anxiété, de l'isolement, du stress ou de l'incertitude. Combien de fois avez-vous songé : « Je ne peux pas quitter mon emploi avant d'en trouver un autre » ou « Je ne peux faire mon deuil de cette relation (même si mon petit ami a rompu deux mois plus tôt), car je ne rencontrerai peut-être plus jamais d'homme aussi beau, aussi amusant ou aussi compatible » ?

À la vérité, il arrive souvent (mais pas tout le temps) qu'on soit incapable de créer ce qu'on désire ardemment avant de faire un saut dans le vide et de détruire ce qui ne sert plus pour faire de la place à ce qui pourrait nous être utile. Il est possible que la vie fonctionne ainsi parce que nous sommes censés apprendre à avoir la foi — la foi en Dieu, la foi en notre capacité de créer et d'affronter temporairement n'importe quelle situation. Si vous n'avez pas la foi, si vous êtes incapable de supporter l'incertitude, l'isolement ou même la pauvreté, vous serez toujours enchaîné à des besoins qui sont en réalité des désirs. Vous serez toujours en mesure d'affronter bien plus que vous ne pouvez l'imaginer. Vous êtes tellement plus puissant que vous ne le croyez !

La bonne nouvelle, c'est qu'en sautant à pieds joints dans la vie, les yeux bandés peut-être, mais les pieds en premier, on n'a généralement pas besoin d'affronter ses plus grandes peurs très long- temps, parce que la vie souhaite vraiment récompenser le fait qu'on place ses rêves avant ses peurs.

Création et destruction d'images simples

La technique suivante vous permettra d'exercer votre faculté de visualisation et de pratiquer la création et la destruction d'images. Elle vous servira aussi fort efficacement de méditation : grâce à elle, vous arriverez a dissiper toutes vos autres pensées. Comme elle exige beaucoup de participation de votre part, vous serez moins enclin à vous laisser distraire par des pensées sans rapport avec le sujet. Si vous vous laissez distraire ou si vous avez soudain sommeil, revenez au nombre (ou à la lettre) sur lequel vous travailliez avant que votre conscience ne s'égare, aussitôt que vous constatez que vous avez perdu le fil.

Commencez par créer une corde d'ancrage (voir chapitre 7). Imaginez que vous êtes debout devant un tableau noir et que vous tenez une craie rouge vif dans la main droite. Tracez le chiffre un sur le tableau. Ensuite, étudiez son apparence : le trait est-il droit ou tremblotant ? Quelle est sa taille ? La couleur est-elle vive ou effacée ? Maintenant, imaginez que vous prenez une brosse et que vous effacez entièrement le nombre. Vérifiez votre corde d'ancrage et invitez l'énergie qui a été mise en mouvement à quitter votre aura par cette corde et à se dissoudre au centre de la planète.

Répétez l'exercice avec chacun des nombres jusqu'à vingt. Répétez ensuite avec les lettres de l'alphabet.

Création et destruction d'objets

Quand vous visualisez un objet, vous lui donnez vie sur le plan énergétique. De fait, l'objet aura des propriétés qui pourront agir sur le plan matériel. Quand vous imaginez la destruction de l'objet, vous imprimez un mouvement aux molécules qui composent sa forme énergétique et vous les transformez. Quand vous créez et détruisez un objet, vous mettez en branle une force énergétique qui influence l'ensemble des énergies environnantes. Par conséquent, vous pouvez appliquer ce processus pour activer et dissoudre les énergies indésirables.

La création ou la destruction d'objets est une méthode de guérison simple, mais extrêmement efficace. Pratiqué assidûment, l'outil gardera votre énergie en mouvement et vous servira également à exercer vos facultés de concentration et de visualisation. Je vous conseille d'essayer de créer et de détruire des objets en lisant, en méditant, en travaillant, en promenant le chien, en nageant, en regardant un film, et ainsi de suite. Pratiquez en variant la durée de l'exercice ; observez la différence dans votre ressenti après avoir créé et détruit des objets pendant quelques minutes, et pendant quelques secondes.

Cette technique est tellement ancrée en moi qu'il m'arrive souvent de constater que je suis en train de créer et détruire un objet involontairement (en général une rose, étant donné que c'était le seul objet en usage à l'école de clairvoyance où j'ai étudié). Je prends alors conscience de la présence d'une énergie néfaste que je dois dissiper ou dont je dois m'occuper. Mon subconscient, qui l'a perçue d'une façon quelconque, s'est mis au travail avant que mon conscient, beaucoup plus lent, ne se rende compte de la situation et réagisse.

Pour créer et détruire des objets, vous devrez d'abord apprendre à créer un écran de lecture. Cette procédure est décrite en détail dans le prochain chapitre : je vous suggère donc de lire le chapitre 13 tout de suite avant de revenir et de lire ce qui suit.

La première étape de la création et de la destruction d'un objet consiste à créer rapidement une fleur rouge sur votre écran de lecture. Visualisez les pétales, la tige et les feuilles, puis détruisez la fleur. Ensuite, créez une fleur bleue, observez-la et détruisez-la. Puis, créez une fleur jaune, observez-la et détruisez-la. Enfin, créez une fleur noire, observez-la et détruisez-la. Observez a quelle vitesse et pendant combien de temps vous arrivez à créer et à détruire les fleurs.

Passez ensuite à une autre catégorie d'objets. Visualisez une voiture. Observez sa couleur, sa forme et sa taille, l'intérieur et l'extérieur, puis détruisez-la. Vous pouvez l'effacer, la faire exploser, provoquer un accident où elle explose et s'enflamme, la faire fondre ou tout simplement disparaître. Créez ensuite un avion. Observez-le et détruisez-le. Faites de même avec un bateau, un train, un vélo et une paire de patins.

Vérifiez votre corde d'ancrage pour vous assurer qu'elle est en contact avec votre premier chakra et avec le centre de la planète. Créez l'image d'une personne qui, à votre connaissance, n'existe pas. Observez les traits de cette personne, puis détruisez l'image. Ensuite, créez l'image d'une connaissance que vous avez perdue de vue depuis des années. Observez les traits de son visage, puis détruisez l'image. Sachez que vous ne détruisez pas la personne, mais que ce processus pourra dissoudre son énergie dans votre corps et votre aura.

Pour conclure, visualisez une personne que vous aimez et avec qui vous êtes actuellement en relation. Observez ses traits, ses vêtements, l'expression de son visage. Ensuite, détruisez l'image. Encore une fois, souvenez-vous que vous ne lui faites aucun mal et que l'exercice n'a rien de malicieux. Toute ce que vous faites, c'est d'activer l'énergie associée à l'image de la personne. Elle pourra peut-être sentir le mouvement d'énergie et penser spontanément la vous tandis que vous pratiquez. Ne soyez pas surpris si elle vous téléphone ou si elle vous rend visite peu de temps après que vous avez créé et détruit son image.

Nettoyage de votre écran de lecture

Les techniques suivantes servent à nettoyer les énergies incrustées et parasites qui brouillent votre écran de lecture et interfèrent avec votre clairvoyance. Vous pouvez aussi vous en servir pour nettoyer efficacement vos chakras ou une zone précise de vôtre corps ou de votre aura, et pour raffiner votre capacité de création et de destruction.

En commençant par le coin supérieur gauche de votre écran, visualisez une empreinte de pas de couleur rouge. Observez-la, puis détruisez-la. Créez une empreinte d'une autre couleur à côté de la première. Observez-la, puis détruisez-la. En allant de gauche à droite, continuez de visualiser des traces de pas comme si vous marchiez sur votre écran de lecture. Quand vous arrivez à l'extrémité droite de l'écran, revenez à l'extrémité gauche, en créant et en détruisant des empreintes colorées, juste en dessous de la « piste » déjà tracée. Poursuivez jusqu'à ce que vous ayez couvert votre écran d'empreintes. Vous pouvez choisir une autre image : une main, une fleur, le Soleil ou la Lune. Chaque fois que vous créez et détruisez une empreinte, vous libérez de votre écran de lecture les énergies qui nuisent à votre clairvoyance.

Une autre façon de nettoyer votre écran consiste à imaginer que vous branchez le cordon d'alimentation d'un aspirateur dans une prise située sur le côté extérieur de l'écran. Détruisez d'abord le sac de l'aspirateur et installez-en un nouveau avant de mettre l'aspirateur en marche. Ensuite, passez l'aspirateur sur chaque centimètre carré de votre écran. Une fois que vous avez terminé, détruisez l'aspirateur.

Manifestation d'un désir

Grâce à la visualisation et à la clairvoyance, tout le monde peut apprendre à créer et à manifester ses désirs, ses rêves et ses souhaits, quelle que soit leur importance ou leur banalité. Avec tout ce qui se publie sur le sujet, la majorité des gens ont au moins entendu parler — s'ils ne l'ont pas expérimenté directement — du concept selon lequel nos pensées créent notre réalité matérielle. On trouve sur le marché tellement d'excellents ouvrages sur les lois universelles gouvernant la manifestation par la pensée qu'il serait redondant d'entrer ici dans les détails (et difficile de le faire étant donné les nombreux renseignements de tout ordre qu'il faudrait couvrir). En plus de la technique clairvoyante de la manifestation décrite plus bas, je vous recommande les ouvrages suivants : *La puissance de votre subconscient* de Joseph Murphy ; *Les vrais désirs : apprenez à créer la vie que votre cœur réclame* de Sonia Choquette ; *Il faut le voir pour le croire* de Wayne Dyer ; *Your Life : Why It Is the Way It Is* de Bruce McArthur ; *Techniques de visualisation créatrice* et *Vivez dans la lumière* de Shakti Gawain, ainsi que tous les ouvrages de Marianne Williamson.

Créez d'abord votre corde d'ancrage, puis un écran de lecture (voir chapitre 13). Visualisez ensuite sur votre écran de lecture l'image d'une fleur de lotus en cristal. Observez le nombre de pétales, l'ouverture du bouton, la longueur de la tige, et ainsi de suite. Ancrez la tige de la fleur au centre de la planète. Ensuite, imaginez que vous êtes debout à l'intérieur du lotus et que votre souhait est réalisé. Voyez-vous au moment où vous prenez conscience que votre désir a été exaucé. Observez votre jubilation, votre expression extatique. Vous êtes tellement survolté que vous sautez sur place, des larmes coulent sur votre visage, vous tombez à genoux de reconnaissance et vous remerciez le monde entier, de Dieu en passant par votre mère, grâce à qui vous vous êtes incarné dans cette vie merveilleuse où tous vos rêves se réalisent, comme maintenant.

Essayez maintenant de trouver la couleur de l'énergie qui semble vous bloquer ou faire obstacle à la réalisation de votre désir. C'est peut-être une énergie qui vous appartient, mais peut-être aussi celle d'un autre. Une fois que vous visualisez la couleur, vous avez le choix d'en faire une micro-lecture ou de l'expulser par la tige de votre fleur de lotus jusqu'au centre de la planète.

Ensuite, choisissez une couleur brillante qui représente votre désir et laissez-la circuler dans votre fleur de lotus. Voyez-la grandir graduellement et se répandre hors de votre fleur et à l'extérieur de votre écran de lecture, remplir votre corps et votre aura, puis se diffuser dans la pièce, le quartier, la ville, la région, le pays et l'Univers. Maintenez tout ce temps votre sentiment de gratitude et de bonheur d'avoir atteint votre but.

Pour conclure, imaginez que vous coupez la fleur, puis observez-la tandis qu'elle s'envole dans l'Univers afin de commencer à créer pour vous. Vous pouvez aussi créer une image de Dieu et Lui remettre la fleur. Voyez-la flotter entre les mains de Dieu. Voyez-Le bénir votre création. Vous pouvez aussi imaginer que vous plantez votre fleur de lotus dans un beau jardin. Tous les deux jours environ, vérifiez pour voir si elle croît ou si elle a besoin d'attention. Quand vous lui jetez un coup d'œil, nourrissez-la d'amour et d'enthousiasme, en vous servant de la couleur de l'énergie de votre désir.

PARTIE 3

Lecture Psychique

CHAPITRE 13

Apprenez à Faire la Lecture de Votre Énergie

Dans ce chapitre, vous allez apprendre les techniques de lecture psychique qui forment la base de cet ouvrage. Ce sont des techniques simples que chacun peut apprendre a utiliser pour obtenir de l'information. Vous pouvez vous en servir pour vous lire, lire vos semblables, les animaux, les énergies, et ainsi de suite. Dans ce chapitre, nous aborderons les exercices de lecture et de guérison personnelle. Dans le chapitre suivant, vous apprendrez a appliquer les mêmes techniques à d'autres.

Quand on commence à pratiquer les exercices de clairvoyance qui suivent, il vaut mieux s'exercer dans la solitude. À l'intérieur, vous devrez disposer d'une pièce où vous serez seul et où vous ne serez pas dérangé. À l'extérieur, trouvez un coin où vous ne risquez pas d'être importuné.

Le moment idéal pour pratiquer, c'est lorsque vous êtes seul a la maison. Votre énergie change quand vous pratiquez vos outils et faites des lectures ; par conséquent, les personnes présentes le sentiront inconsciemment et seront très curieuses de découvrir ce que vous faites. On sera donc enclin à inventer une bonne excuse pour vous déranger, que cela signifie frapper à la porte ou vous rejoindre sur le plan énergétique, et cela nuira à votre concentration. Il faut impérativement débrancher le téléphone, étant donné que c'est en général le moment que choisiront vos proches pour vous appeler. Si vous sentez que vous êtes distrait par quelqu'un, invitez son énergie à entrer dans une bulle de verre, observez la couleur de l'énergie et visualisez la bulle qui retourne à son propriétaire.

Assurez-vous d'éteindre le téléviseur ; par ailleurs, faites en sorte qu'il n'y ait pas de musique dans votre environnement immédiat. La musique incite a la détente dans certaines formes de méditation, mais elle s'avère très distrayante dans le cadre d'une lecture psychique. Si vous faites une lecture clairvoyante dans une pièce (ou une résidence) où le téléviseur est allumé, il y a des risques que vous perceviez les images diffusées à la télévision, lesquelles brouilleront les images des énergies que vous cherchez à lire.

Informez l'Univers de votre intention de faire une lecture

Le temps consacré à la lecture psychique est un moment unique dans votre journée. Vous entrez en contact avec une part de votre être animée d'intentions, de préoccupations, d'énergies et de relations différentes. C'est pourquoi il est bon d'informer clairement votre corps, votre intellect et votre esprit que vous entreprenez un projet particulier qui exige un changement d'état. Pour y arriver, établissez une routine que vous répéterez avant chaque lecture. Afin d'aider votre organisme à faire la transition, vous trouverez utile d'adopter une position qui signalera à votre corps qu'il est temps de faire une lecture (la même chose s'applique à la méditation et même à l'écriture). Adoptez une pièce, un coin de pièce ou une chaise qui ne servira qu'à la lecture psychique. À tout le moins, choisissez un élément qui ne servira que dans ce cadre — coussin que vous posez sur votre siège, couverture douillette que vous drapez autour de vos épaules ou pantoufles chaudes que vous enfilez.

Adoptez toujours la même posture. Je vous conseille de vous asseoir le dos droit, les deux pieds au sol, étant donné que cette position favorise l'ancrage. Elle vous aidera aussi à rester éveillé (comme nous dormons toujours ou habituellement dans la position horizontale, notre organisme est programmé pour s'endormir dans cette position). C'est aussi la position que vous êtes le plus susceptible d'adopter pour donner des lectures à autrui. Posez vos mains sur vos cuisses, paumes vers le ciel : cela facilitera la circulation de l'énergie et servira de signal pour indiquer que vous avez l'intention de faire une lecture. Fermez les yeux et gardez-les fermés jusqu'à ce que vous ayez terminé et que vous soyez prêt a reprendre vos activités.

Indépendamment du rituel adopté pour se préparer a lire, il est important de pratiquer dans un état d'esprit aussi bienveillant que possible, comme quand on médite. C'est un moment privilégié, celui où vous choisissez de vous intérioriser, de vous consacrer l'attention, le respect et l'amour que vous méritez et dont vous avez besoin pour vivre dans le bonheur et la stabilité. En faisant preuve de générosité envers vous-même, vous lancez dans l'Univers un message affirmant votre valeur et votre désir de recevoir le respect et l'amour en général. Bientôt, vous commencerez à attirer des gens qui vous refléteront ces qualités (voir chapitre 22).

Il vous sera plus facile d'accéder à votre clairvoyance si vous méditez au préalable. Si vous avez suivi les étapes suggérées précédemment, vous remarquerez que vous êtes dans la position/situation idéale pour méditer et lire par clairvoyance. La méditation favorise la concentration et vide l'intellect des pensées qui sont sans rapport avec la nécessité du moment. Elle contribue aussi à détendre le corps. On peut faire une lecture psychique n'importe où, n'importe quand, indépendamment de sa préparation préalable. En soi, la lecture psychique est une forme de méditation, étant donné qu'elle exige une attention et une concentration totales. Après quinze minutes de lecture ou plus, vous constaterez une modification de votre état de conscience et de vos ondes cérébrales. Quoi qu'il en soit, il reste plus sûr et plus simple d'entrer en contact avec ses facultés psychiques quand on a l'esprit clair. Si vous faites une lecture psychique sans avoir médité au préalable, vous découvrirez que vous gaspillez les premières minutes (sinon plus) à chasser des formes de pensée distrayantes qui n'ont rien à voir avec le sujet de la lecture, surtout si vous en êtes à vos premières armes.

Afin de vous préparer à lire, je vous conseille de prendre vingt minutes pour faire le tour des outils psychiques étudiés dans la deuxième partie avant de tenter d'entrer en contact avec votre clairvoyance. Si vous préférez d'autres formes ou techniques de méditation, faites à votre convenance, mais consacrez les cinq ou dix dernières minutes de votre séance a faire le tour de vos outils. Ceux-ci n'ont pas comme seule fonction de vous protéger et de vous guérir en cours de lecture, ils servent aussi d'exercices de réchauffement' pour votre visualisation/clairvoyance. Une fois que vous êtes ancré, centré, énergisé et protégé (à l'aide des outils ou de vos méthodes), vous êtes prêt à commencer.

La prière

En commençant votre lecture/méditation par une prière, vous établissez l'atmosphère énergétique de votre séance et entrez en contact avec la source de votre énergie et de l'information. Par ailleurs, vous signalez à votre esprit qu'il est temps d'entrer en contact avec votre clairvoyance. Enfin, la prière agit comme protection. N'importe quelle prière qui vous plaît fera l'affaire. Certains préfèrent une prière officielle ; d'autres récitent un mantra ou prononcent simplement quelques paroles de gratitude. En général, je commence mes lectures par des paroles de gratitude pour la lecture, par exemple : « Je vous remercie, mon Dieu, pour mon don de clairvoyance. Merci de m'aider à transmettre l'information qui sera la plus utile présentement. Merci de Votre protection, de Votre sagesse et de Votre aide ; merci pour l'aide de l'Univers et de mes guides. »

L'énergie de gratitude est l'une des formes les plus élevées qui soient. La gratitude est faite de joie, d'acceptation, d'amour et de pardon. Quand vous exprimez votre gratitude en priant pour ce qui est déjà ou pour ce que vous espérez voir se produire, vous attirez des énergies curatives dans votre espace de lecture et dans votre vie. Par ailleurs, quand on est aux prises avec des énergies malveillantes. il est bon de réciter une prière officielle comme le Notre père, car ce sont des textes qui ont été hautement énergisés par les myriades d'humains qui les ont récités au fil des siècles.

Les paroles que vous prononcez ont peu de poids par rapport à l'ardeur que vous mettez à prier. Que vous inventiez vos prières ou que vous en récitiez une très connue, sachez qu'elles sont beaucoup plus efficaces si vous êtes concentré et conscient de chaque mot, et si vous les prononcez non seulement avec votre bouche et votre cerveau, mais avec toutes les fibres de votre être. Et cela est vrai, que vous vous adressiez à Dieu, Jésus-Christ, Mohammed, votre Créateur (quel qu'il soit), l'Univers, un saint en particulier, un maître ascensionné, un esprit ou autre.

Technique de lecture psychique

Je vous conseille fortement de suivre les étapes préliminaires que je viens de décrire, car elles faciliteront le contact avec votre clairvoyance. Quant aux trois étapes suivantes, ce sont les fondements mêmes de la lecture psychique : la création d'un écran de lecture, la création d'une visionneuse et la canalisation de l'énergie dans la visionneuse. Si vous ne retenez de la lecture de ce livre que ces trois étapes fondamentales, vous saurez au moins accéder à votre clairvoyance.

Création d'un écran de lecture

Pour avoir accès par clairvoyance à des informations psychiques, il faut un support où elles pourront s'afficher. Tout comme il vous faut un téléviseur pour regarder une émission de télé et un moniteur pour lire les données de votre ordinateur, vous aurez besoin d'un écran de lecture pour voir vos images clairvoyantes. Les yeux fermés, portez votre attention au centre de votre cerveau et imaginez que vous regardez avec votre troisième œil (au milieu du front, légèrement au-dessus des yeux) un écran placé à quelques centimètres de votre front. Observez l'apparence de l'écran ou donnez-lui-en une. Il peut être petit comme un écran de téléviseur ou aussi extravagant que l'écran d'une salle de cinéma. Notez s'il y a une bordure et si oui, de quoi elle a l'air. Comment sont les côtés ou la bordure : droits, courbes, symétriques ? Notez la couleur de la bordure et celle de l'écran, ou colorez-les selon vos goûts. Observez ensuite si l'écran présente quelque chose d'inhabituel.

Quand vous créez une image, comme un écran de lecture, demandez à votre esprit de se contenter d'observer avant de tenter de créer consciemment l'image. Après avoir attendu un temps raisonnable, si vous ne recevez aucune impression, imaginez à quoi ressemble l'image selon vous. Parfois, votre écran ou l'objet que vous essayez de visualiser existe déjà, et son apparence est influencée par les énergies qui vous influencent ou qui l'influencent. Si vous n'aimez pas ce que vous voyez, imaginez simplement que vous évacuez ce qui vous déplaît par votre ancrage ou visualisez la destruction complète de l'écran. Ensuite, décidez consciemment comment vous voulez le recréer. Puis, observez l'apparence du nouvel écran. Continuez de l'observer patiemment une ou deux minutes pour voir s'il change d'aspect. Tout changement qui se produit sans votre manipulation consciente est causé par une énergie qui influence votre écran.

Ancrage de votre écran de lecture

Vous pouvez expulser les énergies malveillantes de votre écran de lecture (y compris celles qui pourrait vous empêcher de vous concentrer sur votre écran ou nuire à sa visualisation) en l'équipant d'une corde d'ancrage. Dans le chapitre 7, vous avez appris à créer une corde d'ancrage reliant votre corps au centre de la planète. Pareillement, et pour les mêmes raisons, vous pouvez procéder à l'ancrage de votre écran de lecture. Imaginez simplement que vous ancrez votre écran au centre de la Terre à l'aide d'une colonne d'énergie. Vous pouvez donner n'importe quelle apparence à votre corde d'ancrage : robuste pilier de métal, ancre, tronc d'arbre ou autre. Une fois que vous avez ancré votre écran de lecture au centre de la planète. commandez aux énergies étrangères qui affectent ou bloquent votre vision de quitter l'écran par sa corde d'ancrage. Observez ou visualisez une couleur être aspirée par la force de gravitation planétaire vers le centre de la Terre, où elle est absorbée. Reportez ensuite votre attention sur votre écran de lecture et observez s'il y a eu des changements.

Création d'une visionneuse

Une fois que vous avez créé un écran de lecture sur lequel fixer votre attention, vous devez créer une visionneuse que vous placerez sur votre écran. L'énergie/information que vous souhaitez obtenir apparaîtra dans la visionneuse sous forme de couleurs et d'images. L'écran de lecture est un peu comme la table de la salle à dîner. Vous prenez place à table et vous placez un réceptacle dessus, par exemple un bol qui contiendra de la soupe. Celle-ci se répandrait partout si vous la versiez directement sur la table. Non seulement vous auriez de la difficulté à la manger, mais vous auriez aussi un énorme gâchis qui prendrait un temps fou à nettoyer. La visionneuse que vous placez sur votre écran de lecture est un peu comme un bol jetable qu'on pose sur une table. L'assimilation de l'énergie et de l'information est facilitée parce que la visionneuse sert de contenant, par ailleurs facile à détruire. La visionneuse reçoit non seulement l'information/énergie sous forme d'images et de couleurs, mais subit l'influence directe de l'énergie qui modifie son apparence. Au début, vous lirez l'énergie en observant son influence sur votre visionneuse.

Vous pouvez choisir comme visionneuse n'importe quel objet neutre ; une bulle, un ballon, une fleur. Aux États-Unis, la plupart des programmes de formation en clairvoyance utilisent la rose. C'est une bonne image parce qu'on peut la visualiser sous forme de simple silhouette, mais aussi dans toute sa complexité avec ses pétales, feuilles et épines. On trouve des roses de toutes les tailles, de toutes les formes, de toutes les couleurs et à tous les stades de l'éclosion. Ouvertes ou fermées, elles se détruisent facilement : il suffit de leur arracher les pétales. Par ailleurs, comme sa tige sort directement du sol, la rose possède sa propre corde d'ancrage. Comme elle a toujours servi de visionneuse dans ma formation de clairvoyante, c'est la forme avec laquelle je suis le plus à l'aise. J'utiliserai donc indifféremment les termes *rose* et *visionneuse* à partir d'ici.

Comme la rose est une fleur complexe sur le plan visuel, vous jugerez peut-être utile de poser une rose ou l'image d'une rose devant vous et de l'observer attentivement avant de tenter de la visualiser. Avec de la pratique, vous aurez de plus en plus de facilité à créer cette image. Si elle vous paraît trop complexe, commencez avec l'image d'une bulle de savon ou de verre et procédez graduellement jusqu'à la rose.

Ancrage de votre visionneuse

Visualisez ou imaginez que vous observez votre écran de lecture. Maintenant, imaginez que vous posez une rose de cristal transparent, *neutre*, sur votre écran. La rose étant transparente, vous pouvez voir à l'intérieur. La rose est neutre — elle n'a ni charge ni signification pour l'instant. C'est une toile vierge. Observez-la. Observez sa taille et sa forme. Vous venez de créer une visionneuse ! Si vous éprouvez de la difficulté à visualiser la rose ou l'image que vous avez choisie, équipez votre visionneuse d'une corde d'ancrage. Enracinez la tige de votre rose au centre de la planète et affirmez que la gravité terrestre aspire sans effort toute énergie qui interfère avec votre visualisation.

Si vous constatez que votre visionneuse ne fonctionne pas normalement ou qu'elle échappe à votre contrôle, ne paniquez pas ! Elle est simplement influencée par une énergie dont vous êtes en train de lire et d'observer les effets. Il y a toujours une raison derrière tout ce qui se produit d'inhabituel dans l'image que vous visualisez ; c'est à vous de vous servir de votre clairvoyance pour découvrir la raison du phénomène. Vous ne le remarqueriez pas si ce n'était pas important !

Canalisation de 'énergie dans la visionneuse

Le but de la lecture psychique est d'accéder à des informations par une voie autre que l'esprit rationnel. Pour y arriver, il faut avoir une question ou un but grâce auquel on magnétisera les informations vers la visionneuse. La question ou le but peut s'avérer très simple ou très complexe, vous concerner ou concerner une autre personne. Voici quelques exemples : vous voulez savoir de quoi votre énergie créatrice a l'air, vous voulez connaître la raison de votre tristesse, vous n'êtes pas certain si votre protection psychique fonctionne, vous ne savez pas si vous devez épouser votre fiancé ou non, vous voulez savoir pourquoi votre patron est en colère contre vous, pourquoi vous remettez les choses à demain, quel message vous lance votre estomac, quelles énergies affectent votre troisième chakra, si vous allez obtenir l'emploi que vous avez postulé, et ainsi de suite.

Quelle que soit la question, la réponse vous parviendra sous forme d'énergie. Lire par clairvoyance est fort simple : il suffit d'inviter l'énergie dans votre visionneuse et de demander à celle-ci de vous montrer la réponse sous forme de couleurs et d'images. Je vous propose trois méthodes pour y arriver ; bien que cela ne soit pas indispensable, je vous conseille de pratiquer les trois exercices.

Premier exercice

Créez sur votre écran de lecture l'image d'une rose neutre en verre transparent. Étudiez la forme de la rose et des pétales. Ensuite, imaginez que la rose se déplace à la périphérie de votre aura. Prenez un moment pour observer ce qui arrive à votre rose. Son apparence a-t-elle changé ? Si vous remarquez quelque chose d'inhabituel ou de différent, demandez à l'élément qui vient de changer de vous donner une image, une couleur ou un message, expliquant le sens de ce que vous voyez. Puis, détruisez la rose en imaginant qu'elle explose en mille morceaux.

Deuxième exercice

Créez l'image d'une rose sur votre écran de lecture. Imaginez sa couleur, sa forme et sa taille. Étudiez-la un moment. Maintenant, affirmez que la tige de la rose est une corde d'ancrage. Ancrez la rose profondément au centre de la planète. Affirmez que la rose vous représente et que la tige/l'ancrage va expulser toutes les énergies étrangères que vous êtes prêt à laisser partir. Observez la rose et sa corde d'ancrage et notez les changements. Vous pouvez conclure l'exercice dès que vous constatez un changement ; vous pouvez aussi poursuivre avec une lecture plus approfondie et explorer le sens des changements. Pour en savoir plus long, il suffit de poser des questions à la rose et d'attendre de voir si elle change ou si des images apparaissent. N'oubliez pas de la détruire une fois que vous aurez terminé. Vous pouvez la faire exploser, imaginer que vous la faites disparaître à l'aide d'une gomme à effacer colorée ou prétendre qu'elle se consume dans un feu rougeoyant.

VOUS ÊTES CLAIRVOYANT

Troisième exercice

Créez sur votre écran de lecture l'image d'une rose neutre en verre transparent. Affirmez que la rose représente quelque chose que vous voulez matérialiser dans votre vie : emploi, amour, argent, bonheur, et ainsi de suite. Avant de manipuler consciemment votre rose transparente, observez-la et voyez si elle change. Est-ce que sa couleur change ? La rose est-elle ouverte ou fermée ? De quoi a-t-elle l'air (est-elle droite ou fanée) ? Est-ce qu'elle se teinte d'une couleur en particulier ? Combien de pétales a-t-elle ? Sa tige porte-t-elle des feuilles ou des épines ? Après une observation de quelques minutes, vous remarquerez vraisemblablement que la rose manifeste quelque chose qui échappe à votre volonté. Vous serez probablement curieux quant à l'un de ses aspects, à tout le moins. Poursuivez votre lecture en demandant à la rose de vous expliquer le sens de ce que vous voyez.

Voici un exemple : imaginons que votre rose devient pourpre et rose, et qu'elle prend l'apparence d'une fleur en bouton qui n'a que quelques pétales et pend vers la gauche. Vous avez là beaucoup d'indicateurs à explorer ! Dans cet exemple, vous demanderez d'abord à la couleur pourpre de vous dire ce qu'elle signifie. Après avoir posé la question, détendez-vous et contentez-vous d'observer. Vous ne devriez pas être en train d'essayer de figurer la réponse : le processus n'a rien à Voir avec votre esprit rationnel. Attendez simplement et laissez les choses se produire — littéralement. (Qu'ils soient maîtres ou étudiants, pour beaucoup de clairvoyants, le plus difficile reste de faire preuve de patience et d'abandonner le besoin de contrôler ce qui se passe.)

Ensuite, vous pourrez ancrer la tige de la rose au centre de la planète et observez ses indicateurs pour voir s'ils restent constants, s'ils changent ou s'ils quittent la rose. Étant donné que la rose représente ce que vous voulez créer dans votre vie, vous pourrez vous amuser de bien des façons avec votre projet. Ainsi, vous pourrez imaginer que vous remettez votre rose à Dieu et observer pour voir ce qui s'ensuit. Ou alors, imaginez que vous montrez la rose à une personne de votre entourage (par exemple, votre conjoint ou votre mère) et observez la rose pour Voir ce qui lui arrive. Quand vous avez terminé l'exercice, après avoir fait en sorte que votre rose ne représente que vous et la vibration que vous voulez créer (par exemple, l'enthousiasme plutôt que la peur), imaginez que vous l'envoyez à Dieu ou dans l'Univers pour obtenir de l'aide pour votre création.

Résolution de problèmes

Je ne suis pas très visuel. J'ai de la difficulté à visualiser mon écran et ma visionneuse. Que me conseillez-vous ?

Dans certains cas, la visualisation exige de la pratique. Commencez avec un exercice élémentaire, par exemple, en vous concentrant sur un aspect d'un objet très simple. Imaginons que vous prenez un fruit dans votre main, une pomme. Étudiez la pomme quelques minutes, puis fermez les yeux et imaginez que vous la regardez toujours. Certaines personnes ont des attentes démesurées quant à ce que leurs visualisations ou leurs visions clairvoyantes devraient avoir l'air. Parfois, je réussis la visualiser un objet aussi précisément que si mes yeux étaient ouverts ; mais en d'autres occasions, je distingue juste assez l'objet pour savoir qu'il est la. Si vous ne parvenez à visualiser que la silhouette de l'objet, sachez que c'est tout à fait acceptable. Si vous n'y arrivez pas non plus, affirmez simplement que vous visualisez l'objet.

Quand j'appelle l'énergie que je veux Voir dans ma visionneuse, il ne se passe rien Tout ce que je vois, c'est du noir.

Félicitations ! Vous voyez quelque chose... du noir ! Il y a une raison derrière tout ce que vous voyez et tout ce que vous ne voyez pas ! Si vous ne voyez rien ou juste du noir, voici quelques trucs. D'abord, soyez patient. Continuez d'observer le noir (ou le vide) quelques minutes pour voir ce qui se produit. Ensuite, demandez au noir (ou au vide) de vous montrer une image de ce qu'il représente et continuez d'observer. S'il ne se passe rien, essayez ceci : essayez d'ancrer votre écran de lecture et votre visionneuse pour évacuer l'énergie qui bloque le passage de l'information. Le meilleur conseil que je puisse vous donner, c'est de vous montrer patient, calme et inflexible dans votre détermination à obtenir des réponses !

Il m'est arrivé de rester une demi-heure devant un client, dans un silence complet, à attendre la réponse insaisissable à une question essentielle (en général, le client est plus disposé que moi à laisser la question sans réponse!). Chaque fois que vous éprouvez de la difficulté à obtenir une information, il y a une raison; c'est peut-être à l'origine de votre blocage, du blocage de votre client, ou de ce qui vous empêche tous les deux de vivre l'existence que vous voudriez vivre. Ce sont les efforts fournis pour obtenir une réponse, indépendamment de ce que cela exige, qui rendront vos lectures efficaces et précieuses. Beaucoup de clairvoyants professionnels compétents, mais paresseux, abandonnent quand ils n'arrivent pas à obtenir immédiatement une information. Cela ne sert personne, surtout pas le clairvoyant. Quand l'information que vous cherchez se cache dans votre inconscient ou dans celui de votre client, que des mécanismes de défense psychologiques et des énergies étrangères la répriment depuis des années sinon des décennies, vous constaterez qu'elle est très difficile à voir. Parfois, vous n'êtes pas prêt émotionnellement ou psychologiquement à accepter la réponse. Dans ce cas, vous serez probablement distrait, vous vous endormirez ou vous abandonnerez naturellement (c'est peut-être ce qui est censé se produire, puisqu'en dépit du fait qu'ils nous bloquent, nos mécanismes de défense sont là pour nous protéger).

Un autre élément pourrait expliquer que vous n'obtenez pas de réponse de votre visionneuse; vous ne posez pas la bonne question. Au début de ma formation, j'ai fait une lecture à une cliente qui m'a posé la question suivante : « Est-ce que je devrais épouser mon fiancé ? » J'ai visualisé l'image d'une rose en verre transparent sur mon écran de lecture et posé la question exactement en ces termes. Je n'ai eu aucune réponse. Après avoir essayé durant quinze minutes toutes les suggestions proposées ci-dessus, j'ai finalement eu la réponse; dans la dimension spirituelle, il n'y a pas de notion de « devrais » ou « ne devrais pas » Il n'y avait pas de réponse possible à la question. Je l'ai donc reformulée en demandant à la rose : « Est-ce que ma cliente sera heureuse et épanouie si elle épouse son fiancé ? » La réponse est venue aussitôt : une image de ma cliente en larmes. J'ai vécu la même expérience tellement souvent que je n'hésite pas à vous conseiller de ne jamais utiliser le verbe « devoir » dans vos questions !

Chaque fois que j'essaie de pratiquer les exercices de ce chapitre, je m'endors.

Certaines causes pourraient expliquer pourquoi vous vous endormez en faisant une lecture psychique ou en méditant. La plus évidente, c'est que vous êtes fatigué ! Je me suis déjà enorgueillie du nombre d'heures que je pouvais passer en méditation chaque jour, totalement alerte et concentrée. C'était avant la naissance de mon petit garçon plein de vie, avant que je sois une mère monoparentale occupant trois emplois différents (excluant la rédaction de ce livre), et étudiant à temps plein en cinéma. Aujourd'hui, j'ai de la chance si j'arrive à m'asseoir et à méditer deux minutes sans m'endormir. Autant que possible, dormez suffisamment. Ensuite, changez de routine. Pratiquez vos exercices plus tôt dans la journée, après que vous avez fini de digérer votre petit déjeuner, mais avant que la faim ne vous reprenne. Vous pouvez aussi boire un peu de café ou de thé noir avant votre pratique (pas que 'encourage la consommation de caféine, car j'ai constaté dans plusieurs lectures l'impact négatif de l'excès de caféine sur la gorge et le cinquième chakra).

Essayez aussi de méditer à un autre endroit. Dans la mesure du possible, évitez de lire et de méditer là où vous dormez d'ordinaire, que ce soit dans votre chambre à coucher ou sur le canapé devant le téléviseur, étant donné que dans ce cas, votre corps est programmé pour dormir. Pratiquez donc en position assise. En effet, étendus ou allongés, la majorité des gens s'endorment. Essayez de lire et de méditer après avoir fait un peu d'exercice. Comme l'exercice physique fait naturellement circuler l'énergie, il pourra favoriser la concentration de certains ; cependant, il est possible que l'effet inverse s'exerce chez d'autres.

Quand je me fais une lecture, je ne sais jamais si les renseignements sont justes ou si je suis influencé par ce que je veux voir.

Dans la lecture psychique, l'objectivité est un défi ; c'est pourquoi je trouve plus facile de faire une lecture à des inconnus qu'à moi-même. Si vous avez le même problème, essayez cet exercice.

Visualisez une rose et affirmez qu'elle contient la réponse ou l'information juste et neutre à votre question. Ensuite, créez une seconde rose et affirmez qu'elle contient l'énergie de la réponse que vous voulez obtenir. Demandez à la première rose de vous montrer une couleur, puis demandez à la seconde de faire la même chose. Notez si les couleurs sont identiques ou différentes. Demandez à chacune de vous montrer ce qu'elle représente.

Prenons un exemple : imaginons que vous venez de rencontrer un homme séduisant et que vous espérez qu'il choisira de vous inviter à sortir. Bien entendu, en attendant qu'il prenne une décision, vous êtes sur des charbons ardents. Vous décidez donc de vous faire une petite lecture. En posant la question à votre rose/visionneuse, vous voyez l'homme Vous donner un coup de fil. Or, vous n'êtes pas certaine que ce soit autre chose que votre imagination. Vous détruisez donc la rose et vous en créez deux autres. La première est bleue et représente la vraie réponse. La seconde est verte et représente vos désirs. Quand vous demandez à la rose bleue de vous montrer ce qu'elle signifie, vous voyez votre bel homme, l'air débordé, derrière un bureau qui croule sous les papiers. Quand vous demandez à la rose verte de vous montrer ce qu'elle signifie, vous vous voyez en train d'échanger un baiser torride ! Le fait que les deux couleurs et les deux images soient différentes indique que votre souhait ne se réalisera peut-être pas exactement comme vous le désirez. Quoi qu'il en soit, vous avez une meilleure idée de la raison pour laquelle il ne vous a pas téléphoné. Ce n'est pas que vous soyez indigne de son attention, c'est qu'il est trop pris par son travail.

Cet exercice vous permettra d'explorer vos préjugés, sans toutefois les éliminer. Vous n'aurez aucun problème tant que vous resterez conscient, qu'en cours de lecture, vous n'êtes pas toujours neutre et que vos informations sont peut-être biaisées. (Le problème du préjugé personnel est significativement réduit quand on ne sait rien de la personne dont on fait la lecture.) Avec le temps, vous apprendrez à faire la distinction entre les informations psychiques qui viennent de votre ego et celles qui viennent d'une source supérieure. Ne laissez pas votre peur de les confondre vous empêcher de pratiquer vos lectures et d'en profiter.

J'aime bien faire des lectures aux autres, mais quand j'essaie de me servir de ma clairvoyance à mon profit, je deviens trop distrait et j'abandonne avant d'obtenir des résultats.

Pour la plupart, lire leur énergie est beaucoup plus difficile que lire celle d'autrui. Quand vous lisez votre énergie, vous êtes soumis aux mêmes distractions qui font que tant de gens ont peine à méditer (ou n'arrivent même pas au point d'essayer de méditer). Il est très facile de se perdre dans l'énergie qui se présente à votre esprit et votre aura sous forme de pensées. Les énergies étrangères sont aussi sources de distraction. Une solution consiste à vous munir d'une enregistreuse. En pratiquant les exercices, donnez un compte-rendu détaillé de ce que vous faites, voyez et ressentez. Une autre consiste à faire les exercices avec un partenaire qui vous guidera en vous posant des questions et en écoutant vos réponses.

Il n'est absolument pas nécessaire que vous sachiez lire votre énergie avant de commencer à faire des lectures. Si vous éprouvez trop de difficultés a vous lire ou si cela ne vous amuse pas du tout, n'hésitez pas à passer à autre chose en faisant la lecture à quelqu'un — qui sera le sujet du prochain chapitre. Quand vous faites la lecture à une autre personne, vous n'avez pas d'autre choix que de vous concentrer sur son énergie. Dès que vos pensées s'égarent, vous n'êtes plus en train de lire la personne assise devant vous, qui attend votre message avec impatience. Au bout d'un moment, vous en prenez conscience et vous revenez à la lecture (ce qui n'est généralement pas le cas quand on lit son énergie personnelle).

Dans bien des cas, on pense qu'on ne peut faire la lecture à ses semblables avant d'avoir perfectionné sa clairvoyance. C'est Tune des plus grosses erreurs qu'on puisse commettre! La seule façon de développer ses capacités clairvoyantes, c'est de les pratiquer et de courir des risques, comme pour n'importe quelle autre habileté. Plus on pratique, plus on prend conscience de ce qu'on peut faire. Tout ira pour le mieux si vous

Vous adressez d'abord à des personnes réceptives qui vous soutiennent et qui comprennent que vous êtes en apprentissage ! (Je vous conseille de ne pas accepter de rémunération monétaire avant d'avoir acquis de l'assurance et d'avoir donné un certain nombre de lectures — voir à cet effet le chapitre 23.)

Il y a autant d'avantages à faire une lecture pour vous-même que pour les autres. Continuez d'expérimenter et vous constaterez avec le temps que vous maîtrisez mieux les deux formes de lecture. A mesure que vous poursuivrez votie croissance et votie guérison par les lectures et l'utilisation des outils psychiques, vous verrez disparaître plusieurs des difficultés qui ont surgi depuis que vous avez commencé à développer votie clairvoyance. La personne que vous êtes aujourd'hui est différente de celle que vous serez bientôt. Lavoie de la clairvoyance est un chemin de croissance ; les difficultés que vous rencontrez en méditation, dans vos lectures et au quotidien, sont porteuses de richesse et de sens. Sans les défis auxquels j'ai dû faire face dans mes lectures, le présent ouvrage n'existerait pas.

CHAPITRE 14

Lire l'Énergie d'Une Autre Personne

Dans ce chapitre, vous apprendrez tout ce que vous devez savoir pour être capable de donner une lecture psychique à quelqu'un.

Exprimer ses attentes

Avant de convenir d'une lecture, les deux partis devront discuter de leurs attentes, de préférence avant la rencontre. Parmi les attentes, il faut aborder la durée et le déroulement général de la session, établir si une rétribution est exigée, si l'avenir fait partie des sujets abordés et si le client peut poser des questions. En général, on est un peu anxieux avant une lecture : on ne sait pas à quoi s'attendre, ni si on verra ses attentes satisfaites. Si votre client n'a aucune idée du prix de vos services, s'il ne sait pas s'il peut vous questionner sur un sujet qui lui importe, son attention restera fixée sur ses inquiétudes et sur l'avenir. Votre attention clairvoyante ayant tendance à se concentrer sur ce qui retient l'attention de votre client, vous aurez plus de difficulté à vous concentrer sur le moment présent, là où se manifestent vos visions clairvoyantes. Vous ressentirez aussi l'anxiété de votre vis-à-vis, ce qui amoindrira le plaisir que vous prendrez à faire sa lecture.

Sur le plan éthique, la discussion préalable des attentes de chacun est une pratique louable, en particulier quand il est question de rétribution monétaire. Plus vous êtes intègre, moins vous dépensez d'énergie. En exprimant leurs attentes, les deux partis réduisent les possibilités de disputes et de dilemmes éthiques ultérieurs, ainsi que la déception ou le ressentiment. Mais surtout, en saisissant clairement les attentes de l'autre, on est plus en mesure de prendre la meilleure décision, la plus éclairée possible, pour ce qui est de procéder ou non a la lecture.

Cela dit, les attentes exprimées n'ont pas à être gravées dans la pierre ; après tout, vous ne savez jamais (même si vous êtes clairvoyant) comment vous vous sentirez, l'un et l'autre, une fois la lecture commencée. Votre client sera peut-être très heureux de sa lecture et vous demandera de continuer au-delà du temps convenu. Vous aurez peut-être accepté de lire dans l'avenir, mais vous découvrirez que dans les faits, vous ne recevez que des renseignements sur le présent. Le déroulement de la lecture pourra aussi changer en réponse aux problématiques du client.

En tout temps, votre client et vous pourrez juger que la lecture ne se déroule pas à votre convenance et choisir d'y mettre un terme. Bien entendu, dans ce cas, il faudra réviser l'entente concernant la rétribution. En tant que clairvoyant, vous n'êtes pas obligé de terminer une lecture ou d'en donner une ; d'ailleurs, parmi les leçons les plus exigeantes, mais les plus profitables, vous devrez faire face à ce dilemme, soit de mettre ou non un terme prématuré a une lecture qui, pour une raison ou une autre, ne semble pas favoriser votre bien-être. Plus l'enjeu financier sera grand, plus le dilemme sera difficile à trancher. Pour en savoir plus, consultez le chapitre 23.

Choisir un endroit

Avant de faire une lecture, vous devez déterminer l'endroit qui convient le mieux. Optez idéalement pour un endroit tranquille, avec un minimum de distractions, où vous vous sentirez à l'aise en tête-à-tête avec un étranger. Cela dit, vous pouvez donner une lecture psychique n'importe quand et n'importe où, à vrai dire. J'ai donné des lectures dans des avions bondés, des soirées bruyantes, des voitures en mouvement, sous la pluie au sommet d'une montagne, dans le bureau d'un agent du FBI, et dans des foires du paranormal avec trente autres clairvoyants — nous étions si près les uns des autres que les poils de nos avant-bras se touchaient… Toutefois, pour apprendre à donner des lectures dans une position commode et centrée, vous ferez en sorte de prendre tous deux place sur des chaises confortables à dossier droit, dans un lieu paisible et bien ancré. À mesure que vous prendrez de l'expérience, vous trouverez utile de pratiquer dans des endroits plus distrayants et moins commodes : vous constaterez alors que vous pouvez aussi lire en tous lieux et en toutes circonstances.

Tenir compte du temps

Il est bon de placer une horloge ou une minuterie près de vous pour savoir quand mettre un terme à la lecture. Certains s'accommodent bien de la minuterie ; pour ma part, e la trouve dérangeante. Je préfère une grosse horloge murale placée derrière mon client, au même niveau que mon regard ; je peux y jeter un coup d'œil rapide sans briser ma concentration. Il arrive souvent qu'une minuterie intérieure m'indique que nous approchons de la fin de la lecture. Vous avez peut-être déjà vécu un phénomène semblable en vous réveillant le matin d'un événement important. Vous aviez réglé le réveil, mais vous constatez que vous vous réveillez deux minutes avant qu'il ne sonne. C'est qu'en tout temps, une partie de vous reste éveillée et consciente de ce qui se passe autour de vous.

Quoi qu'il en soit, lors de vos premières lectures, vous saurez moins bien évaluer le passage du temps, ce qui fait que vous serez plus enclin à vous laisser entraîner dans des lectures plus longues que prévues, sous l'insistance de votre client avide d'information (« s'il vous plaît, encore une petite question ! ») et poussé par votie désir de régler tous ses problèmes en même temps ! Grâce au réveil ou à la minuterie, vous resterez conscient du passage du temps. Vous en aurez peut-être même besoin pour montrer l'heure à votre client, le ramener à la « réalité » et lui faire comprendre que la lecture est bel et bien terminée.

Méditer au préalable

Je vous conseille de méditer pendant au moins vingt minutes avant de commencer une lecture. Autant que possible, incorporez vos outils psychiques à votre méditation ; ancrez-vous de même que la pièce, centrez-vous, faites circuler votre énergie, nettoyez vos chakras, créez et détruisez des objets, et ainsi de suite. La méditation contribuera à dissiper les pensées vagabondes de la journée et ouvrira la porte à des données de nature plus subtile. Si vous ne consacrez pas quelques minutes à la méditation ou au rodage de vos outils psychiques avant de commencer à lire, les premières minutes de votre lecture seront plus agitées et vos visions clairvoyantes ne seront peut-être pas aussi précises, ni aussi accessibles. Par ailleurs, vous serez moins vulnérable à l'influence des énergies délétères si vous prenez soin de vous ancrer à la planète et de faire circuler votre énergie en début de lecture, avant même que votre client n'entre dans la pièce.

Déterminer ses intentions

Avant de débuter, c'est aussi une bonne idée de choisir un ou deux éléments sur lesquels vous travaillerez ou que vous avez l'intention d'accomplir pour vous-même en cours de lecture. Vous pouvez choisir n'importe quelle intention — que ce soit travailler sur vos outils d'enracinement ou expulser l'énergie d'une ex-petite amie (ou d'un ex-petit ami) de votre aura. Énoncer une intention aura aussi l'avantage de vous rappeler que vous êtes tout aussi important que votre client et que la lecture est un processus de guérison et de croissance personnelle tant pour vous que pour celui-ci. Par ailleurs, quand vous vous servez de votre clairvoyance, vous accédez à la dimension spirituelle où le temps, l'espace et les limitations physiques sont inexistants. C'est là que les intentions, les rêves et les souhaits ont la capacité de se manifester beaucoup plus rapidement, et avec beaucoup moins d'efforts (voir chapitre 12).

Établir ses limites

Vous sentirez souvent que l'énergie de votre client vient vers vous avant même que vous ne l'ayez «syntonisé». Cela pourra se produire avant son arrivée ou dès qu'il passe le seuil de la porte. Vous saurez que c'est ce qui se produit si vous pensez spontanément à lui, ou si vous commencez à recevoir des données clairvoyantes avant même de l'avoir «officiellement contacté». Vous serez parfois en proie à la nervosité et tenté de jeter un coup d'œil à votre client avant de le rencontrer. Certains clairvoyants font la lecture de leur client avant qu'il n'arrive, de façon à ressentir moins de pression durant la rencontre. C'est une pratique que je décourage : comme la lecture psychique n'a rien à voir avec la performance, il n'est pas essentiel qu'elle se déroule sans anicroche.

Pour ma part (et pour mes étudiants), j'ai des limites très fermes : je ne lis une personne qu'à partir du moment où elle s'assied devant moi et où je commence officiellement la lecture. Si je constate que je pense à mon client avant ou après la lecture, j'en conclus qu'il s'est produit un échange d'énergie qui pourrait très rapidement dégénérer. C'est pourquoi, en général, je ne m'informe pas des questions de mes clients avant d'être prête a commencer la lecture, et aussi pourquoi je cesse de parler de leurs problèmes une fois la lecture terminée. Sinon, la lecture pourrait se poursuivre télépathiquement pendant des jours, des années, ou même toute une vie !

Il est important de comprendre que si une femme vous approche le samedi pour prendre rendez-vous pour une lecture le mardi suivant, vous courez le risque de lui donner une lecture durant les soixante-douze prochaines heures si vous ne faites pas attention. Votre aura pourra fusionner avec la sienne, et vous pourrez ressentir et vivre ses douleurs, ses problèmes, ses anxiétés et le reste, sans être conscient que c'est ce qui se produit. Pour éviter ce problème, prenez l'engagement personnel de refuser la formation d'un lien énergétique avant d'avoir délibérément commandé sa création, et établissez ensuite une routine grâce à laquelle votre corps et votre esprit reconnaîtront le début de la lecture et sa conclusion. L'utilisation régulière de vos outils psychiques vous sera profitable en ce sens.

Ne laissez personne assister à la lecture

Invariablement, un de vos clients arrivera accompagné à son rendezvous, de son conjoint, de sa mère ou d'une amie, et vous demandera si vous avez objection à sa présence durant la lecture. À moins que le client soit un enfant (voir chapitre 19), je réponds presque invariablement oui, et ce, pour plusieurs raisons. D'abord, l'énergie de cette tierce personne pourrait facilement gêner la lecture, ce qui fait que je pourrais me mettre à la lire par inadvertance. Ensuite, comme les lectures psychiques sont généralement très personnelles, je ne veux en aucune manière me sentir contrainte de taire des informations intimes.

Dans bien des cas, quand j'ai dû me montrer ferme et demander à la personne accompagnant le client d'attendre a l'extérieur ou de revenir une heure plus tard, il s'est avéré que le client s'interrogeait sur leur relation et n'aurait pas été à l'aise d'en parler ou de poser des questions sur leurs problèmes en sa présence. Parfois, le client ne sait tout simplement pas comment défendre ses intérêts et délimiter ses frontières personnelles; vous devez donc le faire a sa place. N'oubliez pas que dans le cadre d'une lecture, c'est vous qui dirigez.

La plupart des clients comprennent quand on leur explique que la présence d'un tiers nuira à la lecture ; ils sont réellement reconnaissants qu'on essaie de leur faire vivre la plus belle expérience de toutes. À l'occasion, le client expliquera qu'il est en relation intime avec la personne qui l'accompagne, et qu'ils travaillent à atteindre des objectifs similaires, raison qui les incitent à avoir une lecture ensemble. Dans ce cas, demandez-leur s'ils veulent une lecture de leur relation et lisez-les comme un couple (voir chapitre 18).

Routine de lecture

J'ai instauré une routine qui m'aide à maintenir mes frontières. Par ailleurs, c'est grâce à elle que j'organise les étapes de la lecture et que je signale à mon subconscient le moment où la lecture en tant que telle débute.

LIRE L'ÉNERGIE D'UNE AUTRE PERSONNE

Accueillez d'abord votre client. Présentez-vous et indiquez-lui un siège. J'aime bien m'asseoir en face de la personne, a environ un mètre d'elle de façon que nos auras ne soient pas totalement imbriqués, mais assez près pour que nous puissions échanger à voix basse sans avoir à tendre l'oreille. Choisissez tous deux une chaise ou un fauteuil confortable.

Éliminez les bruits distrayants et la musique. Que vous vous rendiez chez votre client ou qu'il vienne vous rencontrer, il est essentiel que vous vous appropriiez l'environnement avant de commencer la lecture. Si vous êtes incapable de vous affirmer suffisamment pour demander qu'on déplace quelques meubles ou qu'on arrête la musique, vous serez incapable de vous affirmer assez sur le plan énergétique pour outrepasser les résistances de votre client ou le tenir à l'écart de votre champ énergétique. La musique et le bruit du téléviseur vous attireront à l'extérieur de votre corps et en dehors de la lecture.

Expliquez ensuite à votre client en quoi consiste une lecture psychique. Voici ce que je dis d'ordinaire à mes nouveaux clients : « Aujourd'hui, je vais vous donner une lecture psychique, c'est-à-dire que je vais étudier différentes images qui vont m'apparaître. Certaines seront symboliques, d'autres seront à interpréter au pied de la lettre. En m'écoutant parler, vous saisirez le sens de certains éléments, tandis que d'autres vous sembleront incompréhensibles. En temps opportun, la compréhension surgira. »

Déroulement général de la lecture

J'explique a mon client que je vais d'abord entrer dans un état de transe légère avant de m'ancrer. Je précise que ma transe n'est pas plus profonde qu'un état de détente. J'ajoute que je ferme les yeux et que je les garderai fermés tout au long de la lecture. J'explique à mon client que le processus prendra quelques minutes qui ne sont pas facturées.

Ensuite, je lui explique qu'une fois en transe, je lui demanderai de répéter son nom quelques fois afin de pouvoir syntoniser sa vibration ; j'ajoute que pendant la lecture, je pourrai lui demander de répéter son nom si je ressens le besoin de renforcer notre lien ou de rétablir ma « connexion ».

J'ajoute qu'une fois que j'aurai syntonisé sa vibration, mon client aura l'opportunité de me poser des questions et de discuter de ses problèmes, et que nous pourrons discuter du déroulement de la lecture.

Finalement, je le rassure en lui expliquant que je vais le guider à travers le processus et qu'il n'a rien d'autre à faire que de rester éveillé, de garder les yeux ouverts et les pieds bien posés au sol (pour son ancrage). En effet, beaucoup de mes clients épousent spontanément mon état de transe, ce qui fait que j'ai plus de peine à les lire : il faut donc que je fasse de mon mieux pour les garder éveillés. Quoi qu'il en soit, certains sont tout simplement incapables de garder les yeux ouverts, et les obliger à le faire les incommode trop. Dans ce cas, je me contente de leur rappeler gentiment de revenir dans leur corps de temps à autre, et je leur fais répéter leur nom plus souvent qu'aux clients qui restent naturellement éveillés.

Rodage de vos outils psychiques en présence du client

Quand j'ai commencé à donner des lectures, j'étais mal à l'aise de prendre le temps de faire le tour de mes outils tandis que mon client était assis devant moi. Je devenais consciente de mon allure, comme s'il me dévisageait et jugeait mon apparence, mes vêtements et les frémissements de mes paupières. J'avais l'impression qu'il pensait à l'argent qu'il dépensait pour chaque seconde où je restais silencieuse, absorbée en moi-même. Au fil du temps, j'ai compris que oui. certains clients agissent ainsi. Par contre, d'autres restent la et s'inquiètent de leur comportement et de leur apparence, tandis que la plupart des gens sont très heureux de me laisser prendre le temps nécessaire pour me préparer a leur donner la meilleure lecture de leur vie.

Même si les années ont passé, je prends toujours quelques minutes au début de chaque lecture pour taire le tour de mes outils psychiques (je le fais même si j'ai médité pendant une heure avant l'arrivée du client — ce que je préfère en tout temps, mais que je ne fais pas toujours systématiquement !). Par ailleurs, j'en suis à un stade où ce que le client pense ou fait entre-temps m'indiffère tout à fait. Bien souvent, j'oublie complètement que quelqu'un est assis à moins d'un mètre de moi et me dévisage. Seul un éternuement ou un mouvement me rappelle la présence du client.

Il est vital pour votre bien-être que vous preniez ce temps pour vous en présence de votre client. Qui plus est, cela le sert de plusieurs manières. Même si vous avez médité deux heures avant qu'il arrive, vous devez vérifier vos outils pour vous assurer qu'ils fonctionnent en sa présence. L'énergie du client exerce un effet sur votre ancrage, sur votre capacité à rester au centre de votre cerveau et sur vos outils, tels vos circuits d'énergies telluriques et cosmiques. Vous voudrez donc vous assurer qu'ils fonctionnent toujours en présence de chacun de vos clients.

Par ailleurs, en méditant devant votre client, vous faites état, tant à lui qu'à vous, de votre importance et de votre droit de prendre soin de vous en tout temps. En prenant soin de vous en présence de l'autre et sous son œil attentif, vous donnez l'exemple. Certains clairvoyants commencent à recevoir de l'information pendant ce temps. Comme je l'ai déjà mentionné, je m'efforce de repousser l'information jusqu'à ce que je sois certaine que je suis fin prête et que j'ai vu à mes besoins.

En passant vos outils psychiques en revue au début de chaque session, vous indiquerez à votre organisme et à vos dons psychiques que vous êtes sur le point de donner une lecture ; ce faisant, quand vous tenterez d'accéder à des informations clairvoyantes, leur canalisation sera plus fluide. Pour « partir le chrono », j'ai tendance à attendre d'être en transe et d'avoir fait le tour de mes outils. Cependant, certains affirment que les préparatifs font partie de la lecture et qu'ils devraient donc être facturés.

En cours de lecture, faites de petites pauses régulières pour faire le tour de vos outils ; assurez-vous que vous êtes toujours dans un espace bien ancré et neutre, que vous expulsez ce qui doit l'être et que vous renouvelez votre énergie. Encore une fois, c'est exemplifier un comportement juste. Dans une lecture professionnelle, j'ai tendance à m'inquiéter et à penser que mon client a l'impression que je lui « ole » du temps ; par contre, je sais que ces pauses font de moi une meilleure clairvoyante, plus exacte, ce que la clientèle apprécie généralement.

Redistribution de votre énergie

Quand vous méditez avant une lecture, redistribuez votre énergie de vos trois chakras inférieurs à vos centres supérieurs. Quand vous vaquez à vos occupations quotidiennes, il est souvent nécessaire et même désirable que votre énergie circule à travers vos chakras inférieures, en particulier quand vous pratiquez des activités physiques. Dans une lecture cependant, votre corps n'a pas vraiment besoin d'être actif; il peut se contenter d'assurer ses fonctions automatiques minimales. À l'inverse, vous aurez besoin du plein rendement de vos capacités cognitives et psychiques; par conséquent, les chakras régissant ces capacités auront besoin d'un plus grand apport d'énergie. En redistribuant votre énergie de vos chakras inférieurs a vos centres supérieurs, vous invoquerez les capacités spirituelles inhérentes aux cinquième, sixième et septième chakras, tout en inhibant les énergies en rapport avec la survie, le contrôle et l'émotion, associés aux chakras inférieurs, dont l'utilisation est moins propice aux fins de la lecture psychique. Redistribuer son énergie est simple : il suffit de visualiser l'ouverture et la fermeture de ses chakras, et de faire monter et descendre son énergie.

Créez d'abord un écran de lecture devant votre sixième chakra (troisième œil), situé au milieu du front, légèrement au-dessus des sourcils, au centre de votre cerveau. Visualisez ensuite votre chakra racine, à la base de la colonne vertébrale. Vous pouvez imaginer qu'il ressemble à la lentille d'un appareil photo, qui s'ouvre et se ferme. Vérifiez son ouverture : est-il ouvert à 100 pour cent, 75 pour cent, 50 pour cent, ou est-il totalement fermé? Si vous n'arrivez pas à déterminer son ouverture, visualisez un gabarit ou un appareil de mesure chiffrée et demandez qu'il vous donne le pourcentage d'ouverture de votre chakra racine.

Vous devez ensuite fermer votre premier chakra à moitié. Sur votre écran de lecture, visualisez votre chakra racine qui se ferme jusqu'à ce qu'il ne soit plus qu'à moitié ouvert. Vous pouvez équiper votre appareil de mesure d'un ancrage et imaginer que, le cas échéant, les énergies étrangères présentes dans votre premier chakra glissent aisément le long de votre corde d'ancrage jusqu'au centre de la planète. Observez le lecteur de votre appareil et voyez la mesure descendre à 50 pour cent. En fermant votre premier chakra, observez votre ressenti. Ressentez-vous des sensations physiques ? Avez-vous l'impression que vous évacuez des émotions ou de la souffrance ? Vous sentez-vous plus détendu ? Plus nerveux ? Prenez conscience, tandis que vous fermez votre premier chakra, que votre énergie vitale s'élève naturellement dans vos chakras supérieurs.

Créez ensuite une rose en verre transparent sur votre écran de lecture : elle représente votre énergie personnelle dans votre chakra racine. Observez sa couleur. Maintenant, observez cette couleur à mesure qu'elle s'élève dans vos chakras et atteint votre chakra couronne. Une fois qu'elle a atteint votre chakra couronne, imaginez que ce dernier s'ouvre comme une fleur de lotus. Imaginez qu'il devient de plus en plus brillant.

Vous pouvez répéter le processus avec vos deuxième et troisième chakras. Encore une fois, commencez par imaginer qu'ils se ferment graduellement, de telle sorte que toute énergie accessoire soit expulsée, puis vers le haut jusqu'à votre troisième œil (sixième chakra) et votre chakra couronne (septième chakra). Voyez ces centres d'énergie tourbillonnante prendre de l'expansion et devenir de plus en plus brillants, tandis que vous affirmez que vous activez l'énergie de vos centres supérieurs. Vous stimulerez ainsi votre clairvoyance et conserverez plus facilement votre état centré, équilibré et paisible.

Débranchez votre analyseur

Les lectures psychiques présentent un défi de taille : le clairvoyant a besoin de son esprit analytique, du moins dans la mesure où il le mènera au seuil de sa clairvoyance en l'aidant à formuler les questions qui susciteront une réponse clairvoyante. Néanmoins, une fois qu'il a posé la question avec son esprit logique/analytique, il doit momentanément mettre cette faculté de côté pour que l'information extrasensorielle puisse lui parvenir.

La technique pour débrancher consciemment l'esprit logique/analytique est simple, mais très efficace ; grâce à elle, on arrive à réduire de façon remarquable l'affluence de pensées et de bruits de tout ordre qui règne dans le mental. Cette technique induit un état de relaxation profonde grâce auquel on peut laisser venir à soi le flot des visions clairvoyantes, plutôt que d'y résister, de les mettre en doute ou de les questionner. On a toujours accès à son esprit logique, mais il ne domine plus exclusivement les processus intuitifs.

Saluez d'abord votre écran de lecture. Vérifiez s'il est poussiéreux et s'il présente des trous. Equipez-le d'une corde d'ancrage afin de pouvoir expulser les énergies accumulées. Si vous n'aimez pas l'apparence de votre écran, détruisez-le et créez-en un nouveau. Ensuite, imaginez sur votre écran de lecture une grosse jauge à l'ancienne, ornée d'une énorme flèche. C'est votre esprit analytique. Affirmez qu'indépendamment de vos actions, cette jauge agira sur la partie de votre cerveau à l'origine de vos pensées analytiques.

Vérifiez d'abord le réglage actuel. Puis, équipez votre jauge d'une gigantesque corde d'ancrage que vous enracinerez très solidement au centre de la planète. Maintenant, en procédant très lentement, faites descendre la flèche de la jauge de cinq degrés. Observez en même temps la couleur de l'énergie qui pourra alors être expulsée de la jauge au centre de la Terre. En débranchant votre esprit analytique, vous évacuez du même coup toute énergie accessoire. Cet exercice agit donc de manière curative, en même temps qu'il vous prépare à faire usage de votre clairvoyance.

Observez votre ressenti. Laissez sortir par votre corde d'ancrage les émotions ou les peurs qui se manifestent. Dans ce but d'ailleurs, vous voudrez peut-être grossir la taille de votre corde. Puis, continuez à faire lentement descendre la flèche de la jauge, de plus en plus bas, jusqu'à ce qu'elle atteigne 10 pour cent. À ce stade, vous n'avez besoin que de 10 pour cent de votre esprit analytique pour fonctionner. Continuez à expulser toutes pensées qui pourraient vous suggérer que vous êtes sur le point de perdre le contrôle, ou dans l'incapacité de penser. Évacuez ces pensées et ces émotions par votre corde d'ancrage. La nature de votre esprit logique est telle qu'il veut régenter tous les aspects de votre existence, même si son action nuit à vos objectifs.

LIRE L'ÉNERGIE D'UNE AUTRE PERSONNE

Magnifiez votre clairvoyance

Il s'agit d'un exercice de réchauffement visant à assouplir les « muscles » de votre visualisation, et à stimuler et nettoyer votre sixième chakra. Il sert aussi à signaler à votre esprit que vous vous préparez à entrer dans un état de conscience modifié, un peu comme le ferait une suggestion hypnotique.

Visualisez d'abord votre écran de lecture. Imaginez qu'il porte Un gros œil en son centre. C'est votre troisième œil : il correspond à votre sixième chakra, à votre clairvoyance. Remarquez sa taille et son ouverture. Étudiez-le en détail. De quelle(s) couleur(s) est-il ? Est-il orné de cils ? La paupière est-elle maquillée ? L'œil est-il clair ou injecté de sang ? Est-il alerte ou endormi ? Heureux ou en pleurs ? Equipez votre troisième œil d'un ancrage et commandez aux énergies étrangères de sortir. Drainez toute énergie qui pourrait faire obstacle à votre clairvoyance — athéisme, esprit de compétition, doute de soi. traumatisme d'enfance ou d'une incarnation antérieure, et ainsi de suite.

Bien que l'athéisme ou l'esprit de compétition ne soient pas mauvais en soi dans la vie de tous les jours, ces traits de caractère sont fatals dans votre « espace » de clairvoyance. Imaginez que vous êtes tranquillement assis, que vous faites de votre mieux pour vous concentrer et remarquer les changements subtils qui se produisent derrière vos paupières frémissantes, aussi incertain de vos capacités que de l'expérience que vous vous apprêtez à tenter. Ou alors, vous êtes un clairvoyant expérimenté, débordant d'assurance et d'enthousiasme devant cette formidable opportunité de donner une lecture, et voici que quelqu'un s'approche de vous, un étranger peut-être, mais plus vraisemblablement quelqu'un que vous adorez — parent, conjointe, client, ou autre. Cette personne se blottit dans vos bras, grimpe sur vos genoux, lance ses bras autour de votre cou, s'approche de votre oreille et, tout en vous regardant passionnément dans les yeux, s'écrie d'une voix tonitruante : « Espèce d'idiot ! Pour qui te prends-tu ? Pourquoi est-ce que de toutes les personnes au monde, *tu* serais capable de faire ça ? Tu ne seras jamais assez bon. Tu ne verras rien. Tu n'as pas ce qu'il faut ! » (C'est l'esprit de compétition.) Ou bien : « Pauvre imbécile, ces trucs psychiques, c'est de la foutaise ! Tu n'as jamais vu quoi que ce soit, qu'est-ce qui te fait penser que ça a changé ? C'est du toc. Rien de tout cela n'est vrai ! » (Athéisme, scepticisme.) Le scénario est ridicule, j'en conviens, mais ne croyez-vous pas qu'il pourrait avoir ne serait-ce qu'un tout petit impact sur votre concentration, votre assurance ou votre enthousiasme ?

Maintenant, imaginez que cette charmante personne n'est pas physiquement présente, mais que son énergie, ses formes de pensée et ses émotions le sont. Elle pourrait tout aussi bien être devant vous : en effet, son énergie aura sur vous le même impact que si elle était présente. La seule différence, c'est que son influence sera inconsciente. Par conséquent, vous ne verrez rien venir et vous ne saurez pas pourquoi vous avez été distrait, pourquoi vous êtes si frustré, pourquoi vous vous êtes endormi, ni pourquoi vous avez quitté votre siège en décrétant qu'il était temps de laver la vaisselle. Tout ce que vous saurez, c'est que subitement, la dernière chose que vous vou.lez faire est exactement celle que vous vouliez le plus faire il y a cinq minutes, c'est-à-dire expérimenter votre clairvoyance. Voilà pourquoi nous pratiquons des exercices comme celui-ci et bien d'autres présentés dans ces pages.

Revenons à l'exercice : vous avez visualisé votre troisième œil sur votre écran de lecture et vous l'avez drainé de toute énergie étrangère. Visualisez la couleur de l'énergie qui sort de votre chakra, puis reportez votre attention sur votre troisième œil pour vérifier si ses attributs ont changé. S'il n'a pas l'air très ouvert, imaginez qu'il s'ouvre aussi grand que possible. Visualisez-le tandis qu'il grossit graduellement jusqu'à occuper tout votre écran de lecture et qu'il continue de prendre de l'expansion au-delà.

Si vous le souhaitez, vous pouvez le brancher sur Dieu en Le visualisant sous forme d'une sphère de lumière dorée : voyez un fil qui relie votre troisième œil à la sphère de lumière, puis voyez-le se remplir de la lumière de Dieu. Parlez à votre troisième œil et dites-lui que vous allez faire sérieusement appel à lui. Remerciez-le d'avance de bien vouloir travailler pour vous. Promettez-lui que vous ferez de votre mieux pour honorer ce qu'il voudra bien vous montrer, en ayant confiance que ses images se rapportent a la lecture en cours et en les transmettant au client.

Si vous le souhaitez, vous pouvez aussi imaginer une jauge qui représente votre clairvoyance et visualiser l'indicateur de la jauge qui monte jusqu'à 100 pour cent, soit l'ouverture complète. Choisissez ensuite une couleur qui représente votre enthousiasme et votre allégresse. Remplissez votre troisième œil de cette couleur. Pour accroître l'énergie ludique et joyeuse de vos lectures, affublez-le d'un déguisement amusant : donnez-lui de longs cils frisés ridicules ou faites-lui faire des trucs rigolos avec le sourcil. N'oubliez pas que le rire et l'allégresse émettent la vibration énergétique la plus élevée de toutes et que les problèmes, les inquiétudes, les doutes et le reste ne peuvent exister dans cette énergie. Vous devrez parfois faire un effort pour semer la joie même si vous n'êtes pas particulièrement amusé ; souvenez-vous alors que le rire est contagieux.

Le clairvoyant reçoit : préparation à la lecture

La prochaine technique est elle aussi optionnelle, mais peut se révéler utile. Quand j'ai commencé à donner des lectures dans une librarie spécialisée en métaphysique de Sedona, je n'avais pas souvent beaucoup de temps pour méditer et me préparer à recevoir un client. Il me restait encore à accepter pleinement l'idée de me faire payer pour mon travail, et j'étais nerveuse face à la responsabilité qui semblait aller de pair avec cette décision. J'ai donc jugé nécessaire de concevoir un outil de visualisation qui m'aiderait à entrer rapidement et avec assurance dans mon espace de lecture psychique. Voici la technique que j'ai élaborée.

Imaginez d'abord que vous entrez dans une pièce identique à celle où vous vous apprêtez à faire une lecture, à la différence que le tapis, ou les lattes du plancher, dissimule une trappe. En ouvrant la trappe, vous voyez un escalier. Vous descendez plusieurs volées jusqu'à ce que vous arriviez à une porte avec une affichette marquée *Salle de lecture psychique*. Vous ouvrez la porte et voyez un portemanteau. Vous retirez votre manteau et votre chapeau en préparation de la lecture. Puis, vous coiffez un chapeau spécial, orné du mot *Clairvoyance*, et vous enfilez des pantoufles. Ce sont vos pantoufles de lecture préférées, celles que vous portez seulement quand vous donnez des lectures. Imaginez ensuite que vous prenez place dans votre siège de lecture psychique favori. Vous pouvez même boire une gorgée à même une bouteille de verre étiquetée *Potion de lecture clairvoyante*, destinée à magnifier vos capacités. Miam, un délice! Vous êtes maintenant prêt à commencer.

Cet exercice est très simple. Vous pouvez créer pour votre salle de lecture psychique un décor aussi élémentaire ou élaboré qu'il vous plaira. Quand je ne dispose que d'une minute ou moins avant de commencer, je me contente de visualiser que j'entre dans la pièce, que je suspends mon manteau et que je me coiffe de mon chapeau de clairvoyance. Cela indique à mon inconscient que je suis prête à débuter.

Prière d'introduction

Je ne puis vous apprendre à prier avec des mots.
Dieu n'écoute pas vos mots sauf lorsque Lui-même les prononce
à travers vos lèvres.
Et je ne puis vous apprendre la prière des mers
et des forêts et des montagnes.
Mais vous qui êtes nés des montagnes et des forêts et des mers
pouvez trouver leur prière dans votre cœur.

— Khalil Gibran, *Le prophète*, 1923

Je dis toujours une prière avant de commencer. Je la récite a haute voix de façon que mon client et moi, ainsi que tout autre entité présente, l'entendions. La prière aide à fixer l'intention de la lecture; elle envoie un message clair à tout esprit mauvais, à toute entité ou influence malveillante, dans la pièce ou clans l'entourage du client, qu'aucune interférence de leur part ne sera tolérée. C'est une sorte d'énoncé de mission, une déclaration, un contrat. Les physiciens nous disent que la nature a horreur du vide. L'espace n'est pas vide. Il est rempli de l'énergie — quelle qu'elle soit — la plus proche et la plus forte. Dans une pièce où règnent différents bruits, on entend le plus sonore. C'est l'odeur la plus forte que l'on sent, et la lumière la plus brillante qui ternit les lumières plus faibles et bannit l'obscurité.

C'est la même chose pour l'énergie et la prière. En commençant une lecture, au travail ou au coucher, affirmez : « J'invoque maintenant la paix en ces lieux » ou « Dieu, apporte la paix en ces lieux, s'il Te plaît », et renforcez cette intention, ce désir, en vous concentrant sur un symbole représentatif — symbole de paix, colombe, Jésus, étoile de David ou la couleur qui vous apaise le plus. Vous invitez ainsi la paix à vous accompagner dans votre espace, et tout ce qui n'est pas la paix sera incapable d'y exister concurremment.

La prière permet d'inviter certaines énergies à participer à la lecture et d'en inciter d'autres à disparaître. Le client doit connaître les énergies que vous invoquez ou chassez, étant donné que certaines d'entre elles font partie de lui. Beaucoup de clients comprennent le pouvoir de la prière et sont reconnaissants, sinon soulagés, de constater que vous insistez pour prier en début de lecture. Bien entendu, certains sont mal à l'aise face à la prière, soit parce qu'ils n'en saisissent pas la nature, ou parce qu'ils n'aiment pas ses connotations négatives (par exemple, quand on pense que seuls les fanatiques prient).

Comme clairvoyant, vous êtes aussi un enseignant spirituel ; vous pouvez démontrer à ces clients que dans ce contexte, la prière n'a rien à Voir avec la religion ou le fanatisme, mais qu'elle sert plutôt à invoquer la concrétisation d'une demande énergétique, par exemple la paix, la joie, l'amour, et ainsi de suite. Quand je prie, je prononce le nom de Dieu ; néanmoins, a mes débuts, je disais plutôt « l'Être suprême » ou « l'Univers ». Autrefois, je craignais beaucoup plus que maintenant d'offenser les gens. Aujourd'hui, je me dis que si quelqu'un s'offusque du mot Dieu, c'est son problème, pas le mien. Même en étant athée, on devrait être en mesure d'apprécier le fait que Dieu symbolise quelque chose de positif et de secourable.

Visualisation pendant la prière

Quand je prie, je visualise une couleur représentant Dieu. Il s'agit généralement d'une couleur dorée, vive et pétillante. l'imagine que je nous entoure, mon client et moi, de cette couleur jusqu'à ce que nous en soyons complètement enveloppes. Comme c'est la couleur et l'énergie de Dieu, nous sommes en Lui, protégés par les attributs dont nous Le parons. Cette bulle sert non seulement à rester en contact avec Dieu, c'est aussi une barrière qui repousse toute énergie contraire aux qualités habituellement attribuées à Dieu. Elle nous rappelle, à mon client et à moi, que la lecture a lieu entre nous, et qu'aucun être, incarné ou non, n'a le droit de participer à moins d'y être invité. À ce stade, il peut s'avérer utile d'ancrer à nouveau la pièce, ce que vous devriez d'ailleurs avoir fait quand vous avez passé vos outils en revue en début de lecture (voir chapitre 7).

Syntonisation de l'énergie du client

Au chapitre précédent, vous avez appris à lire votre énergie personnelle. En termes de technique élémentaire de lecture psychique, il y a une seule différence entre lire votre énergie et celle d'un autre : pour lire quelqu'un, vous devez d'abord entrer en contact avec sa fréquence, sa vibration, son esprit, son énergie, afin d'établir une ligne de communication directe.

L'exercice ressemble à ce qui se produit quand vous téléphonez à quelqu'un. Un service téléphonique compte des millions d'abonnés. Pour parler à un abonné, vous devez composer son numéro de téléphone personnel. Pareillement, si vous voulez parler de vive voix à une personne en particulier, vous devrez faire en sorte d'engager la conversation avec elle. L'un de vous devra s'approcher de l'autre et attirer son attention, soit verbalement, par exemple, en criant « Salut ! Ça va ? » soit non verbalement, en lui posant la main sur l'épaule et en le regardant dans les yeux. Une fois cette étape franchie, vous êtes en communication.

C'est la même chose quand on veut donner une lecture psychique : il faut faire en sorte d'entrer en contact avec le client. La première étape est très simple : vous devez simplement avoir l'intention de lire votre client. La deuxième consiste à syntoniser la vibration essentielle de cette personne en tant qu'être spirituel. Les clients sont souvent entourés de toutes sortes de personnes et d'énergies différentes. Si vous appliquez la technique de lecture de base sans d'abord syntoniser votre client, vous risquez de lire la mauvaise personne !

Vous devez donc créer un nouvel écran de lecture (voir chapitre 13). Colorez votre chakra couronne en un doré neutre. Pour ce faire, visualisez votre chakra couronne comme un disque d'or tournoyant ou une fleur de lotus dorée en pleine floraison.

Puis, créez une rose/visionneuse sur votre écran de lecture. Créez et détruisez quelques visionneuses, puis demandez à votre client de dire son nom. Demandez-lui de répéter trois fois son nom de baptême ; ensuite, le nom qu'il porte présentement trois fois, et finalement tout autre nom qu'il a porté — surnoms ou noms d'unions précédentes. Pendant qu'il s'exécute, invitez son énergie à se manifester dans votre visionneuse. Puis, voyez quelle couleur représente cette énergie.

Une fois que vous voyez la couleur, prenez votre visionneuse et posez-la sur votre chakra couronne, en demandant à celui-ci d'adopter la même. Une fois que votre chakra couronne a pris la couleur de l'énergie de votre client, ajustez-en la valeur pour qu'elle soit un peu plus claire ou un peu plus foncée que celle-ci. Cela vous rappellera que vous n'êtes pas lui.

Résolution de problèmes

Je vois différentes couleurs selon les noms du client

Je demande à mes clients de dire tous les noms qu'ils ont portés parce qu'on s'identifie plus à certains noms qu'à d'autres. Les noms contiennent énormément d'énergie et d'information. Il m'arrive souvent de découvrir que la couleur et la vibration diffèrent beaucoup selon que la personne prononce son nom de baptême ou son nom de femme mariée. Si des couleurs différentes surgissent selon les noms, concentrez-vous sur celui que votre client utilise présentement ou sur celui qu'il préfère, puisqu'il sera encore plus d'actualité. Vous devrez parfois vous servir de votre intuition pour déterminer si une couleur convient réellement. Si tout ce qui précède échoue, demandez à votre client de répéter son prénom plusieurs fois et concentrez-vous sur la couleur correspondante. Vous pouvez aussi combiner deux couleurs et en colorer votre chakra couronne.

La plupart du temps, vous pourrez cependant utiliser la première couleur que vous verrez en entendant votre client décliner ses noms.

Je ne vois pas vraiment de couleur.

Créez et détruisez quelques roses, puis demandez à votre client de répéter tous ses noms. Écoutez attentivement le son de sa voix. Demandez à la vibration que vous entendez de se manifester dans la rose/visionneuse que vous venez de créer. Affirmez que l'énergie contenue dans la rose est celle du Soi supérieur de votre client ou d'une partie de son âme. Si vous n'arrivez toujours pas a obtenir une couleur, affinez simplement que votre chakra couronne adopte la couleur de l'énergie de votre client.

Je vois clairement une couleur, mais elle change et j'en vois une autre.

Si vous voyez une couleur qui se transforme en une autre, je vous conseille d'équiper votre visionneuse d'une corde d'ancrage et d'affirmer que vous en expulsez toutes les énergies étrangères. Observez les couleurs qui sortent de la rose et celle qui reste. C'est celle qui reste dans la visionneuse/rose que vous devrez utiliser. S'il y en a plus qu'une, choisissez celle qui semble la plus vibrante, combinez-en deux pour en faire une troisième, ou mélangez-les. En cours de lecture, vous pouvez aussi répéter le processus de « syntonisation » : en effet, vous aurez toutes les chances de découvrir qu'une couleur domine largement l'autre. C'est qu'en lisant une personne par clairvoyance, vous syntonisez son énergie/esprit, ce qui pousse son esprit a se rapprocher naturellement de son corps. Plus l'esprit de votre client est présent dans son corps, plus il vous sera facile de voir la couleur de la vibration de son esprit.

Je n'aime pas la couleur que je vois et je sens une forte résistance à l'associer à mon chakra couronne.

Certaines raisons pourraient expliquer votre résistance à une couleur. Vous avez peut-être des images associées à celles de votre client, qui vous maintiennent dans la résistance face à l'énergie que représente cette couleur. Essayez de créer et de détruire quelques roses autour de votre chakra couronne. Affirmez que vous détruisez toutes vos images associées. Demandez au client de répéter son nom et essayez de donner la même couleur à votre chakra couronne, que ce soit la même couleur qu'au début ou une autre.

Une autre raison pourrait expliquer votre résistance : la couleur de l'énergie du client représente une vibration très basse (comme le jugement, la souffrance ou la colère) que votre corps refuse d'adopter. Si vous n'aimez pas la couleur, ni ce qu'elle vous fait ressentir, placez-la dans une rose, ancrez la rose et voyez si elle change. Ce n'est peut-être pas vraiment la couleur de l'esprit de votre client, mais celle d'une énergie étrangère qui l'affecte. Si tout ce qui précède échoue, créez une rose qui représente la prochaine étape de votre client, c'est-à-dire la vibration supérieure qu'il cherche à incarner. Colorez votre chakra couronne de cette couleur plutôt que de sa vibration actuelle.

Mon corps est pris de malaise quand je syntonise un client.

Il est important de vérifier fréquemment l'état de votre organisme, afin de vous assurer que vous utilisez bien votre énergie personnelle et non celle du client. Le corps d'un clairvoyant se met souvent au même diapason que celui de son client ou des clairvoyants présents. Si votre corps est pris de malaise ou d'inconfort, cela pourrait signifier que vous expulsez des images associées, mais cela pourrait aussi indiquer que votre corps a adopté l'état de souffrance et d'inconfort de votre client.

Lire une personne du sexe oppose' pourra aussi vous affecter si vous accordez l'énergie de votre organisme à son énergie. Vous pourrez vous sentir terriblement apathique ou nerveux, désabusé, en colère, et ainsi de suite. Le but du processus de syntonisation est simplement d'accorder une partie de votre chakra couronne à la vibration du client, ce qui ne veut pas dire d'adapter l'énergie de votre corps à la sienne. Pour séparer vos énergies respectives, refaites le tour de vos outils physiques : créez un élément protecteur/séparateur, et faites circuler vos énergies telluriques et cosmiques. Ensuite, rapatriez votre énergie personnelle dans votre organisme et imaginez que votre client fait de même (donnez des couleurs différentes aux deux énergies). De plus, vous devrez peut-être ouvrir les yeux un moment et observer les différences entre votre corps et celui de votre client pour vous prouver que vous n'habitez pas le même véhicule physique.

Saluez psychiquement votre client

Une fois que vous avez syntonisé votre client, « saluez-le » avec une représentation visuelle. Choisissez un élément amical et accueillant, comme un bouquet de fleurs ou un ballon orné d'un visage souriant. En imagination, affirmez que cet objet se rend là où se trouve l'esprit du client, puis observez pour Voir où il atterrit. Vous pouvez viser le chakra couronne du client et voir si l'objet s'y rend ou va ailleurs. Observez si votre salutation est acceptée, si elle vous est retournée, renvoyée sans avoir été ouverte, etc. Si votre salutation est refusée, essayez encore une fois, ou demandez à une autre visionneuse de vous montrer la raison du rejet. Si le client n'accepte toujours pas votre salut, il y a de bonnes chances pour qu'il soit réticent à accepter votre message.

Face à cette résistance, vous pourrez juger utile de mentionner ce que vous constatez. Choisissez vos mots et dites, par exemple : « Je vois autour de vous une énergie qui refuse que vous fassiez des changements ; elle pourrait même essayer de vous empêcher d'entendre ce que j'ai à vous dire. » Parfois, le simple fait de parler d'une résistance ou de mentionner la présence d'une interférence énergétique provoque son évacuation. Vous pouvez aussi aider votre client à évacuer sa résistance en l'équipant d'une corde d'ancrage et en vérifiant que l'énergie est bel et bien libérée. Après son expulsion, saluez de nouveau votre client et voyez ce qui se produit. Si l'accueil n'est pas chaleureux, tout n'est pas perdu. Le but de l'exercice n'est pas de vous faire aimer du client, mais de reconnaître son esprit et de mesurer à quel point il est ouvert autant à vous qu'à votre message. Si vous êtes conscient de sa résistance, vous éviterez de tomber dans le piège mortel consistant à vous blâmer parce que la lecture a été difficile.

Écoutez les questions du client

Certains clairvoyants préfèrent que le client présente les questions ou les problèmes qu'il voudrait aborder avant le processus de syntonisation. Pour ma part, je trouve utile de syntoniser mon client d'abord, et ensuite, de le laisser formuler ses questions, car en même temps qu'il parle, je me sers de sa voix pour épouser encore plus étroitement sa vibration essentielle. De cette manière, il m'est beaucoup plus facile de le lire, *lui*, plutôt que les autres énergies dans la pièce. Par ailleurs, pendant que le client pose ses questions, j'imagine qu'elles ne me sont pas uniquement adressées, mais qu'elles sont un appel qu'il lance à Dieu, à l'Univers et à son Soi supérieur pour obtenir des réponses. Ces réponses pourront lui parvenir par mon entremise, grâce aux visions clairvoyantes que je lui transmets, mais elles pourront aussi lui venir directement, soit par intuition ou expérience directe. En plus d'induire un état de détente profonde, le fait de fixer intensément mon attention sur la voix du client m'aide à me concentrer.

Le client doit-il poser ses questions au début de la rencontre ?

La réponse à cette question est complexe. Aux États-Unis, les écoles de formation en clairvoyance offrent toutes des lectures d'étudiants au grand public. Il s'agit de lectures structurées qui suivent un modèle ou un format prédéterminé (voir chapitre 16) ; elles durent en général entre quatre-vingt-dix minutes et deux heures. Dans certaines écoles, la période de questions est limitée aux dix ou quinze dernières minutes de la lecture. Quelques raisons expliquent cette contrainte.

D'abord, aux fins d'une formation clairvoyante, il est souvent utile que l'étudiant n'ait aucune information ni idée prédéterminée quant au sujet qu'il doit lire, et aucune restriction quant a ce qu'il peut Voir ou ne pas voir, et aux sujets qu'il peut ou non aborder. La question du client concentre l'attention de l'étudiant sur un seul point, ce qui pourra en éliminer une myriade d'autres. Le néophyte s'enlise facilement en répondant à une question, alors que ce n'est pas vraiment ce que le client recherche ou a besoin d'entendre. Les clairvoyants voient toutes sortes de choses, y compris des esprits et des blocages énergétiques dont les gens ne sont généralement pas conscients, mais qui jouent parfois un rôle essentiel dans leur vie. S'il n'est pas limité par des questions, l'étudiant sera plus spontanément porté à voir ces énergies et à en parler. Les clairvoyants plus expérimentés sont d'ordinaire conscients du problème ; ils autorisent les questions, mais gardent l'esprit ouvert, quitte à obtenir et à transmettre de l'information qui pourrait n'avoir aucune relation avec la question du client.

Dans une lecture, quand une cliente me pose une question qui me semble superficielle ou sans lien avec elle, par exemple : « Ma petite-nièce va-t-elle terminer ses études universitaires ? » j'essaie souvent de répondre rapidement à la question : « Oui, je vois une jeune fille de grande taille, aux cheveux roux, qui porte la toque des finissants et boit du champagne », mais je m'interroge ensuite en silence : « Pourquoi ma cliente se pose-t-elle cette question banale ? »

J'obtiens alors une réponse imagée où je verrai par exemple ma cliente voler la toque de finissante de sa parente tandis que celle-ci regarde ailleurs, puis tenter de s'enfuir et trébucher au bout de quelques pas. Quand je demande à cette image de m'expliquer ce qu'elle signifie, j'obtiens une autre image, celle d'un homme vêtu d'un uniforme militaire, dominant ma cliente de toute sa hauteur et lui tendant une serpillière. La cliente pourra alors me confier que son père, un militaire de carrière, était d'avis que les filles n'avaient pas besoin de faire des études.

Dans un tel cas, ceci peut m'indiquer que ma cliente semble en dépression. Je la vois debout devant son miroir, empêtrée dans des vêtements trop serrés. Elle a l'air épuisée au point de pouvoir à peine marcher. Je lui parle alors de la façon dont elle étouffe son désir d'apprendre et de vivre, comment elle écarte son désir d'étudier ou de décrocher un emploi plus stimulant. Elle pense que sa dépression est la cause de son inertie, mais c'est l'énergie de son père et la programmation qu'elle a endossée quarante ans auparavant qui lui ont imposé d'oublier ses rêves et d'être ménagère. Sa dépression n'est que le signe que sa voix intérieure est bâillonnée. Comme on le voit dans cet exemple, la question de la cliente au sujet de sa petite-nièce est en fait le point de départ qui me permet d'aborder les vraies questions. Dans ce contexte, la question est presque un symbole, une clé qui me sert à mettre la véritable question en lumière.

Le clairvoyant débutant qui n'est pas encore apte à décoder les questions pourra simplement répondre, pour reprendre l'exemple précédent, que la nièce terminera bel et bien ses études, sans élaborer. Un autre tentera de regarder l'avenir de la jeune femme, mais recevra à la place des informations concernant la dépression de la cliente et son désir de faire des études (car c'est ce que son esprit veut vraiment savoir). C'est très bien. Je préfère que le client aborde les vraies questions. Mais s'il est obsédé par une question, il pourra sombrer dans la confusion et le découragement s'il n'arrive pas à obtenir de réponse directe. Parmi les membres du personnel de l'une des écoles de clairvoyance que j'ai fréquentées, certains n'auraient même pas permis qu'on réponde à la question concernant la nièce. On aurait plutôt dit à la cliente que la lecture porte sur elle et qu'elle doit poser une question sur elle-même, sur ce qui lui tient vraiment à cœur. Cette politique déplaisait parfois aux clients ; ils se sentaient invalides, car ils ne comprenaient pas ce qui n'allait pas avec leur question.

Certains clients ont besoin de faire un peu connaissance avec le clairvoyant et d'établir Lui lien de confiance avant de se sentir assez à l'aise pour discuter de questions personnelles. En posant des questions apparemment sans importance ou qui concernent d'autres personnes, ils déterminent si vous êtes vraiment clairvoyant et s'ils peuvent vous faire confiance. Beaucoup de gens dissimulent leurs véritables interrogations derrière des questions banales. À mon avis, ce n'est pas réellement la responsabilité du client de poser la bonne question (bien que cela soit utile !), mais plutôt celle du clairvoyant. C'est lui qui doit apprendre à décoder la question (ou l'absence de question) de façon que le client reçoive le message dont il a réellement besoin. C'est un peu comme la relation entre un psychothérapeute et son client. Le patient vient confier des ennuis, des problèmes ou des questions, mais c'est au thérapeute a déchiffrer et à redéfinir les véritables problématiques. Si les patients pouvaient y arriver tout seuls en tout temps, ils n'auraient pas besoin de soutien professionnel. On peut dire la même chose de la relation entre le clairvoyant et son client.

Je sais que certains de mes professeurs seront en désaccord avec ce qui précède. L'un d'eux, un homme brillant et prospère, et l'un des guérisseurs les plus talentueux que je connaisse, demande a chacun de ses clients de remplir un questionnaire couvrant ses antécédents familiaux, ses activités actuelles, et les problématiques et préoccupations qui l'envahissent dans le moment. Le questionnaire fait comprendre au client que s'il veut les meilleures réponses, il a la responsabilité de s'assurer qu'il pose les bonnes questions. Le professeur en question peut ainsi plonger au cœur des problématiques de l'individu, sans perdre de temps la appliquer sa clairvoyance à la cueillette de données que ce dernier possède déjà. C'est beaucoup plus facile pour lui, car il n'est ni intéressé ni disposé à jouer au jeu « de la preuve ». En même temps, je sais qu'en dépit de ses affirmations, il découvre les véritables enjeux du client, même si celui-ci ne pose pas les bonnes questions. En fait, cet homme ne veut travailler qu'avec des étudiants en clairvoyance, ou des personnes conscientes de leur spiritualité qui travaillent réellement sur elles-mêmes. Il n'est même pas intéressé à lire la personne qui refuse de remplir le questionnaire.

Cette approche est certainement valable. Cependant, comme je l'ai déjà expliqué, aux fins de la neutralité et du développement psychique, je crois que les étudiants débutants devraient avoir le moins d'information possible sur leur client : ils se prouveront ainsi à eux-mêmes — et à eux-mêmes seulement — que l'information qu'ils reçoivent provient de leur clairvoyance plutôt que de leur esprit rationnel. Quand vous aurez trente ans de pratique à votre actif (en fait, beaucoup moins), vous adopterez l'approche qui vous plaira !

La plupart des gens ont effectivement des questions, et ils seront frustrés si on ne leur dorme pas la chance de les poser. Si on leur dit d'entrée de jeu qu'ils pourront poser des questions plus tard durant la session, ils vont se détendre, car ils savent qu'au bout du compte, ils obtiendront des réponses. D'ailleurs, la plupart des questions trouvent souvent réponse en cours de lecture, et quand vient la période de questions, il arrive que le client n'en ait plus. Si vous appliquez un modèle prédéterminé, c'est toujours une bonne idée de laisser au client la possibilité de poser au moins une ou deux questions en fin de lecture.

Dans certaines écoles de formation où l'on offre des lectures faites par des étudiants, les questions ne sont autorisées qu'en fin de lecture ; dans d'autres, on préfère que le client les pose au début. Pour ma part, j'ai constaté que si je pose mes questions dès le départ, la rencontre est plus satisfaisante pour moi en tant que cliente, car je suis immédiatement soulagée et j'ai confiance que mes préoccupations seront abordées. Par ailleurs, de cette manière, les Clairvoyants ont tendance à se concentrer sur les sujets qui m'intéressent le plus. Dans l'ensemble, néanmoins, la qualité d'une lecture ne varie pas beaucoup selon l'approche. Dans une lecture professionnelle, il arrive souvent que le client n'ait pas de questions ou qu'il attende de voir ce que vous avez à dire avant d'en poser. En fonction de votre formation, plus vous donnerez des lectures, plus vous aurez d'occasions d'expérimenter votre modèle et le déroulement de la rencontre, et de déterminer ce qui vous convient le mieux.

Vous êtes un détective

Il est important de comprendre que la clairvoyance fonctionne en vous fournissant des indices sous forme d'images. Chaque fois que vous voyez un indice, vous devez lui demander de vous en dévoiler un autre. Ne vous attendez pas à ce que toute la réponse vous soit révélée dans une seule forme de pensée. À l'occasion, vous percevrez des pensées ou des messages auditifs, ce qui est formidable, mais même en ce cas, vous validerez systématiquement toute information non visuelle en enquêtant plus avant. Les images mentent rarement, alors que les messages auditifs sont moins fiables, étant donné qu'ils peuvent provenir d'une source extérieure à vous et à votre client — les visions clairvoyantes viennent parfois d'autres êtres, mais c'est beaucoup moins fréquent (voir chapitre 24). De plus, sachez que vous ne comprendrez pas souvent le sens de vos visions. Dès que vous constatez que vous essayez d'interpréter logiquement les images, arrêtez-vous, débranchez votre analyseur, créez et détruisez quelques roses sur votre écran de lecture, et dites-vous que vous allez simplement chercher des indices visuels.

Comme nous l'avons vu dans les chapitres précédents, il vous arrivera bien des fois de ne pas savoir ce que vos visions clairvoyantes signifient : en effet, ce sont des symboles qui n'ont de sens que pour le client, et ce dernier ne veut peut-être pas que vous connaissiez les détails de sa vie. C'est tout à fait correct : vous n'avez pas à savoir tout ce qui le concerne. L'important, c'est d'attendre qu'une image apparaisse ou qu'un changement se produise dans votre rose/visionneuse et de décrire exactement ce que vous voyez. C'est en cela que consiste votre travail, vous n'avez rien à faire de plus.

Également, rappelez-vous que vous n'êtes pas responsable de ce que vous voyez. Vous devenez responsable si vous glissez dans l'interprétation rationnelle, car vos interprétations sont soit justes, soit erronées. Après quelques lectures, vous serez plus à même de faire la distinction entre votre intuition qui vous transmet des indices révélateurs, et votre esprit logique qui tire ses conclusions. Laissez le client tirer ses propres conclusions. Si vous sentez qu'il n'a aucune idée de la signification de ce que vous voyez ou évoquez, demandez a l'image mystérieuse de clarifier son sens à l'aide d'une autre image. Vous aurez beaucoup de visions qui n'auront jamais vraiment de sens, et c'est bien ainsi. Il est humain de vouloir tout comprendre. Votre tâche de clairvoyant n'est pas d'avoir toutes les réponses, mais de prendre du recul, d'observer et de décrire ce que vous voyez sur votre écran de lecture.

Lire avec une question ou un problème en tête

La technique de base est la même que celle qui s'applique quand vous faites une lecture avec une série de questions prédéterminées, ou que vous regardez simplement ce qui apparaît pour le client. Vous trouverez au chapitre 16 des modèles ou formats de lectures fréquemment appliqués. Aux fins du présent chapitre cependant, j'illustrerai le déroulement d'une lecture moins formelle.

Imaginons que vous avez déjà syntonisé votre cliente et que vous

LIRE L'ÉNERGIE D'UNE AUTRE PERSONNE

l'avez saluée spirituellement. Il est temps de débuter. La dame vous dit qu'elle se demande quoi faire de sa vie. Elle veut savoir si elle devrait changer de profession. Comme les deux questions sont reliées, je vous suggère de regarder d'abord la question plus spécifique, étant donné que la réponse pourra éclaircir la question générale.

Créez sur votre écran de lecture l'image d'une rose en cristal transparent. Elle vous fournira la réponse à la question sur la carrière. Inspirez profondément, détendez-vous et observez la rose pour voir ce qui se produit. Observez si elle se teinte d'une couleur. Si vous voyez une couleur ou si vous en percevez une, même légèrement, demandez-lui de vous montrer une image ou une représentation. Inspirez a nouveau profondément et observez patiemment la rose. Observez si la rose change : s'ouvre-t-elle ? Se ferme-t-elle ? Est-ce qu'elle rapetisse ou grossit démesurément ? Est-ce qu'elle bouge, disparaît, devient plus brillante ? Est-ce qu'un pétale apparaît ou disparaît ? Voyez-vous plus d'une couleur ? Tout changement, tout image ou petit détail que vous remarquez est une piste pour obtenir des renseignements plus précis.

Quand vous remarquez des changements, choisissez-en un et approfondissez-le. Vous pouvez procéder de deux façons : la première consiste à observer patiemment l'indice le plus intéressant (par exemple, l'éclosion de la rose) pour voir ce qui s'ensuit. C'est une bonne méthode si la rose est active, qu'elle change, et que les images apparaissent facilement.

La seconde méthode consiste à détruire la rose en imaginant qu'elle explose en mille morceaux. Créez ensuite une nouvelle rose et demandez-lui de vous montrer la signification de l'éclosion de la rose que vous venez de détruire. Chaque fois que vous détruisez un objet et que vous en créez un autre, vous pratiquez vos « muscles » de visualisation, en plus d'imprimer un mouvement à l'énergie. Vous développez vos facultés clairvoyantes tout en augmentant le débit de l'énergie idoine. Chaque fois que vous avez l'impression d'être bloqué, que vous avez de la difficulté à voir, que vous ressentez un sentiment de frustration ou d'incompétence, détruisez ce que vous êtes en train de regarder et créez une nouvelle rose. Elle vous fournira des images qui clarifieront ce que vous voyez ou ce que vous avez de la difficulté à voir.

Si rien n'apparaît ou que vous ne voyez que du noir en observant patiemment la rose, sachez que ce « rien » est en fait quelque chose. Détruisez la rose, créez-en une autre qui représente ce néant ou cette noirceur, et demandez-lui de vous montrer une image pour clarifier la situation. Continuez jusqu'à ce que quelque chose apparaisse. Sachez que dès que vous verrez un changement dans la rose, vous aurez utilisé votre clairvoyance. Par la suite, vous ne pourrez plus jamais dire, ni même penser, que vous n'êtes pas clairvoyant!

Une fois que vous êtes satisfait de l'information que vous avez vue et transmise quant à la profession de la cliente, placez les images que Vous venez de regarder dans une visionneuse et faites exploser cette dernière. Créez ensuite une nouvelle visionneuse qui vous révélera la réponse concernant le chemin de vie de la cliente. Étant donné que la carrière d'une personne englobe l'objectif le plus large de son existence, vous avez vraisemblablement déjà abordé certaines de ces questions en parlant de la profession de la cliente. Cependant, vous pouvez quand même vous pencher davantage sur ce point pour voir ce qui en ressort. Dans ce cas de figure, pour vous guider, vous pourrez aussi choisir de vous servir d'une partie du « modèle de lecture du chemin de vie » présenté au chapitre 16.

Connaissance infuse

Il vous arrivera de percevoir l'information sur le plan de la connaissance intuitive ou sous forme de message auditif. Une pensée vous traversera l'esprit, par exemple « cette personne est infirmière », et elle sera tellement claire que vous vous sentirez obligé de l'exprimer. Vous pouvez informer la cliente de la provenance de l'information. Ce n'est pas votre clairvoyance, mais plutôt une qualité de votre chakra couronne, *la connaissance infuse*. C'est l'information instantanée. Certains sont plus habiles que d'autres dans le domaine. Dans mon programme de formation, j'avais un bon ami qui recevait souvent des bribes instantanées d'information quand le client disait son nom. L'information était très directe et tout à fait juste. Mon ami préférait recevoir l'information par son chakra couronne, plutôt que par son troisième œil. Pour ma part, j'aime bien demander que l'information reçue sous forme de pensées me soit confirmée par une vision clairvoyante. Je suis alors certaine que ce n'est pas mon esprit rationnel qui les fait naître, ou que l'information donnée par les esprits n'est pas erronée, ce qui se produit parfois.

Transmettre l'image à votre client

Certains Clairvoyants préfèrent observer leur rose/visionneuse et regarder les images un moment avant d'en parler, tandis que d'autres décrivent tout ce qu'ils voient dès qu'il y a une manifestation. J'ai constaté que les étudiants qui préconisent cette seconde approche ont tendance à progresser plus vite, parce qu'ils n'ont pas le temps d'analyser chaque élément et de juger s'il mérite ou non d'être mentionné. Ils se censurent moins, et par conséquent, laissent mieux circuler l'information. Vous découvrirez qu'en parlant de ce que vous voyez, de plus en plus d'images vous apparaîtront.

Pour ma part, j'ai constaté que plus je parle, plus je vois d'images. J'ai même déjà craint que les images ne viennent pas si je restais silencieuse. Il est vrai que si on parle librement de tous les détails qui apparaissent et qu'on suit le « fil de sa pensée », l'information clairvoyante coule de source. Après huit ans de lectures psychiques, je privilégie encore cette approche — lire et transmettre simultanément — et je vous encourage à faire de même, peu importe à quel point les images vous paraissent insignifiantes ou ridicules.

Je censure ce que je reçois dans un seul contexte, à savoir quand je sens que mes paroles auront un profond impact sur la vie de mon client. Si une cliente me demande si un proche va mourir ou si son mari a une aventure, j'observe mes images et j'en obtiens confirmation en demandant d'autres images prouvant la véracité de la première vision avant de révéler l'information (voir chapitre 21).

Dépassez les blocages de la communication

L'énergie peut gêner vos lectures, soit en compliquant l'accès aux données visuelles, soit en vous empêchant de communiquer l'information au client. Au début de ma formation, je me suis maintes fois retenue de partager de précieux renseignements. Comme nous lisions en groupe, une foule de pensées me venaient pour inhiber mon expression. Il arrivait que je taise une information parce que j'avais l'impression que ce n'était pas mon tour de parler ou que je parlais trop, ce que les autres jugeaient irritant. Je m'inquiétais aussi de dire ce qu'il ne fallait pas, ou de donner une information qui bouleverserait le client.

En faisant des lectures psychiques, vous serez souvent confronté à de telles préoccupations. L'important, c'est de prendre conscience que vous voyez quelque chose et que vous ne voulez pas le partager. Aussitôt que vous le constatez demandez-vous pourquoi. Si c'est parce que vous craignez de faire erreur, ou si vous appréhendez la réaction du client, je vous recommande de vous servir de vos outils psychiques. Créez et détruisez quelques roses devant votre cinquième chakra. Vérifiez dans quel chakra ou dans quelle partie de votre corps vous vous situez. Ancrez-vous à nouveau et affirmez que vous chassez l'énergie qui ne veut pas que vous communiquiez avec le client. Ensuite, obligez-vous à décrire ce que vous voyez. N'oubliez jamais qu'il y a une raison derrière tout ce que vous voyez.

Par ailleurs, chaque fois que vous abordez un sujet qui vous effraie, vous devenez plus fort comme clairvoyant et comme être humain, et les énergies présentes qui vous font hésiter ont alors moins d'emprise sur vous. Après quelques années, vous n'hésiterez presque jamais à parler de ce que vous voyez. D'ici là, il y aura évidemment des moments où vous n'arriverez pas à communiquer ce que vous voyez. C'est bien ainsi, parce qu'inévitablement, vous découvrirez au moment opportun que vous étiez tout à fait dans le mille. Dans ce cas, ne vous fustigez pas trop : vous saurez quand vous exprimer à l'avenir.

Ne cherchez pas la validation du client

Dans le cadre d'une lecture, vous ne devez jamais tomber dans le piège de chercher à vous faire valider par le client. Je n'insisterai jamais assez là-dessus! Chercher à se faire valider est une pratique problématique pour plusieurs raisons.

D'abord et avant tout, le client n'est pas là pour vous faire du bien. Ce serait injuste de lui faire porter une telle responsabilité. Il est là pour recevoir, et vous pour donner, non l'inverse. Vous profiterez de la lecture en vous servant de vos outils, en évacuant vos images associées, en explorant, en découvrant et en apprenant — pas en récoltant les flatteries de votre client.

Ensuite, la réaction du client n'est pas toujours juste. Au début, bien des gens ne savent pas de quoi on parle. Ils disent qu'on a tort, que les choses ne sont pas ainsi, alors qu'en fait, on a parfaitement raison. Ainsi dans une lecture, je voyais des images de la cliente qui maigrissait de plus en plus. Je la voyais repousser la nourriture et même vomir dans une toilette. Or, la cliente a nié avec véhémence quand e lui ai dit qu'elle avait un trouble de l'alimentation. J'ai laissé les images s'effacer et j'ai répondu à une de ses questions. Mais les mêmes images sont réapparues quelques minutes plus tard. Par conséquent, j'ai à nouveau suggéré à la cliente qu'elle souffrait d'un «trouble de l'alimentation». Cette fois, elle s'est mise en colère. Il s'agissait d'une lecture de groupe, et je sentais que les autres étudiants étaient mal à l'aise et qu'ils se demandaient pourquoi je ne me taisais pas, tout simplement. J'en étais incapable. À l'époque, j'avais suffisamment d'expérience pour savoir que si ces images indésirables persistaient à revenir sur mon écran de lecture, elles le faisaient pour une raison précise : elles avaient un sens. Finalement, après ma troisième tentative pour aborder la question, la cliente a avoué qu'elle n'avait pas de trouble de l'alimentation, mais des problèmes digestifs...

Lors d'une autre lecture, j'ai vu ma cliente vêtue d'un uniforme blanc et portant un plateau chargé d'instruments médicaux. Je lui ai dit qu'elle était quelque chose comme assistante médicale, ce à quoi elle a rétorqué que je me trompais. Sa réponse m'a désarçonnée et a ébranlé ma conviction. Ce n'est qu'une heure plus tard qu'elle m'a dit : «Vous savez, je crois que l'image que vous avez vue a du sens, parce qu'en fait, je suis assistante dentaire.» Si elle n'avait rien dit, je me serais probablement demandé le reste de ma vie pourquoi j'avais vu cette image. Mais je lisais depuis assez longtemps pour savoir que la seule raison dictant la réception d'images aussi claires était leur rapport avec la cliente. Ces deux exemples démontrent donc l'importance de décrire ce qu'on voit sans tirer de conclusion logique. Laissez ce soin a vos clients.

En fait, ces derniers vous respecteront davantage si vous ne cherchez pas à obtenir une confirmation de leur part : il sera clair que vous recueillez réellement vos propres informations au lieu de les manipuler pour qu'ils Vous confient lieurs secrets. Dans une lecture, vous parlez au client de lui-même, et non l'inverse. Bien sûr, chacun est différent. Certains seront tellement excités quand vous « taperez dans le mille » qu'ils vous raconteront exactement ce qu'ils vivent et vous confirmeront la parfaite exactitude de votre description. Mais plusieurs resteront totalement silencieux, ce qui est tout aussi correct. Je sais qu'on aime être validé, mais quand c'est une dépendance, elle engendre de sérieux inconvénients. J'exige de mes étudiants une discipline de fer et le respect des règles suivantes.

1. N'ouvrez jamais les yeux en cours de lecture et ne regardez pas le client une fois la lecture commencée. Le fait d'ouvrir les yeux vous tirera de votre transe. Vous serez moins bien ancré et vous serez attiré hors de votre espace de neutralité dans un espace de guérison. Certaines personnes ont beaucoup de difficulté avec cette consigne parce qu'elles aiment sentir une connexion émotionnelle profonde avec les gens. Or, la neutralité étant la clé de la lecture juste, le degré de neutralité et d'exactitude décroît en proportion directe du temps consacré à regarder le client.
2. Ne demandez jamais au client de confirmer l'information (la consigne est difficile). Par exemple, ne demandez pas : « Faites-vous ce genre de travail ? » ou « Est-ce que c'est vrai que votre petit ami vous bat ? »
3. Ne posez qu'un minimum de questions sur la vie du client.
4. Lisez autant que possible avec d'autres clairvoyants (voir chapitre 17).

Résolution de problèmes

J'obtiens des images qui n'ont aucun sens pour moi ; quand je demande des éclaircissements, je reçois d'autres images qui n'ont guère plus de sens.

Il y a une raison derrière ce phénomène, mais elle n'a rien à voir avec votre talent de clairvoyant. Il est plus probable que cela concerne le client ou vos images associées — probablement les deux. Il n'y a aucun problème. Contentez-vous de décrire ce que vous voyez, même si le client ne saisit pas parfaitement le sens de votre vision. Il arrive qu'il ne veuille pas qu'on comprenne ce qu'on voit, bien que le sens lui soit parfaitement intelligible. Dans certains cas, d'autres énergies sont présentes qui ne veulent pas que vous voyez, car cela pourrait signifier que le client voudra les expulser.

Si vous n'obtenez toujours rien en persistant à demander des éclaircissements sur le sens de ce que vous voyez, demandez au client s'il comprend de quoi vous parlez. S'il dit non (soyez conscient que parfois, les gens nient alors qu'ils savent, ou qu'ils comprennent seulement plus tard de quoi vous parliez), demandez à votre visionneuse : « Qu'est-ce qui m'empêche de comprendre mes images ? » La plupart du temps, le client vous dira néanmoins qu'il sait très bien de quoi vous parlez. Dans ce cas, je vous déconseille de vous exclamer : « Eh bien ! Expliquez-moi, parce que je n'ai aucune idée de ce dont il est question. » Soyez plutôt rassuré : vous êtes sur la bonne voie. Poursuivez la lecture avec confiance et assurance.

Que dois-je faire quand le client me dit que je fais erreur ?

Imaginons que vous venez de donner une information clairvoyante détaillée a votre client et qu'il vous dit que vous faites erreur. Vous pouvez gérer la situation de plusieurs façons. Vous pouvez réviser d'abord votre information. Créez une rose représentant l'information supposément erronée, puis demandez les couleurs et les images qui vous aideront à confirmer L'information, ou à comprendre pourquoi il y a contradiction.

Peut-être que cette deuxième série d'images et une transmission différente du message aideront le client à comprendre ce dont il est question.

J'ai donné un nombre étonnamment élevé de lectures à des femmes maltraitées ou violentées par leur conjoint concernant leur relation de couple. Dans certains cas, quand je voyais l'image d'un homme frappant la cliente, celle-ci insistait pour dire que je faisais erreur. Je détruisais les roses, j'en créais d'autres et j'observais à nouveau leurs interactions. Je voyais alors des images similaires, mais il arrivait qu'un détail clarifie mon propos. En une occasion où la cliente niait catégoriquement la violence de son petit ami à son égard, j'ai vu en réexaminant leur relation, des images d'un sac a main et un homme qui le vidait de son contenu. La cliente a alors avoué que son petit ami avait fouillé dans son sac a son corps défendant, car il cherchait la preuve qu'elle avait une liaison. Une partie de ses défenses venait de tomber. J'ai ensuite vu une autre image violente où il lui tirait les cheveux. Elle a admis que c'était déjà arrivé. Comme j'avais trois images confirmant séparément la première, j'étais certaine que j'avais raison à propos de l'abus. Il suffisait de faire preuve de patience et de persévérance pour ouvrir une brèche dans le déni de la cliente.

Je ne dis pas que vous (ou moi) n'aurez jamais tort. Vous pourrez mal interpréter vos images et laisser, à l'occasion, vos propres points de vue biaiser votre lecture. Ce que je dis, c'est qu'il pourra y avoir d'autres explications, et qu'il est important de les étudier avant de faire fi de l'information reçue et de mettre votre clairvoyance en doute.

Autonomisation versus résolution de problèmes

Comme je l'ai mentionné dans d'autres chapitres, l'orientation de votre questionnement intérieur déterminera souvent les réponses que vous obtiendrez dans votre pratique. Si vous cherchez les problèmes dans la vie d'tin individu, vous les trouverez, tout comme vous verrez les solutions si vous cherchez ce qui fonctionne dans sa vie. Comme clairvoyant, vous avez le choix de lire à partir d'un espace de validation ou de résolution de problèmes. Lire du point de vue de la validation ne

LIRE L'ÉNERGIE D'UNE AUTRE PERSONNE

signifie pas qu'on ne tient pas compte des aspects pénibles de la vie du client, mais qu'on se tourne plutôt vers ce qui lui donne accès la son pouvoir personnel. Pareillement, vous avez le choix de communiquer les images que vous voyez en adoptant un discours positif et optimiste, ou négatif et pessimiste.

Un problème devient un problème quand on le considère comme tel. Certains clients, tout comme certains Clairvoyants, sont totalement concentrés sur leurs problèmes. Si vous vous surprenez à penser d'une cliente : « Seigneur, pauvre fille ! Sa vie est un tel désastre ! » ou si vous êtes tellement bouleversé que vous êtes incapable de l'aider, vous pouvez être assuré de deux choses. Premièrement, vous avez perdu votre neutralité. Vous devez revenir au centre de votre cerveau, vous ancrer à nouveau, créer et détruire quelques visionneuses devant votre quatrième chakra (celui du cœur). Deuxièmement, prenez conscience que vous êtes dans un espace de résolution de problèmes. Créez une rose et remplissez-la de l'énergie des problèmes de la cliente. Repoussez ce réceptacle le plus loin possible avant de le détruire. Choisissez ensuite de lire l'énergie de ce qui fonctionne bien pour la cliente. Si elle s'objecte à vos suggestions clairvoyantes et affirme que ce que vous suggérez ne fonctionnera pas, créez une rose et demandez-lui de vous montrer ce qui retient la cliente. Décrivez ce que vous voyez, puis lâchez prise.

Il est important de vous rappeler que « vous pouvez conduire un cheval à l'abreuvoir, mais vous ne pouvez pas l'obliger à boire ». Sur le plan énergétique, plusieurs clairvoyants essaient de forcer leurs clients à « boire » ; en dépit de leurs bonnes intentions, ils finissent épuisés, vidés et saturés. Vous n'avez pas la responsabilité de résoudre les problèmes de votre client, ni ceux de personne d'ailleurs. Vous êtes simplement là pour « éclairer sa lanterne ». N'oubliez pas que les problèmes n'existent pas : un problème est simplement la définition cognitive qu'on donne à la réaction émotionnelle d'un individu face à une situation donné. L'un considérera une situation comme un problème, l'autre comme un défi, et un troisième comme une aventure amusante ou stimulante. L'énergie problématique, c'est l'énergie qui stagne.

Conclure la lecture

La lecture se termine quand vient le moment prédéterminé pour conclure ou, dans le cas d'une lecture structurée, quand vous avez complété les étapes, ou que vous avez le sentiment d'avoir recueilli toute L'information pertinente et que vous constatez que vous vous répétez.

Action suggérée

Pour aider mes clients à atteindre leurs buts, j'aime bien terminer la lecture en leur suggérant un geste ou une action. Il pourra s'agir d'une solution à un problème abordé en cours de lecture ou d'un nouvel élément d'information utile. Pendant toute la rencontre, il est bon d'adopter une approche axée sur l'action et de toujours être psychiquement en quête de gestes que le client peut poser. Par ailleurs, il est aussi profitable d'indiquer au client en fin de lecture quelques « prochaines étapes » qui le laisseront avec un sentiment d'autonomisation. En suggérant deux ou trois gestes ou actions simples, vous aiderez le client à comprendre que même si vous lui avez fourni certaines réponses, il n'y a que lui qui puisse réellement transformer sa vie. C'est aussi le signal que la lecture arrive à terme.

Technique

Créez simplement sur votre écran de lecture une rose qui représente un geste utile. Observez sa couleur. Décrivez la couleur et les images qui vous viennent.

Récitez une prière et souhaitez bonne chance à votre client

Je conclus toujours mes lectures par une prière simple et brève qui va à peu près comme ceci : « Je vous remercie. Dieu, pour toute l'aide que Vous nous avez apportée durant cette lecture. J'invite maintenant mon énergie à me revenir intégralement et l'énergie de (nom du client) à lui revenir intégralement. Que cette lecture se termine avec la bénédiction de l'Être suprême. »

La prière de gratitude jumelée aux mots « cette lecture se termine » indiquent aux deux partis (et aux guides présents dans la pièce) que la lecture est terminée. En disant tout haut que vous rapatriez votre énergie et que vous rendez son énergie au client, vous lui laissez savoir que votre échange énergétique est terminé. Vous le renforcez et vous lui faites prendre conscience de ses frontières. Dans les faits, vous lui dites : « La lecture se termine ici, et je ne rentre pas à la maison avec vous. » Après la prière, vous pouvez remercier le client de vous avoir donné l'occasion de le lire. Vous pouvez aussi lui remettre votre carte de visite et vous faire payer, si ce n'est pas déjà fait (voir chapitre 23). Raccompagnez-le ensuite jusqu'à la porte. Vous êtes maintenant prêt à prendre une « douche énergétique ».

Douche énergétique

À la fin d'une lecture, il est impératif de séparer votre énergie de celle de votre client : autrement, vous pourriez compromettre votre santé physique et émotionnelle, et la sienne. Le processus de nettoyage consiste en techniques de visualisation qui rappellent à votre corps et à votre esprit que vous êtes une entité séparée du client. Ainsi, vous ne continuez pas à lire et à guérir cette personne éternellement. Ces techniques vous aident également à rapatrier votre énergie et à retourner son énergie au client, en plus de vous aider à rappeler votre karma et les autres énergies au moment présent. Elles vous aident enfin à dissoudre vos images associées et à évacuer toute énergie émotionnelle qui pourrait avoir émergé en cours de lecture

Il vaut mieux procéder au nettoyage immédiatement après la lecture. Si vous continuez à penser à la lecture ou au client et à vous en inquiéter, c'est le signe que vous n'avez pas rompu les liens énergétiques comme il se doit. Comme je l'ai mentionné dans de précédents chapitres, chaque fois que vous pensez à quelqu'un ou à quelque chose, sur un certain plan, votre énergie est en contact avec cette personne ou cette chose. Une fois que vous aurez complété et réussi le processus de nettoyage, vous constaterez que vous êtes davantage au moment présent et que vous ne ressentez presque pas le besoin de revenir sur la lecture qui vient de se terminer. Quelques minutes plus tard, elle vous apparaîtra comme un événement lointain.

Nettoyage énergétique

Nettoyez votre corde d'ancrage

Examinez d'abord, par clairvoyance, votre corde d'ancrage. A-t-elle changé depuis que vous l'avez créée ? Présente-t-elle des trous ou des sections difficiles à voir ? Est-ce que certaines couleurs ont changé par rapport la vos choix originaux ? Votre corde s'est-elle renforcée ; est-elle plus solide et plus vibrante ? Prenez mentalement note de vos observations, puis dites-lui au revoir. Voyez-la exploser en mille miettes. Créez ensuite une corde d'ancrage « après lecture » pour le temps présent, et dans votre imagination, inscrivez votre nom dessus.

Nettoyez votre écran de lecture

Sur votre écran de lecture, créez et détruisez le plus rapidement possible vingt roses au moins. Commencez dans le coin supérieur gauche et couvrez l'écran de gauche à droite et de haut en bas. Affirmez en même temps que vous nettoyez votre sixième chakra et que vous déplacez toute énergie accessoire accumulée sur votre écran de lecture ou ailleurs dans votre organisme en cours de lecture. Puis, détruisez votre écran et créez-en un nouveau.

Nettoyez le centre de votre cerveau

Vérifiez où vous êtes dans votre corps. Imaginez que vous envoyez une rose au centre de votre cerveau. Envoyez votre esprit directement à sa suite de façon qu'il vienne se poser au centre de votre crâne, derrière votre troisième œil. Observez d'où la rose et vous arrivez. C'est à partir de cette position que vous avez donné la dernière partie de votre lecture. Observez la différence entre votre ressenti, au centre de votre cerveau, par rapport a votre ressenti là où vous étiez juste avant. Si vous constatez que vous avez de la difficulté à revenir de cet endroit, créez une grosse rose jaune adhésive et servez-vous en pour nettoyer le centre de votre cerveau. Imaginez qu'elle aspire la saleté de votre cerveau comme le ferait un aspirateur. Voyez-la circuler dans votre cerveau comme si elle se trouvait dans un lave-linge ou un sèche-linge. Regardez quelles couleurs s'accumulent sur elle. Une fois qu'elle paraît saturée, détruisez-la et créez-en une autre. Répétez au besoin.

Faites la séparation

De votre position au centre de votre cerveau, créez sur votre écran de lecture une rose qui représente votre client. Au centre de la rose, visualisez un aimant très puissant. Cet aimant va magnétiser vers lui toute l'énergie de votre client restée dans votre aura. Voyez la rose se remplir de cette énergie et devenir de plus en plus grosse. Visualisez le visage de votre client dans la rose et dites-lui au revoir. Remerciez-le des leçons et de l'expérience qu'il vous a apportées, puis dites-lui fermement que la lecture est terminée. Vous pouvez aussi visualiser votre corps et voir l'énergie de votre client, et toute autre énergie étrangère associée, quitter votre corps pour aller dans la rose. Quand celle-ci est entièrement remplie, détruisez-la et observez-la tandis qu'elle explose en mille étincelles de lumière.

Créez ensuite une rose qui vous représente. Visualisez votre visage à l'intérieur de la rose et inscrivez votre nom dessus. Placez un énorme aimant au centre de la rose. Affirmez que vous rappelez à vous toute votre énergie qui pourrait rester dans l'aura de votre client ou ailleurs. Voyez votre énergie qui revient dans la rose et observez tandis que celle-ci se remplit graduellement. Ancrez la tige de la rose profondément dans la planète et observez tandis que l'énergie superflue est drainée par la tige. Puis, prenez la rose et posez-la au sommet de votre crâne. Faites-la exploser en mille étincelles de lumière, et visualisez cette lumière qui pénètre dans votre chakra couronne et descend jusqu'au bout de vos orteils. Observez tandis que la lumière remplit vos pieds, vos chevilles, vos mollets, vos cuisses, votre torse, votre cou, votre tête, vos épaules, vos bras, vos mains, vos doigts et vos cheveux, et qu'elle déborde dans votre aura et le long de votre ancrage.

Notez cinq différences physiques

Sur votre écran de lecture, visualisez le client et vous-même, puis notez au moins cinq différences physiques entre vous. Prenez-en note. Par exemple, remarquez que vous êtes différents sur le plan de la couleur des cheveux, des traits du visage, de la taille, ou même de la voix. Votre client a peut-être des taches de rousseur, un grain de beauté, ou il lui manque une dent, il a les pieds plus grands ou plus petits, etc. Décrivez vos différences en silence ou à haute voix. Imaginez que vous prenez un stylo et que vous dressez la liste de ces différences. Voyez chaque point inscrit sur la liste. Ensuite, déchirez mentalement la liste, mettez-y le feu et voyez-la se consumer. En notant les différences entre le corps du client et le vôtre, vous vous rappelez que vous êtes vous, et non pas l'autre. S'il vous arrivait d'éprouver de la difficulté' à faire cette séparation, faites l'exercice en vous servant d'une vraie feuille de papier et d'un stylo réel pour dresser votre liste, et détruisez-la ensuite en la faisant brûler pour vrai.

Travaillez avec le karma

Créez une rose représentant la relation qui existe entre votre client et vous. Visualisez un anneau d'or qui flotte légèrement au-dessus de la rose. Imaginez qu'il manque un morceau à l'anneau. Affirmez que vous attirez au moment présent tout le karma que vous avez avec ce client, sa famille et ses guides spirituels. En essence, vous complétez votre karma avec eux. Voyez l'énergie de ce karma combler le vide de l'anneau d'or. Quand l'anneau d'or est réparé, laissez-le tomber dans la rose.

Mettez un terme à votre communication

Imaginez qu'il y a un téléphone sur le dessus de la rose. Vous êtes prêt à mettre un terme à votre communication télépathique avec le client et avec tout ce qui se trouve dans son espace—être ou chose. Imaginez que vous cassez le téléphone en petits morceaux et que vous coupez le fil. Jetez le téléphone dans la rose. Prenez la rose et observez-la tandis qu'elle rapetisse de plus en plus, jusqu'à n'être plus qu'un petit point. Imaginez que vous la regardez à la loupe. Visualisez la lumière du soleil qui brille à travers la loupe et qui enflamme la rose. Elle se consume jusqu'à n'être plus que cendres. Imaginez un coup de vent qui éparpille les cendres dans le ciel.

Revenez au moment présent

Créez une nouvelle rose. Inscrivez dessus la date et l'heu.re. Imaginez que vous déposez la fleur dans votre chakra du cœur. Elle prend de l'expansion jusqu'à envelopper tout votre être. Sachez que vous—votre corps, votre intellect et votre esprit—êtes dans le présent et prêts pour votre prochaine aventure.

Réitérez votre intention (facultatif)

Sur votre écran de lecture, faites apparaître la rose que vous avez créée en début de lecture, celle qui représentait votre intention ou votre souhait pour la lecture. Créez une rose que vous nommerez « rose après lecture ». Observez si les deux roses sont identiques ou différentes. Vous pouvez donner une lecture à votre « rose après lecture » pour voir quels changements se sont produits en vous. Créez ensuite une nouvelle intention pour le reste de la journée ou pour l'avenir (voir chapitre 12).

CHAPITRE 15

LIRE LES RELATIONS

La lecture des relations est axée sur la relation entre le client et une personne qui est absente lors de la rencontre (pour les lectures de couples où les deux partenaires sont présents, voir le chapitre 18). Quatre-vingts pour cent des questions de mes clients portent sur les relations. Parfois, on veut savoir quand on rencontrera l'amour et parfois, où s'en va la relation actuelle ou pourquoi on a tant de difficulté à oublier une relation passée. On veut savoir ce qu'il en est de ses relations avec ses enfants, ses parents, ses collègues de travail, son mari, sa femme, son amant, sa maîtresse, ses patrons, ennemis, professeurs, et ainsi de suite. Peu importe la nature de la relation, on peut appliquer la même technique pour accéder par clairvoyance à de l'information concernant une relation passée, présente ou à venir.

Syntoniser le client et la personne

Appliquez la technique décrite au chapitre précédent et syntonisez le client. Sur votre écran de lecture, créez une rose en verre transparent. Invitez le client à donner son nom et sa date de naissance. Observez la couleur de la vibration du client, ou de son esprit, qui vient teinter la rose. Donnez cette couleur à votre chakra couronne. puis imaginez que vous écrivez le nom du client sous cette rose. Ensuite, déplacez-la à l'extrémité gauche de votre écran.

Créez une nouvelle visionneuse en forme de rose et demandez au client de dire le nom de son ou sa partenaire. Demandez-lui de prononcer le prénom et le nom de famille de la personne à haute voix. Si le client ne connaît pas le nom au complet ou s'il ne veut pas le dire (cela pourra sembler étrange, mais cela se produit plus souvent que vous ne pourriez le penser), affirmez simplement que l'énergie de la personne apparaît dans la rose. Ensuite, observez la rose pour voir si une couleur se présente. Quand vous voyez une couleur, inscrivez le nom de la personne sous la rose, si vous le connaissez.

Étant donné que les gens entretiennent plusieurs relations, il arrive parfois qu'on ne sache pas si on syntonise bien la bonne personne. Si vous en êtes à vos débuts, vous découvrirez souvent que vous ne lisez pas la personne que le client a mentionnée tout haut, mais une autre qui a joué un rôle important dans sa vie. C'est pourquoi il est utile de demander à la rose représentant la personne absente de vous montrer un symbole afin que le client et vous sachiez que vous syntonisez bien la bonne personne. Ce symbole n'aura probablement pas de sens pour vous, mais il en aura pour le client.

Lire la relation

Vos deux roses devront être placées l'une à côté de l'autre sur votre écran de lecture, mais distantes d'environ dix centimètres. Affirmez que leur interaction symbolise la nature de la relation, puis observez patiemment pour voir ce qui se produit. Observez si des changements se produisent dans les roses ou si la distance entre les deux change. Observez leurs interactions. Remarquez si les couleurs changent, si une des roses grossit ou rapetisse, si des feuilles tombent, si les deux roses s'enlacent passionnément ou s'éloignent l'une de l'autre jusqu'au bord de votre écran, et ainsi de suite. Contentez-vous de rester détendu et d'observer ; vous n'avez pas besoin de provoquer les choses. Communiquez vos observations au client. Ensuite, détruisez les roses, créez une nouvelle visionneuse et demandez-lui de vous montrer une image qui expliquera le changement ou le comportement le plus marquant dans ce que vous venez d'observer.

Répondre à une question à propos d'un tiers alors qu'elle n'a rien à voir avec la relation

En dépit du fait qu'ils ont beaucoup plus besoin de prises de conscience et de messages que les personnes dont ils s'inquiètent, certains clients vous questionneront sur leur entourage plutôt que sur eux-mêmes. Dans ma formation, on nous a enseigné à ne pas tenir compte des questions concernant une autre personne que le client (ex. : « Que voyez-vous sur l'avenir de la relation de mon fils et de sa petite amie ? » ou « Quel est l'état de santé de mon père ? ») et de lui dire plutôt : « La lecture porte sur vous, alors concentrons-nous sur vous. » Selon mon expérience, tant à titre d'étudiante que de clairvoyante professionnelle, cette approche est parfois appropriée, mais il arrive qu'elle paraisse condescendante et rebute le client.

Approche recommandée

Je vous conseille de prendre quelques minutes pour répondre directement à la question concernant la personne, mais de regarder ensuite ce qui a poussé le client à vous poser la question en premier lieu. Vous pouvez aussi observer la relation du client et de la personne, même si le client ne se questionne pas sur la relation. C'est une façon bienveillante de reporter l'attention sur le client, tout lui donnant satisfaction en répondant a sa question initiale. Au début, certains consultants sont nerveux à l'idée qu'un inconnu les « examine » par clairvoyance. Quand ils constatent que vous donnez des informations utiles, d'une façon délicate et perspicace, ils s'ouvrent avec enthousiasme à votre examen.

À l'occasion, vous lirez une personne qui se refuse à entendre des choses sur elle et s'efforce de contrôler la lecture sur le plan énergétique :

vous saurez alors qu'il est inutile de lui dire quoi que ce soit la concernant. Dans une telle situation, je suis plus qu'heureuse de lire d'autres personnes. J'harmonise mon chakra couronne avec l'énergie du sujet de la question (en général, les enfants de la cliente) et je donne des mini-lectures de chacun. Souvent, c'est l'enfant (ou quelque autre sujet) qui a besoin que sa mère comprenne quelque chose, et j'arrive à l'aider en réitérant ce qu'il répète à sa mère depuis des années, par exemple : « Je suis un artiste doué et je ne serai jamais médecin » ou « Fais ta vie et laisse-moi tranquille », et ainsi de suite.

CHAPITRE 16

Outils de Navigation

Les étudiants débutants trouveront particulièrement utile de se servir d'un cadre de lecture prédéterminé ; en effet, ils pourront ainsi orienter le déroulement de la lecture et se concentrer sur les éléments qui fourniront le plus d'information utile au client, peu importe sa conscience de l'énergie et des autres forces invisibles. Les clairvoyants néophytes ont peu de conviction et d'assurance ou pas du tout ; ils sont susceptibles de se laisser distraire par les questions et les préoccupations du client, lesquelles pourront s'avérer complètement étrangères à ses vrais problèmes.

Lecture de l'aura
(60 à 70 minutes — 10 minutes par couche)

Les couches de l'aura contiennent de l'énergie qui exerce une influence sur l'organisme et l'intellect. Dans une lecture psychique où vous répondez simplement aux questions du client, vous voyez l'information sous forme de couleurs, d'images et de pensées. Les images et les pensées vous donnent des réponses, mais elles ne révèlent pas l'énergie sous-jacente qui influence le corps et l'esprit. Quand vous voyez des couleurs, ce sont celles de l'énergie sousjacente, et cela aide à créer un mouvement.

Cependant, vous ne voyez pas encore exactement comment se répartit l'énergie dans le corps ou le champ énergétique du client. En lisant l'aura, vous pouvez donc vous concentrer sur une seule couche à la fois. Vous cherchez la couleur de chaque couche, ainsi que la couleur des énergies étrangères ; ensuite, vous demandez à ces couleurs de vous révéler l'information qu'elles recèlent sous forme d'images. En voyant exactement où se situe la couleur/l'énergie, vous arriverez à la déplacer plus facilement que si vous n'en voyiez que la couleur. La lecture de l'aura est une forme de guérison énergétique intense, même quand l'intention essentielle est simplement de lire l'aura pour donner une structure à la rencontre.

Technique

Observez d'abord l'aura du client dans son ensemble. Demandez que la forme, et la taille générales de l'aura apparaissent sur votre écran de lecture et décrivez ce que vous voyez. Observez ensuite la première couche de l'aura, la plus près du corps. Créez une sphère ou une rose de cristal sur votre écran de lecture et invitez la couleur de cette première couche aurique à se présenter dans votre visionneuse. Demandez à la couleur de vous montrer un élément utile au client, sous forme d'image ou de représentation, et communiquez- lui l'information.

Vérifiez ensuite si la couche aurique contient une couleur qui n'appartient pas au client. Demandez à la couleur de cette énergie étrangère de vous montrer des images ou des scènes illustrant son influence sur le client. Transmettez l'information à ce dernier. Ensuite, passez a la deuxième couche de l'aura. Répétez le processus pour chacune des sept couches, en terminant par la couche extérieure, soit le septième corps aurique.

Lecture des énergies féminines et masculines de l'aura

Dans la lecture de l'aura, vous pouvez aussi vous concentrer sur les énergies féminines et masculines de chacune des couches. Il suffit de créer quatre visionneuses par couche. La première vous montrera l'énergie masculine du client, la deuxième, son énergie féminine. Les deux dernières vous diront si des énergies masculines et féminines étrangères parasitent l'une ou l'autre couche aurique.

Après avoir lu les énergies féminines/masculines de l'aura, j'aime faire une lecture de relation (voir chapitre 15) en rapport avec ce que j'appelle l'*homme intérieur* et la *femme intérieure*. Je crée deux visionneuses, l'une pour l'homme intérieur et l'autre pour la femme intérieure du client, puis j'observe les interactions entre les deux. Vous pouvez aussi créer une troisième visionneuse que vous placerez entre les deux premières. Demandez à cette troisième visionneuse de vous montrer une couleur et des images représentant la relation de la femme et de l'homme intérieurs du client. Ceux-ci prennent souvent forme dans les relations interpersonnelles; par conséquent, si vous avez des conflits avec votre petit ami, votre amante ou votre conjoint, il est fort probable que vos énergies féminines et masculines soient faibles, déséquilibrées, en conflit ou en compétition.

Lecture des chakras (10 à 15 minutes)

Les chakras contiennent une foule de renseignements; c'est pourquoi quand on les lit, il convient de se concentrer sur une catégorie d'informations en particulier. Beaucoup de programmes de formation en clairvoyance enseignent à leurs étudiants à se concentrer sur les capacités paranormales du client, situées dans les chakras.

En commençant par le chakra racine, créez une jauge sur votre écran de lecture pour déterminer l'ouverture de ce chakra à la naissance. Puis créez-en une autre pour savoir quelle est l'ouverture actuelle du chakra. Comparez les deux jauges pour voir si la faculté paranormale associée à ce chakra s'est épanouie ou atrophiée. Si la différence est énorme, vous pouvez créer une visionneuse et lui demander de vous montrer une couleur représentant la raison du changement. Demandez ensuite à la couleur de vous montrer une image qui vous donnera des indices quant à l'influence générale de cette énergie sur le client, et à ce qu'il doit faire pour diminuer la faculté psychique associée à ce chakra ou la stimuler davantage.

Les chakras fourniront beaucoup d'autres renseignements. On peut vérifier l'ouverture de chaque centre, en termes de degré d'estime de soi ou de pouvoir personnel, et observer les répercussions de leur état sur la santé du client. On peut déterminer comment le degré d'ouverture de chaque centre influence la capacité du client à entrer en rapport avec lui-même et avec ses semblables, ainsi que l'influence que l'ouverture ou la fermeture de chaque centre exerce sur sa capacité de création et de concrétisation de ses objectifs.

Répondre aux questions

Même dans une lecture structurée, il est toujours bon de prévoir une période de questions de dix à quinze minutes à la fin de la rencontre, afin que le client ait la satisfaction d'aborder ses préoccupations actuelles. Les questions et les préoccupations sont souvent traitées en cours de lecture, que le clairvoyant ait conscience ou non de leur teneur. Néanmoins, le client appréciera que vous lui donniez la chance de poser des questions, que ce soit pour clarifier des renseignements obtenus en cours de lecture (« Vous avez dit que vous avez vu une énergie rouge dans la troisième couche de mon aura. Que signifie le rouge ? ») ou bien, poser la question qui le préoccupait avant la rencontre (« Quand vais-je rencontrer le véritable amour ? »).

Certaines écoles autorisent les questions durant les dix ou quinze dernières minutes de la lecture, alors que d'autres permettent au client de poser ses questions d'entrée de jeu, arguant que les clairvoyants liront ainsi l'aura en gardant les questions à l'esprit et qu'ils pourront localiser les blocages. Pour en savoir plus sur la façon de répondre aux questions, consultez le chapitre 14.

Lecture en forme de marguerite

Dans cette lecture, vous créez l'image transparente d'une marguerite. Observez d'abord la marguerite dans son ensemble, y compris sa tige qui s'enfonce dans le sol. Elle représente l'état de santé physique et l'ancrage matériel du client. Remarquez si la marguerite est solidement plantée en terre, si elle se dresse vers le ciel ou si elle penche, si elle est épanouie ou fanée, etc. Dessinez l'image sur une feuille de papier et transmettez ce que vous voyez au client.

Puis, observez la fleur, ses pistils, son étamine, et les pétales qui les entourent. Elle représente l'estime de soi du client, son sentiment de pouvoir personnel et son contact avec sa voix intérieure. De quelle couleur est-elle ? Porte-t-elle haut la tête ou se cache-t-elle dans ses pétales ? Est-elle ouverte ou fermée ? Tournée vers le soleil ou pas ? Choisissez la couleur de marqueur, de crayon de plomb ou de couleur qui convient, et dessinez ce que vous voyez tout en le communiquant au client.

Interprétez ensuite les pétales. Commencez avec celui du haut, Il représente ce que votre client aime faire pour s'amuser, les activités qui lui plaisent et où il réussit, etc. En allant dans le sens des aiguilles d'une montre, regardez le deuxième pétale : il représente son éducation, son potentiel d'apprentissage, son degré de connaissance spirituelle. Le troisième représente ses relations amoureuses et le quatrième, ses relations familiales. Le cinquième représente son travail et sa carrière. Quant au sixième, il représente sa situation financière. Si vous avez le temps, vous pouvez faire une mini-lecture de chaque pétale. Sinon, regardez simplement la couleur de chacun et observez s'il se produit quelque chose d'inhabituel dans l'un ou l'autre qui le fasse ressortir du lot, soit parce qu'il est plus brillant, plus sombre, déformé, plus gros ou plus petit, déchiré, etc. Demandez à l'élément qui se démarque de vous montrer une image de ce qu'il signifie.

Passez aux pistils ou à l'étamine de la marguerite. Remarquez s'ils sont tous attachés au centre ou si certains sont arrachés. S'ils ne sont pas fixés de façon symétrique, cela indique un conflit entre les différents objectifs de vie (représentés par les pétales). Dans ce cas, cherchez la couleur qui sépare le pistil du ou des pétales et demandez une image qui représente cette énergie de conflit entre les objectifs.

Observez ensuite les feuilles : elles représentent l'ensemble des forces du client. Si elles sont déchirées ou froissées, creusez pour voir ce qui empêche votre client d'utiliser ses forces ou d'accéder à la conscience de son pouvoir personnel.

La tige représente son évolution personnelle et spirituelle. Remarquez si elle est longue, courte ou cassée. Appliquez votre clairvoyance à tout ce que vous observez d'inhabituel.

Dans ce modèle, quand on voit des anneaux autour de la tige, ils se rapportent à des incarnations passées. Les insectes sur la tige représentent les guides spirituels (les coccinelles sont bien, mais pas les blattes); quant aux épines, elles illustrent les défis ou les obstacles à surmonter. Appliquez le processus d'enquête clairvoyante qui vous est maintenant familier.

Micro-modèles — archétypes et symboles prédéterminés

Comme je l'ai mentionné au chapitre 5, une série d'images a commencé à m'apparaître de façon récurrente et spontanée peu de temps après que je me suis mise à donner des lectures. Ces images servaient de raccourcis et m'aidaient à comprendre immédiatement quel était le sujet ou le problème qui se présentait. (D'autres clairvoyants voient souvent apparaître ces mêmes modèles archétypiques spontanément et pour la première fois quand ils me font une lecture.) En temps opportun, j'ai appris à manipuler ces images consciemment et délibérément (ce que j 'appelle mes archétypes personnels) pour retrouver mon chemin dans les lectures. J'en présente plusieurs dans les pages qui suivent, accompagnés de suggestions élémentaires quant à la meilleure utilisation que vous pourrez en faire dans vos lectures. Au fil du temps, grâce à la pratique et à l'expérience, et si vous portez attention aux symboles de vos rêves et de votre vie éveillée, vous accumulerez votre propre bibliothèque de symboles.

Le piano ou la harpe

Le piano ou la harpe représente la communication que l'individu entretient avec sa voix la plus intime. Cette voix est celle du cœur et de l'âme: elle sait exactement ce que l'être désire ardemment et ce dont il a besoin.

Sur votre écran de lecture, visualisez un piano ou une harpe. Imaginez votre client debout à côté de l'instrument. Observez quelle relation physique et émotionnelle il a avec celui-ci. Comment en joue-t-il? Semble-t-il calme ou troublé? En joue-t-il avec élégance et enthousiasme, ou craint-il de poser ses doigts sur les touches ou les cordes? Une fois vos observations terminées, demandez à chacune de vous montrer une couleur accompagnée d'images qui vous donneront d'autres indices sur la relation qu'entretient le client avec la voix de son cœur.

La fenêtre

La fenêtre représente la capacité de former des objectifs personnels et le potentiel de les atteindre. L'esprit veut ardemment atteindre ses objectifs, mais l'ego peut résister et être inconscient de leur existence. La fenêtre signifie souvent un changement important ou, au contraire, l'absence de changement. Elle indique si la personne est disposée à changer, ou si les circonstances l'obligeront à faire les changements auxquelles elle résiste parce qu'elle a peur. Cet archétype ou modèle se rapporte aux facteurs inconscients que l'individu cherche à amener à la conscience.

Visualisez une fenêtre sur votre écran de lecture. Placez votre client à gauche de la fenêtre et observez patiemment sa réaction. Observez s'il se détourne ou s'il regarde intensément au travers. Vous pourrez obtenir toute une gamme de réponses: le client pourra ouvrir la fenêtre avec assurance, l'enjamber et sortir, ou peut-être un coup de vent inattendu l'emportera-t-il. Vous le verrez peut-être de l'autre côté, regardant dedans et essayant de rentrer. Une fois vos observations terminées, créez une visionneuse, demandez-lui de vous montrer une couleur, puis demandez à la couleur de vous donner la clé de vos observations.

L'arbre

L'arbre est un autre symbole des objectifs individuels; il représente les objectifs de votre client, et où celui-ci en est par rapport à ces derniers. Il s'agit généralement de buts tangibles et conscients qu'il poursuit activement et/ou pour lesquels il lutte dans l'espoir de les atteindre.

Visualisez un arbre très simple sur votre écran de lecture. Visualisez ensuite le client debout à côté de l'arbre. S'il vous a posé une question sur un but précis, affirmez que les images interagiront de manière à vous indiquer où il en est quant à l'atteinte de son objectif. Vous pouvez aussi demander à l'image de vous montrer où le client en est avec un de ses principaux objectifs, quel qu'il soit. Vous n'êtes pas obligé de connaître le but du client pour savoir s'il l'atteindra ou pas. Si celui-ci veut que vous compreniez son véritable objectif, vous le verrez au moment qui convient dans vos visions clairvoyantes. Servez-vous de votre clairvoyance et des techniques décrites dans les chapitres précédents pour observer comment le client agit avec l'arbre. Grimpe-t-il sans effort jusqu'au sommet, ou reste-t-il sur le sol à faire des bonds ? S'arrête-t-il à mi-parcours de son ascension ? Est-ce qu'il fait la sieste, ou s'il observe l'horizon avec des jumelles ? Est-il essoufflé et en sueur, ou donne-t-il l'impression d'être un habitué des sommets ?

La pièce

L'archétype de la pièce représente le sentiment de liberté personnelle de l'individu, ainsi que le sentiment de son potentiel dans le cadre d'une organisation ou d'une structure. Cet archétype indique souvent si l'individu parviendra à atteindre les buts qu'il s'est fixés par rapport la cette organisation. L'image apparaît souvent quand il est question de la carrière, de la participation à une entreprise, un groupe spirituel, une communauté structurée, et du statut du client en son sein. Parmi ceux qui évoluent dans une organisation, beaucoup oublient que leur capacité à atteindre leurs objectifs est directement proportionnelle au soutien qu'ils reçoivent des autres membres de l'organisation. Peu importe les efforts de l'individu, peu importe son génie : il ne parviendra pas à atteindre ses objectifs s'il se heurte à l'autoritarisme ou au manque d'attention des dirigeants. Par ailleurs, il évolue peut-être dans un cadre qu'il a déjà dépassé, ce qui l'empêche d'atteindre ses véritables buts spirituels, ou qui est dominé par des personnes possédant très peu de « réceptivité ». Dans ce contexte, la réceptivité décrit le degré de permissivité dont jouit un individu pour obtenir ou posséder un bien ou un état d'être quelconque. Voici un exemple : même si vous êtes le vendeur le plus talentueux qui soit, et même si vous avez en main les meilleurs tuyaux et les meilleures ressources qui existent pour faire votre travail, si votre employeur repousse l'argent parce qu'il maintient la croyance profonde, mais inconsciente, qu'être bien nanti est égoïste ou qu'il ne le mérite pas, vous aurez plus de difficulté à créer de l'argent et a le conserver. L'archétype de la pièce vous fournira des indices au sujet de ces facteurs.

Je vous conseille d'utiliser ce modèle pour répondre aux questions concernant le milieu professionnel, les promotions possibles, les objectifs de carrière, la participation aux organismes communautaires ou religieux, et ainsi de suite.

Visualisez sur votre écran de lecture le client debout dans la pièce. Attendez patiemment de voir ce qui se produit ensuite.

Le miroir

Le miroir est un symbole qui illustre les sentiments que l'individu éprouve à l'égard de son corps et de lui-même. Sa réaction face au miroir révèle son degré d'estime de soi et les aspects de sa relation par rapport à lui-même qui sont à guérir.

Sur votre écran de lecture, visualisez votre cliente devant un miroir. Attendez patiemment de voir comment elle réagit. Est-ce qu'elle se fait un grand sourire? A-t-elle l'air mécontente en observant son corps dans le miroir? Est-ce qu'elle reste un moment à se regarder profondément dans les yeux, ou se détourne-t-elle d'un air dégoûté? Si vous avez l'impression qu'elle n'aime pas son reflet, demandez une couleur qui représente l'énergie à l'origine de ce mécontentement. Demandez ensuite à la couleur de vous montrer une image qui vous aidera a comprendre l'origine des émotions de la cliente. Vous pouvez aussi demander une couleur qui vous montrera les étapes que cette dernière pourra mettre en œuvre pour améliorer son estime de soi.

Utiliser ses symboles personnels comme instruments de navigation

La création de votre propre modèle est une façon simple et amusante de déterminer le déroulement de vos lectures psychiques. Vous pouvez utiliser n'importe quel symbole pour représenter une question dans la vie d'autrui. Il peut s'agir de n'importe quel objet, en autant qu'il ait un sens pour vous. Visualisez votre symbole sur votre écran de lecture en même temps que l'image du client; posez une question aux deux symboles et voyez ensuite comment le client agit avec le symbole.

Prenons un exemple: imaginons que vous receviez une cliente qui veut savoir si son amitié avec l'homme qu'elle fréquente se transformera en aventure amoureuse durable. Comme l'anneau de mariage symbolise l'engagement à long terme, visualisez la cliente qui tend un anneau de mariage à l'image d'un homme et observez ce qu'il en fait. Vous pourrez ensuite observer la réaction de la cliente. Parmi le nombre infini de réponses possibles, les images que vous verrez seront celles qui refléteront le comportement, les intentions et les sentiments actuels des deux personnes en cause.

CHAPITRE 17

LIRE AVEC D'AUTRES CLAIRVOYANTS

Il y a de nombreux avantages à lire avec d'autres clairvoyants, en particulier quand on commence à développer ses facultés. Lire avec d'autres étudiants en clairvoyance est l'un de meilleurs moyens d'acquérir de la certitude et de l'assurance: en effet, vos coéquipiers verront souvent exactement la même chose que vous. Vous pourrez observer une image en vous demandant si elle est trop ridicule ou insignifiante pour que vous en parliez quand le clairvoyant assis à côté de vous décrira exactement ce que vous voyez. Évidemment, c'est très stimulant et surtout, validant.

On sent moins de pression sur ses épaules en lisant avec d'autres Clairvoyants, et on peut lire en prenant son temps. Si vous n'arrivez pas à accéder à l'information, vous pouvez travailler avec vos outils et vous concentrer davantage sur vous, tandis que vos coéquipiers communiquent avec le client. Un autre avantage, c'est que vos collègues constituent un formidable réseau de soutien, autant durant les lectures qu'après. Ils peuvent cerner les énergies qui vous affectent, vous et d'autres clairvoyants. Comme ils lisent à partir de leurs propres images, ils arrivent aux mêmes conclusions que vous, mais ils ont leur façon bien à eux d'arriver à ces conclusions. Si vous perdez votre neutralité, votre enracinement, ou si vous commencez à guérir de façon incontrôlée, vos coéquipiers pourront vous le faire remarquer gentiment.

Lire avec deux Clairvoyants ou plus

Qu'ils soient deux ou plus, les clairvoyants devraient s'asseoir ensemble, côte à côte et sur une même ligne. Choisissez un directeur de lecture avant l'arrivée du client. Le fait de désigner un meneur ou un guide n'est pas essentiel, mais s'avère utile pour les débutants : ils se sentent alors rassurés dans le rôle qu'ils ont choisi. En général, le directeur ou la directrice de la lecture a plus d'expérience ou plus d'assurance que les autres. Ensuite, chacun prend obligatoirement le temps de faire le tour de ses propres outils psychiques. Puis, le directeur guide le groupe dans une courte méditation et une prière collective.

Par la suite, il donne a son chakra couronne une couleur dorée neutre et demande à ses collègues de faire de même. Ceux-ci visualisent leur chakra couronne qui se colore en or ; ils peuvent aussi créer une rose en verre transparent ou une visionneuse, la placer au sommet de leur tête et demander que le réceptacle se remplisse de la même vibration que celle du directeur. Ce dernier peut s'assurer par clairvoyance que tout le groupe a le même ton, et corriger au besoin une couleur trop claire ou trop foncée. On utilise la couleur or parce qu'elle est neutre et de vibration élevée. On évite le blanc parce qu'il sert à la canalisation : il est trop facile pour les esprits désincarnés de s'attacher à cette couleur, ou pour nos propres esprits de quitter grâce a elle.

Chaque clairvoyant contacte ensuite ses collègues en leur envoyant un salut télépathique sous la forme qui lui convient. Cette salutation peut prendre la forme d'une rose contenant le mot « bonjour », ou de tout autre présent neutre. Puis, le client est introduit dans la pièce. Le directeur s'assied face au client ; les autres clairvoyants prennent place de chaque côté du directeur. Ce dernier fait les présentations et explique le déroulement de la lecture. Il guide ensuite le groupe dans une prière collective. C'est aussi lui qui syntonise la vibration du client et établit la couleur pour la lecture.

Puis, il visualise une visionneuse en cristal transparent et demande au client de dire son nom tandis qu'il observe l'énergie de son esprit qui entre dans la rose. Une fois qu'il a choisi une couleur, il la communique à ses coéquipiers. Ces derniers donnent la même couleur a leur chakra couronne en créant une rose ou en visualisant directement le centre d'énergie. Puis, ils observent ce qu'ils ressentent. Si quelque chose cloche, ou si l'un des clairvoyants sent qu'il a de la difficulté a maintenir cette énergie dans son chakra couronne, il peut demander au directeur de vérifier la couleur qui pourra avoir besoin d'un ajustement.

En fonction de la structure de la lecture, il faudra déterminer d'avance si les coéquipiers lisent ensemble, ou si le directeur se charge d'une partie de la lecture et les autres se partagent le reste. Si on convient que tous les équipiers lisent à chaque étape de la lecture, le directeur aura néanmoins le privilège ou la responsabilité de parler le premier. Le fait de déterminer d'avance le rôle de chacun va permettre au groupe de lire avec une plus grande harmonie et une plus grande assurance. En même temps, il est important de se montrer souple face au rôle de chacun, de façon que l'information clairvoyante circule et soit librement exprimée. À l'étape du nettoyage après lecture, les clairvoyants s'assureront de se séparer de leur guide, mais aussi les uns des autres.

Lecture supervisée

Dans le cas de la lecture de groupe, on peut désigner une personne qui jouera le rôle de superviseur. Le superviseur ne s'assoie pas avec les autres ; il se tient debout derrière la ligne d'équipe et observe par clairvoyance ce qui se passe dans la pièce, les yeux ouverts. Plutôt de se concentrer sur le client, le superviseur a pour tâche d'observer l'énergie des lieux et son influence sur l'équipe de clairvoyants. Il se sert de son septième chakra couronne et de sa capacité à accéder à sa connaisse intérieure.

Le superviseur assume quelques-unes des responsabilités du directeur : il fait entrer le client dans la pièce, lui explique le déroulement de la lecture et fait les présentations. Il guide l'équipe à travers les différentes étapes de la séance. Il rappelle à ses coéquipiers d'utiliser leurs outils, leur fait des suggestions ou leur pose des questions pour les aider à se tracer un chemin de lecture. C'est l'esprit rationnel conscient du groupe. Grâce au superviseur, le groupe peut entrer librement dans une transe particulièrement profonde et recueillir de l'information sans s'inquiéter du processus. On peut faire des lectures avec ou sans superviseur clairvoyant.

CHAPITRE 18

LIRE LES COUPLES ET LES GROUPES

Dans la lecture de couple, le clairvoyant lit les dynamiques de la relation en présence des deux partenaires. C'est très semblable à la thérapie de couple, où les deux partenaires suivent une thérapie pour améliorer leur relation ou en travailler certains aspects avec l'aide d'un conseiller.

Si un couple demande une lecture conjointe, déterminez d'abord s'ils veulent vraiment obtenir de l'information sur leur relation, ou s'ils essaient simplement d'éviter d'avoir à payer deux lectures. Si l'on souhaite que vous lisiez la relation, ses problèmes et les projets en commun, je vous conseille de donner une lecture conjointe. Si le couple vous explique qu'il n'est pas intéressé à aborder le sujet de sa relation, mais que chacun a ses propres questions, je vous suggère de les lire séparément, pour les mêmes raisons qui font que vous ne voulez pas que le ou la partenaire de votre client(e) assiste à la lecture, comme nous l'avons vu au chapitre 14.

Même quand les deux partenaires me disent qu'ils préfèrent des informations sur leurs intérêts et projets communs plutôt que sur leur relation, je réponds à leurs questions, mais je regarde quand même pour voir comment leur relation influence le résultat de leurs créations/entreprises et comment à leur tour, ces dernières influent sur leur relation. Si une information concernant la relation se présente spontanément, je n'hésite pas à la communiquer, car il arrive souvent que le couple veuille en entendre parler, mais qu'aucun des deux n'ose l'admettre ou craint que mes paroles se révèlent trop embarrassantes pour être entendues de l'autre.

La lecture de couple est très enrichissante, car elle vous en apprend beaucoup sur vos relations personnelles et sur les dynamiques et les énergies féminines/masculines. Par contre, l'exercice se révèle parfois très exigeant. Parmi les défis, l'un des plus grands est de parvenir à assigner l'information à la bonne personne. Prenons un exemple : vous voyez l'image d'un individu qui fait plusieurs tâches ménagères, tandis qu'un autre reste assis devant le téléviseur. Dans certains cas, vous saurez exactement à qui cette information est destinée ; parfois, en raison de vos idées préconçues sur le rôle des deux sexes, vous *croirez* savoir (et vous découvrirez que c'est une grossière erreur), et en d'autres occasions, vous n'aurez aucun indice. Il arrive souvent que l'énergie de l'un occupe l'aura ou le corps de l'autre, ce qui fait qu'à première vue (clairvoyante), les deux partenaires sont presque impossibles à distinguer l'un de l'autre. Si vous n'êtes pas certain de qui vous parlez, vous pouvez faire preuve d'honnêteté et le dire aux clients : « Je ne sais pas à qui cette information s'applique, mais je vois que l'un de vous tend à faire tout le travail à la maison, tandis que l'autre se repose. Celui de vous deux qui fait tout le travail est rempli de ressentiment, alors que celui qui se repose se sent écarté des décisions domestiques. » La plupart du temps, les partenaires sauront exactement de qui et de quoi vous parlez. Dans le cas contraire, créez une nouvelle visionneuse et demandez un symbole qui indiquera clairement de qui vous parlez.

Il y a un autre défi : il faut garder un regard objectif sur les deux partenaires et éviter d'être du côté de la personne qui vous est le plus sympathique ou avec qui vous avez le plus de points communs. Il faut aussi éviter de vous concentrer sur elle.

Quand j'étais jeune étudiante, j'ai donné une lecture de couple avec un autre clairvoyant. Il s'appelait Michael, et je venais comme par hasard de commencer à le fréquenter. C'était dans le cadre d'une foire du paranormal. Le couple s'est assis devant nous et Michael a parlé en premier. Il s'est exprimé de façon extrêmement positive, disant que la relation était idéale, que le couple vivait le bonheur parfait et que tout était idyllique. Ses propos m'ont inquiétée et ont semé une grande confusion en moi, car de mon côté, je voyais des images de la femme qui pleurait, enchaînée à une chaise, avec un bandage sur la bouche. Je savais que Michael était un excellent clair-voyant ; je ne voulais pas remettre sa compétence en question, surtout que notre relation était encore vacillante. Néanmoins, je ne pouvais faire fi des images qui traversaient mon propre écran qui était tout à fait fiable. Je sentais surtout que j'avais la responsabilité éthique et personnelle de dire ce que je voyais. Même en craignant d'invalider totalement le don de clairvoyance de Michael, j'ai partagé l'image que je voyais. J'ai aussitôt entendu la femme assise devant moi soupirer. J'ai ouvert les yeux pour voir ce qu'elle vivait (chose que j'évite généralement, étant donné que rechercher la validation du client n'est pas toujours favorable au processus et me sort de mon espace de lecture/transe). Elle hochait la tête et ses yeux pleins de désespoir me suppliaient de poursuivre.

En explorant l'image, j'ai vu que la femme se sentait impuissante, passive, dominée et très prisonnière de la relation. L'homme a été étonné de mes commentaires et m'a dit que j'avais tort. Mais sa compagne a fini par se tourner vers lui et admettre que c'était bien ainsi qu'elle se sentait. J'ai alors pris conscience que la contradiction dans l'évaluation de la relation n'avait rien à voir avec mon manque de compétence ou celui de Michael, mais plutôt avec le fait que nous lisions deux aspects différents. Je lisais la ferru.ne et son point de vue sur la relation, alors que Michael lisait le point de vue de l'homme.

Cette lecture m'a enseigné que les visions clairvoyantes ne sont pas toujours basées sur une vérité inhérente ; elles peuvent provenir des préjugés du client. J'ai aussi appris que dans une lecture de couple, je dois délibérément concentrer mon attention sur les deux partenaires et voir comment l'interaction de leurs points de vue et de leurs attitudes respectives forme la dynamique de leur relation. J'ai compris l'importance de lire avec un autre clairvoyant, et aussi que la lecture d'un couple est parfois une forme fort efficace de thérapie qui relance les voies de la communication et de la sincérité, ou établit de nouvelles avenues. Par ailleurs, cette lecture m'a donné l'occasion de dépasser mes problématiques relationnelles et mes scénarios de programmation mentale émotionnelle en les faisant intervenir en cours de lecture : en effet, j'ai eu à me faire suffisamment confiance pour dire ma vérité, au risque de vexer mon partenaire ou même de détruire la relation.

Lire des couples de même sexe

Parmi mes clients, un quart des couples étaient de même sexe, soit deux hommes ou deux femmes. Ces lectures m'ont beaucoup appris sur les énergies féminines/masculines ; elles m'ont montré que les dynamiques en jeu dans les couples homosexuels sont les mêmes que dans les couples hétérosexuels. Le conflit relationnel est souvent dû aux différences entre les énergies féminines/masculines et les qualités qui dominent chez chacun des partenaires. L'un tend à plus de passivité ; il est plus attaché au foyer, plus intéressé par l'engagement, la fidélité, l'intimité et la bienveillance, tandis que l'autre recherche plus de liberté, d'excitation, d'indépendance et d'individualité (ce sont souvent ces mêmes qualités qui ont attiré les partenaires en premier lieu, celles qui leur manquent, qu'ils recherchent ou explorent en eux-mêmes). La lecture d'un couple homosexuel ne diffère en rien de la lecture d'un couple hétérosexuel. Le seul problème, c'est qu'on a parfois un peu plus difficulté à déterminer de qui l'on parle quand on voit des images qui pourraient s'appliquer logiquement à l'un ou l'autre partenaire.

Technique de lecture

Le couple s'assied devant vous sur des sièges distants d'une trentaine de centimètres. Visualisez votre écran de lecture et voyez-le grossir et s'éloigner de vous jusqu'à ce qu'il encadre le couple. Remarquez qui est à gauche et qui est à droite. Ensuite, faites exploser votre écran de lecture et créez-en un autre a quelques centimètres de votre sixième chakra. Imaginez une visionneuse sous forme d'une rose en cristal transparent sur le côté gauche de votre écran. Affirmez que cette rose représente la personne placée à gauche sur l'écran de lecture précédent. Créez ensuite une deuxième visionneuse sur le côté droit de votre écran et affirmez que cette rose représente la personne placée à droite de l'écran précédent.

Demandez à chaque partenaire de dire sa date de naissance et son nom actuel, l'un après l'autre. Observez la couleur qui apparaît dans la rose assignée à chacun : c'est celle de son esprit. Ancrez chaque rose au centre de la planète. En imagination, inscrivez le nom de chaque partenaire sous sa rose à l'aide (l'un crayon de couleur identique à son énergie. Imaginez ensuite que vous harmonisez la couleur de votre chakra couronne avec la couleur du chakra couronne de chaque partenaire. Vous avez le choix de visualiser les deux couleurs juxtaposées ou superposées au sommet de votre tête. Vous pouvez aussi les mélanger pour en former une troisième.

Première technique

Il s'agit de la technique appliquée à la lecture d'une relation en l'absence de l'un des partenaires, enseignée au chapitre 15. Sur votre écran de lecture, invitez simplement les deux roses à vous montrer leurs interactions. Détendez-vous et observez les changements ou l'activité à l'intérieur des roses et leurs interactions. Puis, créez une nouvelle visionneuse et demandez-lui de vous montrer des images qui expliquent les changements.

Seconde technique

Imaginez une troisième visionneuse symbolisant le couple entre les roses représentant les deux partenaires. Visualisez une rose en verre transparent et invitez l'énergie de la relation à la colorer. Sous la rose, imaginez que vous inscrivez le mot « relation ». La rose représente la relation actuelle ; c'est une entité séparée des sujets de la lecture, mais elle est bien évidemment influencée par leurs caractéristiques individuelles. Faites une lecture de la rose. Cette technique est utile, car elle envoie aux partenaires l'image énergétique qu'ils ne constituent pas leur relation, mais plutôt que celle-ci est une entité séparée, qui mérite de l'attention, mais n'est ni plus ni moins importante que les personnes qui la composent.

CHAPITRE 19

Lire et Guérir les Enfants

J'aime lire les enfants et les adolescents. Ils vivent encore dans l'univers magique de leur imaginaire et croient par conséquent que tout est possible. Leur émerveillement étonné, leur croyance dans les miracles, l'invisible, les perceptions extrasensorielles, n'ont pas encore été empoisonnés par l'athéisme, le scepticisme et le pessimisme de leurs parents, de leurs professeurs et des autres adultes. Même s'ils ne sont âgés que de sept ou huit ans, les enfants approchent la lecture avec beaucoup d'émerveillement et de vénération, comme s'ils savaient en quelque sorte qu'ils prennent part a une expérience sacrée qui touche au divin. Beaucoup restent assis sur le bout de leur siège, craignant de respirer ou même de cligner des yeux de peur de manquer une parole. À l'instar des adultes, ils sont là pour l'espoir, pour être validés et orientés. Ils veulent savoir qu'ils deviendront quelqu'un d'important et qu'ils seront heureux. Contrairement à beaucoup d'adultes, les jeunes croient encore que ceci est possible.

La lecture psychique est une expérience qu'ils revivront maintes fois en imagination et qu'ils décriront maintes fois a leurs amis. Même si les mots exacts ou le déroulement de la lecture perdent de leur précision ou se déforment au fil du temps, plusieurs des visions clairvoyantes qui leur sont transmises resteront gravées à jamais dans leurs souvenirs et leur imagination.

Quand un enfant ou un adolescent vient me rencontrer pour une lecture, il m'offre l'occasion unique de lui apporter de l'espoir et d'inspirer sa jeune vie, tout en le sensibilisant par l'exemple à son potentiel paranormal et à ses facultés psychiques. Pour le clairvoyant, l'opportunité de lire une jeune personne est un cadeau précieux et une lourde responsabilité. Les jeunes sont faciles a programmer et les commentaires négatifs éteignent sévèrement leur enthousiasme. Par ailleurs, comme ils ont l'écoute sélective, ils ont tendance à mal interpréter ce qu'ils entendent et à colmater les brèches avec leurs peurs et leurs espoirs. Enfants et adolescents ne savent pas encore faire la distinction entre une information réellement pertinente et une qui ne l'est pas. Si le clairvoyant leur révèle un élément de vérité, ils seront enclins à croire que tout ce qui sort de sa bouche est un fait avéré. Par ailleurs, les enfants, et surtout les adolescents, ne savent pas faire un usage responsable de l'information reçue. Ils s'en servent souvent comme d'une arme contre leurs parents ou d'autres personnes.

Dans ce chapitre, je vous offre quelques suggestions sur l'approche et le mode de communication à adopter pour transmettre des informations clairvoyantes à des jeunes de divers groupes d'âge. Ces suggestions vous aideront à autonomiser vos jeunes clients et à les inspirer ; par ailleurs, elles minimiseront la possibilité que vous les programmiez négativement ou les bouleversiez en cours de lecture. Je vous propose aussi quelques techniques et cadres de lecture adaptés a l'âge, que j'ai conçus pour vous aider à vous tracer un chemin de lecture.

Généralités

Concentrez-vous en tout temps sur les éléments positifs.

Quand vous faites une lecture à un enfant, concentrez-vous sur ses forces, ses succès et ses relations positives avec ses semblables. Regardez quels sont ses rêves et le meilleur moyen de les atteindre. Reconnaissez ses problèmes et les défis auxquels il fait face, mais aidez-le a considérer ses problèmes comme des occasions de croissance. Aidez-le à comprendre comment ses forces l'aideront à traverser les périodes difficiles de sa vie.

Soyez honnête, mais ne vous sentez pas obligé de tout dire.

Selon moi, le clairvoyant doit être honnête avec ses clients, peu importe leur âge. Nous ne devrions jamais inventer quoi que ce soit pour aider l'autre à se sentir bien. Heureusement, on n'a aucune raison d'agir ainsi, car il y a toujours un bon côté à tout. Cela dit, dans une lecture d'enfant, je crois qu'il convient d'enjoliver les renseignements potentiellement bouleversants, de manière qu'il puisse faire face à la situation à son rythme.

Prenons un exemple : vous voyez que la grand-mère de l'enfant est mourante. Plutôt que de lui dire : « Ta grand-mère va mourir très bientôt », demandez par clairvoyance à l'esprit de la grand-mère s'il y a un message pour l'enfant. Par exemple : « Je vois que ta grand-mère t'aime beaucoup et qu'elle sera toujours à tes côtés, même quand elle sera partie au paradis. Elle aime se promener avec toi et elle aime comment tu ris de ses grimaces. » Ou bien : « Tu es un garçon très fort et très brave et tu sais comment prendre soin de toi. Un jour, ta grand-mère devra probablement te quitter et monter au paradis, mais elle veut que tu saches que tout ira bien pour toi, peu importe ce arrive. Elle aime tes histoires et elle sait que tu deviendras un grand écrivain. Elle sait que tu auras toujours beaucoup d'amis autour de toi. »

Quand vous regardez l'avenir d'un enfant, faites-lui comprendre que vous voyez seulement une ou deux possibilités parmi plusieurs.

Beaucoup d'enfants ont un fantasme à propos de ce qu'ils veulent devenir une fois adultes. Ils souhaitent que vous leur parliez de leur avenir, mais quand ce que vous voyez diffère de leur fantasme, ils sont franchement bouleversés. En regardant en arrière, vous pouvez probablement constater que vous avez occupé plusieurs emplois et joué' bien des rôles ; ce sera la même chose pour ces enfants une fois adultes. Si l'enfant est troublé par votre réponse, demandez-lui de vous dire ce qu'il aimerait devenir, puis voyez par clairvoyance s'il s'agit d'un rêve passager ou si c'est celui qu'il poursuivra au bout du compte. Il n'y a aucune raison de détruire son fantasme, même s'il semble peu probable. Vous pouvez dire : « Si je regarde ton avenir par clairvoyance, je vois que tu seras vraiment très bon avec les ordinateurs. Beaucoup de gens dépendront de ton aide et te donneront plein d'argent pour tes compétences. Par contre, cela ne veut pas dire que tu ne peux pas devenir un joueur de baseball connu si c'est ce que tu désires réellement. »

Ayez toujours des paroles positives en contrepartie des informations négatives que vous transmettez ; proposez toujours une solution proactive à l'enfant afin qu'il puisse modifier son avenir s'il paraît morne ou difficile.

Au lieu de dire à l'enfant de huit ans : « Il semble que tu deviendras alcoolique et que tu finiras en prison avant d'avoir vingt ans », exprimez-vous plutôt ainsi : « Je vois que tu es vulnérable aux problèmes que l'alcool peut engendrer. Si tu veux vivre heureux et rester libre, évite l'alcool à tout prix. Je vois aussi que tu es un excellent coureur ; si tu évites l'alcool, tu as de bonnes chances de devenir un brillant athlète. » Encore une fois, ne transmettez que ce que vous voyez.

Parlez à l'enfant des traits de son caractère qui l'aideront, et de ceux qui représenteront toujours un dé?.

Voici un exemple : « Je vois que tu es très éloquent et très drôle. Tu auras toujours beaucoup d'amis, parce que tu sais faire rire les gens. Je vois aussi que tu n'aimes pas qu'on te dise quoi faire et que tu as souvent tendance a t'entêter. Cela pourrait te causer des problèmes à l'école et dans ton travail, à moins que tu n'apprennes à céder quand l'enjeu n'est pas important pour toi. »

Encouragez l'enfant aux prises avec un problème en lui disant que les choses finiront par s'arranger ou s'atténuer avec le temps.

Regardez comment le temps guérira ses blessures. Par exemple, imaginons qu'à travers une lecture, vous voyez l'enfant debout devant un chien immobile. L'enfant tombe à genoux et prend le chien dans ses bras. Il pleure et essaie de le remettre sur ses pattes. Il est clair que l'enfant a récemment vécu la mort de son animal favori ou qu'il vivra l'expérience dans un futur proche (soyez conscient que vous pourrez voir un chien parce que vous avez déjà eu un chien quand vous étiez enfant ou parce que vous préférez les chiens ; en réalité, l'animal de l'enfant était peut-être un chat). Dans une telle situation, demandez a l'enfant s'il a récemment vécu la perte de quelque chose ou de quelqu'un qu'il aimait, s'il se sent triste, ou s'il est récemment arrivé quelque chose d'inhabituel à son animal de compagnie. S'il répond par l'affirmative, regardez par clairvoyance dans le présent pour voir ce qui le réconforterait, ou dans l'avenir pour déterminer quand il se sentira à nouveau heureux. Vous le verrez peut-être frapper un coup de circuit au baseball, recevoir un nouvel animal de compagnie ou aller à Disney World. S'il ne semble pas savoir de quoi vous parlez, dites-lui quelque chose comme : « Je vois qu'un événement pénible risque de se produire qui te rendra triste pendant un moment. Mais je te vois ensuite retrouver le sourire. » Vous pouvez aussi décider de ne rien dire et passer à un autre sujet si vous sentez que l'enfant n'est pas prêt à aborder le sujet ou à y faire face, et que vous ne voulez pas lui faire appréhender un avenir de toute façon incontrôlable. La plupart du temps, vous ne capterez que de L'information sur le passé ou le présent, plutôt que sur l'avenir.

Profitez de l'occasion pour voir comment l'enfant se sert de ses facultés psychiques et thérapeutiques, et lesquelles lui seront utiles plus tard.

L'enfant ou l'adolescent qui rencontre un clairvoyant n'est pas la par hasard ; il aurait pu choisir un autre type de voyant. Parlez-lui de sa clairvoyance, expliquez-lui comment s'y prendre pour la développer et pour vaincre tout ce qui fait obstacle à ce don et à tous les autres. Regardez par clairvoyance si l'enfant est en contact avec sa voix intérieure, son Soi supérieur, etc., et transmettez-lui quelques astuces qui lui permettront d'entrer en contact avec son esprit. Vous verrez peut-être que l'enfant gagnera à pratiquer une technique en particulier, ou qu'il profitera plutôt des cours d'instruction religieuse de l'église que fréquente sa famille. N'oubliez pas que vous n'êtes pas là pour donner des conseils : vous êtes là pour donner a l'enfant une lecture sur ses besoins à lui. Comme ce sera peut-être la seule occasion qu'il aura avant longtemps de recevoir un message du niveau que vous pouvez transmettre, faites bon usage du temps que vous passerez ensemble. Même si vous ne restez que cinq minutes avec lui, vous êtes l'un de ses mentors spirituels.

Adressez-vous à lui avec le même respect que vous avez pour un adulte.

Utilisez des mots simples qu'il peut comprendre, mais ne le traitez pas avec condescendance. Beaucoup d'enfants sont cachés dans l'ombre de leurs parents et souhaitent ardemment qu'on les considère comme des esprits souverains, ce qu'ils sont en réalité. Comme clairvoyants, c'est l'un des cadeaux les plus précieux que nous puissions leur offrir.

Vous devez respecter ses confidences, mais n'escomptez pas qu'il fasse de même.

D'entrée de jeu, informez l'enfant que vous ne répéterez à personne, pas même à ses parents, ce qui sera dit durant la lecture, mais qu'il est libre de partager l'information à sa guise. L'enfant a besoin de savoir qu'il peut vous faire confiance, et qu'il n'y aura aucune conséquence négative s'il est honnête et vous permet d'étudier sa vie et ses émotions par clairvoyance. D'un autre côté, ne lui demandez pas d'avoir des secrets pour ses parents, c'est très important : le conflit pourrait se révéler traumatique, entre la volonté de ne pas vous décevoir et le désir de partager son expérience avec ceux dont il est le plus proche. Certains enfants considèrent les secrets comme honteux ou mauvais ; s'ils ont l'impression que la lecture comporte un côté secret, ils auront le sentiment qu'ils ont fait quelque chose de mal.

Aidez le jeune à comprendre la dynamique qu'il vit avec ses parents, mais sachez que tout ce que vous lui direz à ce propos pourra servir et servira vraisemblablement de munitions pour les attaquer.

La lecture d'un enfant ou d'un adolescent fait souvent ressortir ses problèmes relationnels avec ses parents. Il vous arrivera de voir de l'information sur les parents que ceux-ci n'apprécieront pas. Par la suite, c'est cette information que l'enfant brandira au premier signe de conflit avec ses parents. La situation exige du tact. Il est bien évident que les enfants sont dépendants de leurs parents, physiquement et émotionnellement. Cependant, même les parents les plus aimants et les mieux intentionnés n'ont parfois aucune idée de ce que la destinée spirituelle de leur rejeton engage ou de ce qu'ils doivent faire pour lui offrir l'éducation et les expériences qui l'aideront a s'engager dans son cheminement spirituel. Beaucoup de parents sont remplis de peurs, de jugements et de limitations; plus ils aiment leurs enfants, plus ils les étouffent, plus ils les empoisonnent avec leurs doutes et leur manque de foi dans la perfection ultime du plan de Dieu et de l'Univers.

Comme clairvoyant, vous avez la possibilité d'accéder à l'esprit de l'enfant et de syntoniser le plan de son cheminement spirituel. Il vous arrivera souvent de distinguer l'origine du conflit qui existe entre les besoins et les désirs de l'enfant, et ceux de ses parents. Dans de rares occasions, vous pourrez Voir un enfant victime de violence physique ou d'abus sexuel de la part d'un parent. Dans ce cas, je vous conseille d'aborder le sujet avec l'enfant et de voir s'il accepterait que vous parliez de sa situation à son autre parent ou à un autre membre de sa famille, et peut-être que vous communiquiez avec la police et les services de protection de la jeunesse.

Quoi qu'il en soit, les embûches familiales sont souvent plus en rapport avec un conflit de personnalités ou des divergences quant aux désirs et aux buts des parents et de l'enfant. La plupart des parents pensent qu'ils ont le droit de prendre toutes les décisions au nom de l'enfant, justement parce qu'ils sont ses parents. Ils veulent régenter leur rejeton et quand ce dernier affirme sa volonté ou tente d'exercer son contrôle, ils lui disent qu'il est « méchant », « impertinent », ou même qu'il souffre d'un trouble déficitaire de l'attention.

Vous pourrez recevoir une fillette qui a désespérément besoin de se faire dire qu'elle est parfaite, que les étiquettes dont on l'affuble et la confusion qui règne autour d'elle ont plus à voir avec l'aveuglement, le dysfonctionnement et l'égocentrisme de ses parents qu'avec ses propres défauts. Un autre enfant aura besoin de savoir comment s'accommoder de ses parents jusqu'à ce qu'il soit assez vieux pour prendre soin de lui-même. Quand vous parlez honnêtement et clairement à l'enfant de qui il est, vous l'ouvrez à son autonomie comme jamais personne ne l'a fait auparavant. Beaucoup de parents ne veulent pas que leur enfant accède a son pouvoir personnel, car cela pourrait l'inciter à plus de désobéissance et d'effronterie.

Je vous recommande de vous montrer honnête avec les enfants pour ce qui est de leurs dynamiques familiales; en même temps, aidez-les à voir leurs parents et leurs proches avec compassion et mansuétude. Regardez toujours quels gestes l'enfant peut poser, quelle philosophie il peut adopter, pour coexister pacifiquement avec ses parents le temps qu'il faudra, sans sacrifier le sens de sa nature essentielle.

Un des parents doit-il assister à la lecture ?

Personnellement, je préfère toujours recevoir mes clients seuls, qu'il s'agisse d'un enfant ou d'un adulte, à moins que la lecture ne porte sur la relation de l'enfant et du parent, ou si je lis un très jeune enfant, nerveux à l'idée d'être séparé de son parent. En général, les enfants n'ont pas une conscience individuelle très claire quand ils sont avec leurs parents, parce que les parents même les plus aimants font constamment de la projection de rôles (« Tu es l'enfant, je suis le parent »), d'attentes (« Tu es un enfant, incapable de prendre soin de toi, de défendre tes intérêts ; tu es dépendant de moi »), et de jugements (« Tu n'es pas capable de rester assis calmement, tu parles trop fort, tu te conduis mal en classe »). L'énergie à l'origine de ces projections est si envahissante que, par rapport à ce qu'il est en l'absence de ses proches, l'enfant pourra avoir l'impression qu'il est presque entièrement *autre* en leur présence et par conséquent, le deviendra.

Avez-vous déjà remarqué, même à présent que vous êtes adulte, que votre regard sur vous-même change quand vous êtes avec l'un de vos parents ou les deux ? Votre estime de soi et votre sentiment d'autonomie s'effondrent d'un coup, et vous vous sentez irrité et à cran sans savoir pourquoi. C'est que même si la logique indique clairement qu'elles sont complètement étrangères à la réalité, les projections parentales persistent longtemps après que l'enfant soit devenu adulte.

Ces projections nuisent à la relation qui s'établit entre le clairvoyant et l'enfant, à l'exactitude d'ensemble et au bon déroulement de la lecture, puisque le clairvoyant court plus de risques de confondre les projections parentales et la nature essentielle de l'enfant. Même si le parent est absent, il y a toujours le risque que le clairvoyant confonde l'énergie du parent, sous forme de projections, de formes de pensées et d'émotions, avec l'énergie et les traits caractéristiques de l'enfant. Quoi qu'il en soit, la probabilité d'erreur augmente en présence du parent. Par ailleurs, le clairvoyant comme l'enfant se sentiront plus inhibés dans leur échange en présence des parents.

À l'occasion, il conviendra de parler aux parents après la lecture, avec la permission de l'enfant, pour leur transmettre certaine information obtenue par clairvoyance et déjà communiquée à l'enfant. Certains parents seront ouverts à votre message alors que d'autres y seront totalement opposés. Une fois la lecture terminée, vous aurez une bonne idée si l'enfant et vous devez envisager cette possibilité. Si le parent et/ou l'enfant veulent absolument assister ensemble a la lecture, demandez au parent de s'asseoir le plus à l'écart possible.

Étant donne' la prévalence des poursuites et des accusations de maltraitance et d'agression sexuelle à l'égard des enfants, certains clairvoyants, surtout masculins (bien que les femmes doivent aussi s'en inquiéter), insistent pour qu'un adulte assiste à la rencontre, ou en soit au moins le témoin visuel. D'un point de vue juridique, c'est une pratique prudente. C'est pourquoi je conseille à mes étudiants d'éviter les contacts physiques avec les enfants, sauf pour une poignée de main. L'adulte qui donne une poignée de main a un enfant lui dit essentiellement qu'il le respecte en tant qu'égal ; son geste peut avoir un impact beaucoup plus grand qu'une accolade. Si l'enfant vous donne l'accolade, acceptez-la, mais offrez-lui ensuite votre main.

Faire une lecture à de jeunes enfants

Étant étudiante depuis quelques mois, je faisais des lectures psychiques à une foire du paranormal lorsqu'un de mes professeurs s'est approché et m'a demandé de faire une lecture à une fillette d'environ cinq ans. Il essayait de lire la mère, et la fillette ne cessait de les interrompre. La mère avait donc décidé de procurer une lecture à son enfant afin de l'occuper. Avant que je puisse protester, la petite avait grimpé sur la chaise devant moi et cognait déjà des pieds avec impatience sur le cadre métallique. Je n'avais pas d'enfant à l'époque et je n'en avais pas côtoyé depuis un bon moment. Je n'avais aucune idée comment m'y prendre pour parler à un enfant, encore moins pour le lire. J'ai décidé de faire comme pour un adulte. J'ai fermé les yeux et récité une prière. Ensuite, j'ai demandé à la fillette de me dire son nom et si elle avait des questions. Sa réponse m'a semblé venir de très loin : en ouvrant les yeux, j'ai constaté qu'elle avait déjà quitté sa chaise et qu'elle explorait maintenant le stand voisin, celui des jeux de tarot. « Qu'est-ce que c'est ? » m'a-t-elle demandé en prenant un jeu de Rider-Waite. Elle en a sorti l'arcane de la Tour foudroyée. « Cette carte fait peur. Qu'est-ce que c'est ? » a-t-elle ajouté, en montrant la tour du doigt.

À ce stade, j'avais décidé d'abandonner l'idée de lui faire une lecture. De toute façon, tout ce que sa mère cherchait, c'était une gardienne. Me souvenant que les gardiennes lisent des contes, j'ai décidé de raconter une histoire sur les cartes à la petite fille.

Montrant la tour du doigt, j'ai dit : « Tu vois ce grand édifice ? C'est une maison. Et les gens qui sautent par la fenêtre sont des enfants. Ils sont en colère parce que l'un des garçons a mis le feu à la maison et elle est en train de brûler. » Quelle histoire charmante pour une enfant de cinq ans ! ai-je songé. Mais sa réponse m'a ébahie.

« Oui, c'est ce qui est arrivé à notre maison. Mon frère jouait avec des allumettes et il a mis le feu à l'herbe de la cour. Maman était vraiment très en colère. Il fait toujours des mauvaises choses. » J'ai pris conscience que j'étais sur une piste.

« Tu vois cette personne sur la carte ? ai-je demandé. C'est toi. Selon moi, elle est en colère contre les autres habitants de la maison. »

« Oui, a répondu la fillette. Maman est toujours trop occupée à surveiller mon frère pour jouer avec moi. Il ne veut pas qu'elle joue avec moi. Il me rend furieuse. »

« Eh bien, voyons si les choses vont changer bientôt. Sors-moi une autre carte. » Elle m'a tendu l'arcane du Soleil. J'ai dit : « Selon moi, c'est une carte heureuse. Regarde le visage de la fillette. Elle sourit. La vie lui sourit et elle s'amuse. On dirait qu'elle est en vacances. »

Le visage de la fillette s'est illuminé : « Oui ! Pour mon anniversaire, nous allons à Disneyland en avion ! »

Plus tard, la mère de la fillette m'a confirmé que son fils avait allumé un incendie dans la cour arrière de leur résidence la semaine précédente, et que toute la famille s'envolait pour Disneyland la semaine d'ensuite.

Technique de lecture avec le tarot (pour les 3–7 ans)

Mon expérience avec la fillette m'a non seulement enseigné à lire un jeune enfant, mais aussi à me servir des arcanes du tarot pour lire les gens de tous âges. Demandez d'abord à l'enfant de choisir une cane. puis parlez-lui de la carte sans vous censurer. Ne considérez pas l'expérience comme une lecture, dites-vous simplement, et dites à l'enfant que vous inventez une histoire avec les cartes. Vous éviterez ainsi de ressentir de la pression ou un sentiment de responsabilité. Servez-vous des éléments visuels des arcanes comme d'un tremplin pour propulser l'intrigue et les événements de l'histoire. Demandez-vous à quoi ces éléments vous font penser. En parlant, prêtez attention aux images et aux pensées nouvelles qui vous traversent l'esprit ; décrivez-les et incorporez-les à l'histoire.

PARTIE 4

Guérison Spirituelle

CHAPITRE 20

Bases de la Guérison Spirituelle

Qu'est-ce que la guérison spirituelle ?

Si vous avez essayé l'une ou l'autre des techniques présentées dans ces pages, vous avez déjà pratiqué la guérison spirituelle. Que ce soit en créant votre ancrage, en faisant circuler votre énergie, en créant une visionneuse et en y invitant l'énergie d'un individu pour la lire, vous pratiquez la guérison spirituelle, car vous transmutiez l'énergie. Dès l'instant où vous regardez l'énergie par clairvoyance, elle se transforme. L'importance du changement dépend de plusieurs facteurs. Les plus significatifs sont l'intention du sujet de la lecture ou de la guérison et sa réceptivité au changement, et l'intention de la personne qui fait la lecture ou la guérison. L'importance de la transformation de l'énergie est aussi tributaire d'autres facteurs : d'un côté, le genre de méthodes employées, l'expérience et la nature du guérisseur ou des guides de guérison ; de l'autre, l'intensité de la résistance engendrée par les programmations familiales, les amis, amoureux, collègues de travail, entités désincarnées et autres.

Comme nous l'avons vu dans les chapitres précédents : émotions, pensées, souvenirs, douleur, information et le reste, tout est énergie. Le corps physique est constitué d'énergie et entouré d'énergie. Quand l'énergie bouge, change, se transforme ou est libérée, une transformation s'ensuit dans le corps, le mental, les émotions et ultimement, l'esprit. Cette transformation s'appelle la guérison.

Technique de guérison spirituelle de base

D'innombrables techniques peuvent servir à favoriser la transformation et la guérison. Le toucher, les sons, l'acupuncture, les psalmodies, la prière et les herbes ne sont que quelques-unes des méthodes dont l'efficacité a pu être prouvée dans certains cas. Ces techniques s'accompagnent souvent de visualisations. Il est naturel de visualiser ses désirs et ses intentions. Vous avez faim : pendant une seconde, vous visualisez, disons, un hamburger. Vous entendez parler de quelqu'un qui a gagné la loterie et vous vous perdez dans des visions où vous conduisez une BMW décapotable, vous vous prélassez dans un spa, à l'extérieur de votre nouvelle résidence somptueuse, flûte de champagne à la main, vous vous vautrez, nu, sur un lit jonché de billets de banque... (Ne me dites pas que je suis la seule !) Quand on éprouve le désir de se guérir ou de guérir quelqu'un, il est naturel de visualiser sa santé qui s'améliore et/ou sa maladie qui disparaît. Même si vous ignorez que votre désir et votre visualisation exerceront des effets, vous engendrerez quand même de puissants changements en vous ou en l'autre, parce qu'en essence, il ne faut rien de plus.

On se prépare à la guérison spirituelle de la même manière qu'on se prépare à une lecture psychique (voir chapitre 14). Une fois vos préparatifs terminés, c'est-à-dire après vous être ancré, avoir fait circuler votre énergie et vous être situé au centre de votre cerveau, vous êtes prêt à commencer le traitement.

Visualisez d'abord la personne que vous voulez guérir. Elle peut être assise à un mètre de vous ou se trouver à des milliers de kilomètres de distance, sur un autre continent. Indépendamment de la distance géographique, les résultats seront les mêmes, car il n'y a ni temps ni espace, que ce soit dans une lecture psychique ou une guérison spirituelle. Si le sujet est présent, demandez-lui de s'asseoir sur un siège confortable, à environ un mètre de vous. Demandez-lui de répéter quelques fois le nom qu'il porte actuellement. Si le sujet n'est pas présent physiquement, visualisez-le et répétez son nom et son adresse, si vous les connaissez. Pour guérir à distance, certains thérapeutes aiment avoir devant eux une photo de leur sujet. Pour ma part, bien qu'une photo puisse m'aider à me concentrer ou à visualiser mon sujet, j'ai constaté que je n'ai pas besoin d'avoir ou de savoir autre chose que le nom de la personne. Même son nom ne m'est pas indispensable ; car la guérison et la lecture fonctionnent avec l'intention.

Si une cliente vient vous voir et vous dit que sa grand-mère est malade, tant que vous avez l'intention de guérir la grand-mère dont elle parle, vous pouvez entrer énergétiquement en contact avec elle sans savoir son nom. Tout ce dont vous avez besoin, c'est d'un symbole : dans cet exemple, le mot « grand-mère ». Si vous apprenez au bulletin de nouvelles qu'une fillette a disparu, mais que vous n'avez pas saisi son nom, vous pouvez choisir de lui donner une guérison en disant : « Je choisis maintenant de guérir la fillette disparue dont on parlait aux nouvelles. » Vous serez instantanément en contact avec elle. Encore une fois, il est utile d'avoir le nom du sujet et quelques autres renseignements : date de naissance, adresse, apparence physique, car ces données vous aideront à améliorer votre concentration clairvoyante. Par ailleurs, quand le sujet de la lecture/guérison est présent, le fait de prononcer son nom à voix haute l'aidera à réintégrer son corps s'il perd son ancrage ou sa concentration.

Que votre sujet soit présent ou non, visualisez que vos chakras couronne se colorent d'un bleu vif ou de pourpre. Équipez ensuite votre sujet d'une corde d'ancrage. Voyez son corps ancré au centre de la planète. Ensuite, imaginez que vous tenez un pot de peinture bleu cobalt ou pourpre rutilant, qui représente l'énergie. Il s'agit d'une énergie thérapeutique neutre. Colorez-en d'abord votre chakra couronne. Puis, prenez de l'énergie dans le pot et inondez-en le corps de votre sujet. Observez patiemment ce qui se produit. Une zone malade se révélera par une couleur différente.

Dans ce cas, vous pouvez faire une lecture de chaque couleur pour comprendre ce qu'elle représente, ou vous contenter d'observer tandis que la couleur est évacuée par la corde d'ancrage du sujet. Si vous souhaitez lire la couleur de l'énergie malsaine, créez une visionneuse, invitez la couleur à entrer dans le réceptacle, et procédez à sa lecture comme vous le feriez d'ordinaire. Détruisez la visionneuse une fois que vous avez terminé. Même si vous voulez juste aider le sujet a se libérer d'une énergie malsaine, vous pouvez créer une visionneuse et la remplir de la couleur rose de l'énergie malsaine jusqu'à la rendre énorme. Puis, imaginez que vous expédiez cette rose au milieu de l'océan ou dans le désert, et visualisez son explosion. Répétez le processus jusqu'à ce que vous sentiez que l'énergie a été entièrement libérée.

Ressourcer le sujet avec sa propre énergie thérapeutique

Quand on se coupe un doigt ou qu'on s'érafle le genou, la blessure guérit d'elle-même en quelques jours ou quelques semaines, peu importe qu'on lui donne des soins ou non. C'est que le corps humain est conçu pour se guérir lui-même. Il est animé d'une énergie vive qui est l'énergie de guérison. L'énergie, à l'origine de la création de notre corps, nous accompagne jusqu'à notre mort et contribue à recréer toute partie blessée ou malade. Dans la guérison spirituelle, vous activez, accélérez et complétez cette force intrinsèque en appliquant des méthodes de visualisation. Après avoir aidé le sujet à expulser l'énergie malsaine de son corps, vous voudrez donc l'aider à remplir la zone affligée avec son énergie thérapeutique personnelle. De cette manière, elle poursuivra le travail de réparation de la région endommagée ou malade et préviendra le retour de l'énergie délétère.

Je vous conseille de déterminer d'abord par clairvoyance la couleur de l'énergie du sujet. Ensuite, demandez-lui de vous dire quelle couleur représente son énergie thérapeutique. S'il hésite, reformulez votre question et demandez-lui quelle est sa couleur favorite, celle qu'il trouve la plus apaisante, la plus réconfortante, celle qui lui apporte le plus de paix et de bonheur. Si la couleur qu'il choisit n'est pas celle que vous avez vue, ou si elle ne vous semble pas juste (certains s'accommodent fort bien des énergies étrangères, même quand elles sont destructrices, comme c'est le cas dans une relation de codépendance), placez-la sur une visionneuse, équipez le réceptacle d'une corde d'ancrage et vérifiez si la couleur change. La couleur que vous voyez sera la couleur de l'énergie thérapeutique du sujet.

Une fois que vous avez déterminé la couleur, faites-la circuler dans la région qui vient d'être nettoyée, ainsi que dans les chakras et l'aura du sujet. Invitez ensuite la personne à faire circuler l'énergie dans son corps avec vous. Vous l'aidez ainsi à renforcer son pouvoir personnel, tout en lui enseignant une technique de guérison pratique que la personne pourra utiliser à sa guise, en tout temps et en tous lieux

Guérison cellulaire

Toute maladie commence sur le plan énergétique avant de se manifester physiquement dans l'organisme. Quand mie énergie malsaine envahit le corps, ou quand l'énergie qui circule dans l'organisme est bloquée ou devient stagnante, elle parasite d'abord les cellules, avant d'affecter les glandes, les organes, les muscles et les autres parties du corps. S'il y a suffisamment de cellules saines, elles combattront les cellules infectées et élimineront l'énergie malsaine de l'organisme.

En tant que guérisseurs spirituels, nous pouvons nous servir de la visualisation pour stimuler et favoriser ce processus en travaillant tant avec les cellules malsaines qu'avec les cellules saines. La technique de guérison présentée ici est très simple, et pourtant extrêmement puissante. Elle est particulièrement utile pour aider les personnes atteintes de maladies cellulaires comme le cancer. On peut l'appliquer en conjonction avec n'importe quelle autre technique de guérison présentée dans ce livre. Comme dans tous les types de lecture ou de guérison, il est indispensable d'établir d'abord vos éléments séparateurs, de bien vous ancrer et de faire circuler votre énergie avant de commencer le traitement.

Une fois que vous avez syntonisé le sujet, créez une visionneuse et cherchez par clairvoyance la cellule la plus malsaine de son organisme. Laissez la cellule apparaître sur votre écran. Observez-en les couleurs. Équipez la cellule d'une corde d'ancrage et ancrez-la au centre de la planète. Visualisez l'énergie malsaine qui quitte la cellule. Demandez ensuite à la cellule la plus saine du corps d'apparaître juste a côté de la cellule malade. La cellule saine portera le nom de *cellule maîtresse*. Attendez patiemment son apparition sur votre écran de lecture. Observez attentivement sa taille, sa forme et ses couleurs. Le travail de cette cellule maîtresse consistera à « éduquer » ou à reprogrammer les cellules malsaines. Prenez la cellule maîtresse et juxtaposez-la sur la cellule malade. Laissez-la en place jusqu'à ce que la cellule malade adopte les mêmes proportions et les mêmes couleurs qu'elle. Continuez d'observer l'ancrage de la cellule malade pour voir si d'autres énergies ou couleurs en sortent. Sachez que ces deux cellules représentent toutes les cellules de l'organisme : par conséquent, toutes les cellules malades seront instantanément transformées par la cellule maîtresse.

Une fois que vous êtes satisfait que la cellule malade a été assainie, imaginez que la cellule maîtresse se divise en deux. Voyez ces deux cellules maîtresses se diviser encore en deux. Poursuivez en ce sens jusqu'à ce que les cellules maîtresses aient envahi l'organisme tout entier. Commandez-leur d'aller de l'avant et de traquer toute cellule malsaine qui s'entête à parasiter le corps.

Guérir ses relations

Guérir ses relations ne signifie pas toujours que tous les problèmes se résoudront ou que les choses tourneront exactement comme on le souhaite. Guérir une relation pourrait signifier y mettre un terme, si c'est pour le plus grand bien de chaque partenaire. Chose certaine, la communication entre les partenaires deviendra plus honnête et plus paisible, et les influences extérieures qui affectent la relation diminueront ou cesseront.

À l'instar des individus, les relations sont vulnérables à toutes sortes d'énergies qui affligent leur santé au fil du temps. Les partenaires apportent constamment une foule de formes de pensées, d'émotions et d'énergies à la relation, apports qui pourront la renforcer ou la déchirer. Par ailleurs, il y a l'énergie et l'influence de la famille, des amis et des guides spirituels de chacun, en plus de la société en général qui exerce un effet sur la relation, qu'elle soit consciente ou non de son existence.

Pour guérir spirituellement une relation, faites d'abord le tour de vos outils de méditation. Puis, créez un nouvel écran de lecture. Visualisez sur l'écran deux roses en verre transparent (ou deux verres à vin) pour représenter les partenaires. Assignez un nom à chaque fleur et marquez-les de leur nom. Équipez-les d'une corde d'ancrage. Puis, visualisez une couleur pour chaque fleur et observez les différences et les similarités qui se présentent. Dans un espace que vous ménagerez entre les deux fleurs, créez une troisième rose en verre transparent. Inscrivez le mot «communication» à l'intérieur. Faites-en ensuite une petite lecture rapide. Quelles couleurs voyez-vous? Équipez la rose d'une corde d'ancrage et commandez l'expulsion des énergies étrangères par la corde. Observez l'énergie qui est expulsée et remarquez sa couleur. Répétez le processus pour chaque fleur.

Une fois les énergies étrangères libérées, choisissez une vibration (ou plusieurs) que vous aimeriez infuser à la relation, vibration qui aura une influence positive sur la communication entre les partenaires. Vous pouvez choisir une vibration de paix, de bonheur, d'enthousiasme, d'amusement, de plaisir, d'amour, de passion, ou autre. Choisissez une couleur pour cette vibration et observez tandis qu'elle remplit les trois roses. Vérifiez si d'autres énergies sont libérées tandis que vous remplissez les fleurs, et remarquez si ces dernières subissent des changements. Vous pouvez faire plus et visualiser dans la rose des images représentant la communication et exprimant la vibration ou l'atmosphère générale que vous venez d'insuffler à la relation. Par exemple, si vous choisissez la paix, visualisez un signe de paix ou voyez les deux partenaires qui se tiennent par la main et admirent ensemble le coucher du soleil, l'air serein et harmonieux. Si vous choisissez la passion, voyez le couple en train de faire passionnément l'amour.

Pour cet exercice, je vous suggère de choisir un état d'esprit — bonheur, paix, amour, et ainsi de suite — plutôt que de demander un résultat spécifique, car ce qui représentera ce que vous croyez vouloir pourra se révéler ne pas être dans votre meilleur intérêt, ni dans celui de l'autre. Cette technique élémentaire est si puissante qu'elle manifeste avec une facilité déconcertante ce que vous visualisez. D'un autre côté, si le résultat souhaité vous convient parfaitement, mais déplaît à votre partenaire, l'exercice pourrait signifier la fin de votre relation. En effet, quand vous pratiquez l'exercice, votre partenaire reçoit les images que vous venez de créer sur le plan subconscient et télépathique. Si les images et les désirs exprimés dans la rose ne sont pas alignés avec ses désirs ou son chemin de vie, votre partenaire mettra un terme à la relation, ou bien les circonstances vous conduiront à la rupture afin que vous puissiez tous deux vivre une relation selon les désirs de votre cœur.

Pour conclure, créez une image représentant Dieu. Vous pouvez visualiser cette image sous forme d'une étoile brillante, d'un soleil radieux, d'une sphère de lumière scintillante, d'un visage de grand-père ou même sous les traits de Fred, votre chien ! Visualisez limage au-dessus des trois roses. Choisissez une couleur qui représente la compassion, l'amour et l'omniscience de Dieu. Voyez cette couleur devenir de plus en plus vive, jusqu'a ce que son éclat dépasse en intensité tout ce que vous avez vu à ce jour. Dessinez ensuite à l'aide de cette lumière colorée des colonnes qui vont de chaque rose a Dieu, et d'une rose a l'autre, pour former un triangle traversé par une ligne en son milieu. Visualisez la couleur qui descend de votre symbole divin vers la rose représentant la communication ; voyez la lumière la remplir complètement. Visualisez ensuite la couleur qui se répand dans les deux roses de côté et observez tandis qu'elles se remplissent d'énergie. Puis, visualisez la lumière colorée qui revient vers Dieu. Observez la circulation de l'énergie pendant quelques minutes. Indépendamment des événements, sachez que ce qui se produira servira votre meilleur intérêt et celui de votre partenaire. Une fois la guérison terminée, détruisez toutes les images de votre écran de lecture et procédez à votre nettoyage énergétique habituel.

Techniques pour se débarrasser des entités malicieuses

Dans vos lectures, nul doute que vous rencontrerez des esprits dérangeants a un moment ou à un autre. Ces entités risquent de déranger le client ou de vous importuner pendant que vous essayez de lire. Parmi ces esprits, certains sont probablement animés des meilleures intentions du monde. Ils veulent guérir ou aider le client, mais se comportent d'une façon qui ne favorise pas son bien-être (comme un parent aimant, mais surprotecteur et contrôlant, qui pense à tort qu'il sait ce qui est le mieux pour son enfant). Dans cette catégorie, on trouve certains proches décédés qui n'ont pas conscience d'être mort ou ne sont pas prêts a lâcher prise sur le sujet (ou vice versa). Certaines personnes supposent à tort que tout esprit passé dans l'Au-delà est automatiquement illuminé, ou du moins plus sage qu'il ne l'était avant son trépas. Cependant, mes lectures m'ont permis de découvrir que si certains acquièrent plus de sagesse en mourant, beaucoup n'y parviennent pas. Si votre oncle Fred était un pauvre type de son vivant, il y a de fortes chances qu'il en soit toujours un maintenant qu'il est mort. Même si c'était un saint de son vivant, s'il s'agrippe à vous (ou vous à lui), vous pourriez tous deux encourir certains problèmes.

Beaucoup d'esprits de toutes sortes sont animés par l'ardent désir d'expérimenter la vie humaine sur Terre. Cherchant désespérément des parents qui les enfanteront, ils ne s'arrêteront devant rien pour atteindre letir but. De fait, certaines de ces entités sont supposées s'inca.mer, d'autres non. Elles peuvent exercer d'importants effets, tant positifs que négatifs, sur les relations de l'individu : son estime de soi, sa libido, son espoir (ou désespoir) d'avoir des enfants, et ainsi de suite. Plutôt que de naître dans un nouveau corps, certaines entités tentent ainsi d'envahir ou de posséder celui d'un vivant.

Une autre catégorie d'esprits malveillants n'a pas la capacité de comprendre et de respecter la vie humaine. Ils se présentent souvent sous forme d'insectes, de vers, de serpents, d'araignées, ou de visages hideux/effrayants. Ce sont des esprits profondément antisociaux. Certains semblent humains, alors que d'autres ressemblent à des animaux ou à des extraterrestres. Ils se nourrissent de souffrance et de peur. Ils peuvent interférer dans les relations et les détruire, anéantir l'estime de soi, et susciter des comportements et des émotions suicidaires.

Indépendamment de l'intention, de la nature ou de la propension a l'amour ou à la méchanceté de l'entité, on applique la même technique et la même approche de base pour la chasser. Il est d'abord important de toujours vous rappeler (ainsi qu'à l'esprit) que vous avez un avantage sur les désincarnés : vous avez un corps physique relié a la Terre. Il pourra vous arriver de craindre un esprit que vous ne comprenez pas. En d'autres occasions, les esprits pourront se servir de diverses tactiques pour vous faire peur et vous contrôler, car la peur vous fait descendre à leur niveau vibratoire. Si vous ne cédez pas à la peur, ils n'auront aucun pouvoir sur vous. Certains esprits agissent comme des brutes : ils jouent bien leur rôle de durs à cuire, mais du moment qu'ils comprennent que vous voyez clair dans leur jeu, ils prennent peur et s'enfuient.

Quand vous voyez un esprit (par clairvoyance ou avec vos yeux), commencez toujours par le saluer. Faites-lui savoir que vous le voyez. Demandez-lui s'il a un message pour vous. Si ce message s'avère inamical ou effrayant, vous ferez bien de mettre immédiatement un terme a la communication. Reconnaissez la présence de l'entité, mais n'essayez pas de vous faire comprendre ou de la réformer. Ne discutez pas avec elle. Essayer de changer sa nature est un peu comme essayer de raisonner un tigre mangeur d'homme affamé. Si vous essayez de la raisonner, vous ne ferez que vous rendre plus vulnérable à ses subterfuges.

La vibration supérieure de l'amusement constitue votre meilleure arme. Quand vous voyez ou sentez une entité déplaisante, sérieuse et déterminée, servez-vous de votre imagination la plus fertile pour l'affubler de vêtements ridicules. Imaginez qu'elle porte une robe de fillette, rose et pailletée, avec un bonnet à fanfreluches assorti, et des lunettes de soleil aux coins ornés de petits oiseaux. Jetez-la dans Lui landau rose, fermez sa bouche immonde d'un biberon et emmenez-la dans un joli jardin où vous déambulerez en lui racontant des blagues idiotes de monstres, avant de l'expédier aux confins de l'espace. En général, l'entité déguerpira loin de vous en hurlant avant même que vous essayiez de la chasser ! Elle sera incapable de supporter votre vibration d'amusement. Le rire et la beauté la dissoudront. En élevant votre vibration, vous la ferez disparaître, car elle ne parviendra pas à s'élever à votre niveau.

Si vous avez de la difficulté à entrer en contact avec l'énergie de l'amusement, vous avez le choix entre plusieurs tactiques. Visualisez sur votre écran de lecture l'entité reliée à Dieu par un cordon de lumière brillante et ancrée à la planète à l'aide d'une solide corde d'ancrage. Imaginez que vous déposez doucement l'entité entre les mains géantes de Dieu. Remerciez Dieu de venir en aide à l'entité et de l'emporter au loin. Continuez la visualisation jusqu'à ce que vous ayez le sentiment très clair que l'entité a disparu.

Tandis que vous procédez, n'hésitez pas à demander l'aide d'un maître ascensionné, tel que Bouddha, Jésus, la Vierge Marie, l'archange Michel ou l'un de vos guides spirituels. Que vous vous considériez comme chrétien ou non, le nom du Christ est un symbole redoutable qui sert depuis des siècles aux exorcismes (je suis juive et ça marche pour moi!). Au nom du Christ, commandez avec assurance et avec toutes les fibres de votre être que l'entité soit bannie de votre royaume. Énoncez votre commandement à haute voix.

Quand vous avez affaire a des entités malveillantes, agissez en imagination comme vous le feriez en réalité. Si un intrus s'introduisait dans votre maison, vous pourriez lui crier de sortir, lui tirer dessus ou téléphoner aux policiers, et en même temps, prier tout en appelant vos voisins à l'aide. De la même manière, quand vous donnez une lecture et que vous constatez qu'un esprit a envahi votre aura, commandez-lui de partir, et demandez à Dieu et à vos guides spirituels de l'emporter. Imaginez que vous le chassez très, très loin de vous; ou en dernier recours, imaginez que vous le détruisez en l'abattant d'une balle, ou tout simplement en le faisant disparaître à l'aide d'une gomme à effacer.

PARTIE 5

Considérations Personnelles et Professionnelles

CHAPITRE 21

ÉTHIQUE DE LA CLAIRVOYANCE

En tant que clairvoyant, vous devrez développer votre propre code de conduite, car vous aurez à faire face à un large éventail de dilemmes éthiques qui surgiront tant dans le cadre de vos lectures que dans vos relations interpersonnelles au quotidien. Le dictionnaire définit l'éthique comme « les principes de conduite gouvernant un individu ou un groupe » et « la discipline portant sur la définition du bien et du mal, l'obligation et le devoir moral ». Les professionnels, tels que psychologues, médecins, travailleurs sociaux, avocats, etc., sont tous régis par des associations qui ont conçu et appliquent vigoureusement un code d'éthique strict que leurs membres sont tenus de respecter.

Aux États-Unis, il n'y a pas de conseil de régulation du comportement des clairvoyants et des guérisseurs spirituels professionnels (une bonne chose en définitive, étant donné les idées erronées de la majorité sur les phénomènes paranormaux — à ce stade, une réglementation gouvernementale s'apparenterait aux procès des sorcières de Salem!). Par conséquent, chaque clairvoyant doit élaborer son propre code moral, lequel déterminera certains de ses choix dans le cadre d'une lecture psychique, d'une guérison spirituelle et dans son quotidien.

Durant mes études de premier cycle en psychologie et ma maîtrise en travail social, j'ai suivi plusieurs cours obligatoires sur les codes d'éthique professionnels et les lois régissant ces deux domaines — par ailleurs étroitement reliés et proches de la lecture psychique qui comporte également un élément thérapeutique. Certains des principes étudiés me sont restés ; ils m'ont aidée à comprendre qu'il était important d'adopter un comportement donné dans le cadre d'une lecture, afin de minimiser tant la souffrance des clients que la mienne. Ces principes m'ont aussi aidée à créer des liens plus solides avec ma clientèle et à résoudre des dilemmes mettant en cause des valeurs conflictuelles. Deux principes étaient particulièrement pertinents dans ce contexte : la confidentialité et la définition de frontières claires. Malheureusement, beaucoup d'autres points dénués de toute ligne directrice relevaient exclusivement de la lecture psychique. Résultat : j'ai dû apprendre sur le tas et à l'occasion, des erreurs douloureuses m'ont permis de comprendre comment résoudre ces dilemmes au mieux.

Dans ce chapitre, j'aborderai donc le code d'éthique que j'applique à mes lectures et guérisons. À tout le moins, cela servira à lancer la question et à vous inciter à réfléchir à certaines problématiques, certains choix, et à la façon de les aborder. Bien que je ne cherche pas à imposer mes valeurs a qui que ce soit, il est fort possible qu'elles transparaîtront. Toutefois, vous en ferez ce que bon vous semblera. Selon moi, un exposé sur l'éthique et les dilemmes éthiques, communément rencontrés dans les lectures, est essentiel tant pour les clairvoyants qui veulent faire des lectures que pour les indécis. Votre résistance à aborder ces dilemmes éthiques et votre crainte de les affronter pourraient bien être les mêmes facteurs qui vous ont laissé dans l'ignorance des dons spirituels et psychiques que Dieu vous a donnés, et qui sont en vous depuis le début de votre incarnation. Ces mêmes facteurs vous auront aussi empêché de faire fructifier vos dons.

Confidentialité

L'association américaine de psychologie et le code d'éthique du travail social soulignent l'importance de la confidentialité entre le praticien et son client. Cette entente est vitale pour la relation, car elle crée un environnement où le client se sent assez en sécurité et en sûreté pour se livrer avec sincérité. Si la confidentialité est violée, le client (et d'autres) en subira peut-être les répercussions négatives, mais il pourra aussi vivre un sévère traumatisme émotionnel en constatant qu'il a été trahi par la seule personne (peut-être) en qui il avait confiance, le modèle qu'il admirait.

Comme clairvoyant, vous recevrez des gens qui vous confieront des problèmes qu'ils ont cachés à leur entourage et à eux-mêmes toute leur vie. Il vous arrivera de voir des images qui illustrent des comportements dont votre client a honte et qui l'embarrassent affreusement. En définitive, le client avait besoin que ces questions soient abordées, mais consciemment, il ne s'attendait pas à ce qu'elles surgissent durant la lecture, et il n'aurait jamais imaginé que vous pourriez en voir aussi crûment les détails. Ainsi, j'ai vu un homme avoir des relations sexuelles avec une poupée gonflable. Bien qu'en fin de compte il ait voulu obtenir de l'aide dans ses difficultés relationnelles, il ne s'attendait certainement pas à ce que je sois témoin de cet aspect de son comportement sexuel ! Vous pouvez imaginer à quel point il serait dévasté si e devais confier cette information à une de ses connaissances.

Il y a quelques années, j'ai reçu un couple pour une lecture. J'ai demandé aux partenaires s'ils voulaient une lecture de couple, mais ils m'ont répondu par la négative et m'ont expliqué que chacun travaillait sur ses problématiques personnelles. En lisant l'homme en premier, j'ai découvert qu'il songeait à avoir une aventure extra-conjugale. le l'ai aidé à voir clair dans le sentiment de responsabilité et de culpabilité qui l'accablait. À la fin de la lecture, il était tellement soulagé que j'aie fait preuve de compassion plutôt que de jugement, qu'il m'a demandé de devenir sa maîtresse ! Avant que j'aie le temps dire non, sa conjointe est entrée dans la pièce. Imaginez la pression ! Ai-je respecté la confidentialité ou ai-je annoncé à la pauvre femme que son conjoint venait de me demander d'avoir des relations sexuelles et qu'il planifiait de la quitter dès qu'il en aurait l'occasion ?

Je me suis d'abord ancrée à nouveau et j'ai placé ma conscience au centre de mon cerveau. Puis, je me suis rappelé que je n'étais pas responsable de la vie de ces deux personnes. Le couple venait me voir pour obtenir de l'information, non pour recevoir mes jugements moraux. Ayant décidé que je n'avais pas le droit de violer les confidences de l'homme, j'ai donné à la femme une lecture qui a finalement porté sur sa dépendance envers son mari, et sur ce qu'elle pouvait faire pour améliorer sa vie et s'épanouir davantage sur le plan personnel. L'information que j'ai transmise a peut-être contribué à améliorer la relation, mais il est plus probable qu'elle ait aidé la femme à affronter le fait que son mariage risquait de se solder par un divorce.

Certains seront d'avis que j'aurais dû lui parler des aventures de son conjoint, étant donné que cette information l'aurait aidée à prendre des décisions plus justes. Honnêtement, je me demande encore si cela aurait été la meilleure chose à faire : je sais que si j'avais été à sa place, j'aurais voulu connaître toute la vérité. Si la question de sa relation ou de la fidélité de son conjoint avait surgi en cours de lecture, mon dilemme aurait été facile à résoudre : les images clairvoyantes lui auraient donné la même information que ce que j'avais reçu en lisant son mari. Mais le sujet n'est jamais venu sur le tapis ; par conséquent, il ne devait peut-être pas être abordé.

Cet exemple démontre la confusion et les difficultés qui surgissent quand on doit choisir sa ligne de conduite face à un conflit de valeurs éthiques : le respect de la confidentialité par opposition à la vérité et à la fidélité. Quand il s'agit du respect dé la confidentialité, les codes de conduite en travail social et en psychologie proposent des lignes directrices claires, selon lesquelles la confidentialité peut être violée s'il y a un danger potentiel pour la vie de la personne. En fait, les travailleurs sociaux et les psychologues sont tenus par la loi de rapporter une menace de violence préméditée si la victime potentielle est identifiée. Aussi dommageable qu'elle soit, l'infidélité ne satisfait pas à cette exigence.

La première lecture que j'ai donnée en solo, sans l'aide d'un collègue ou d'un professeur, impliquait une menace de violence. Contrairement à la situation du conseiller traditionnel qui recueille l'information par l'échange verbal et l'observation physique, ce dilemme illustrait pour moi une situation inhérente à la clairvoyance.

J'avais donné des lectures à l'extérieur toute la journée dans le cadre d'une foire du paranormal parrainée par mon école de formation. J'avais la peau brûlée par le soleil et j'étais assoiffée. Je me préparais à refaire en sens inverse le trajet de deux heures qui séparait Sacramento de mon appartement d'Oakland, quand une enseignante que je ne connaissais pas s'est approchée et m'a demandé de faire une lecture à un homme installé depuis un moment dans le kiosque des vies antérieures. J'ai expliqué que je n'avais jamais fait de lecture solo, ce a quoi la femme a répondu : « Il faudra bien que vous y veniez un jour, alors autant que ce soit tout de suite. Par ailleurs, la lecture des vies antérieures est facile, ce n'est pas de l'information que le client peut confirmer ou nier. »

J'ai donc accueilli l'homme et pris place à une certaine distance de lui sur une chaise pliante métallique chauffée par le soleil. L'homme n'a pas dit un mot, à l'exception de son nom. J'ai commencé par son incarnation la plus récente, dont la plus grande partie s'était déroulée dans un donjon immonde. Le client avait des relations sexuelles avec un homme qui le fouettait. Sa vie précédente n'était guère mieux. En fait, je ne voyais que des images dépeignant la torture sadomasochiste qu'il avait subie, vie après vie, comme esclave sexuel. Au départ, je ne voulais que regarder deux de ses vies antérieures, mais j'étais sur ma lancée.

Ensuite, j'ai vu le client dans son enfance : il était dans la cuisine, devant son père qui lui donnait une raclée. Il portait des vêtements relativement modernes. Puis, je l'ai vu adulte, encore une fois vêtu de vêtements modernes. Cette fois, il y avait un enfant avec lui. Mon client l'invitait à descendre de son vélo, tout en se frottant l'entrejambe avec ses mains. Ensuite, j'ai vu un autre enfant encore plus jeune, en larmes, et mon client qui défaisait la braguette du garçon. Et tout a coup, j'ai su sans l'ombre d'un doute que j'avais affaire à un pédophile.

J'ai fait la seule chose logique qui m'est venue à l'esprit : j'ai paniqué en silence. Puis, je me suis centrée dans mon ancrage et j'ai décrit ce que j'avais vu à mon client. Je ne lui ai épargné aucun détail. Il n'a pas prononcé une seule parole. Quand j'ai été à court de mots, nous sommes restés silencieux. J'ai prié Dieu, ou n'importe qui, de m'aider à comprendre ce que je devais faire. Les secondes sont devenues des minutes. Finalement, j'ai demandé à mon client s'il voulait que je regarde quels gestes il pouvait poser pour s'aider et améliorer sa situation. Il n'a rien dit. J'ai ouvert les yeux pour la première fois depuis que je m'étais assise en face de lui et j'ai répété ma question. Il a levé les yeux une seconde.

J'ai vu de la gratitude dans son regard. Il a hoché la tête. J'ai refermé les yeux et créé une visionneuse. Je l'ai reliée à Dieu avec un cordon d'énergie dorée, puis j'ai prié avec ferveur pour qu'une réponse apparaisse dans la rose, une réponse qui aiderait mon client, mais l'empêcherait de violer d'autres enfants.

La première image qui m'est venue était celle d'un petit garçon parlant à sa mère et à un officier de police. Il semblait qu'une enquête soit déjà en cours. Ensuite, j'ai vu l'image d'une église. Le client entrait dans l'église et parlait au pasteur dont le visage traduisait l'inquiétude. J'ai senti qu'il se sentirait plus à l'aise avec un pasteur ou un conseiller spirituel qu'avec un autre genre de thérapeute. Puis, je l'ai vu devant un miroir, en train de s'ouvrir les veines. Je n'oublierai jamais le dégoût de soi qui marquait son visage. J'ai décrit ma vision ; j'ai dit à mon client qu'il souffrait de la violence qu'il avait subie durant son enfance et de celle qu'il infligeait à ses victimes. l'ai ajouté qu'il ne pourrait plus continuer longtemps à endurer la haine de soi qui le rongeait. Il devait mettre un terme à ce cycle de maltraitance dans *ette* vie, sinon il ne ferait que le perpétuer dans la suivante. Je l'ai encouragé à se rendre immédiatement à son église, qu'importe son allégeance religieuse, et à demander conseil. Puis, j'ai rouvert les yeux. L'homme s'est levé sans un mot et il est parti.

Je suis restée assise plusieurs minutes, ne sachant que faire. Est-ce que je devais courir au poste de police ? Je ne me souvenais pas du nom de cet homme. Devais-je le suivre ? J'ai raconté le cas à l'enseignante qui me l'avait confié. Sa réponse m'a mise en colère : « Ce n'est pas votre responsabilité. » Sur le plan énergétique, elle avait raison. Mais sur le plan moral, je crois encore à ce jour qu'elle avait absolument tort.

Cet exemple illustre un dilemme unique aux clairvoyants. Je savais que cet homme avait commis des crimes et qu'il allait fort probablement continuer à violer des enfants. Mais est-ce que j'en avais la preuve ? Je n'avais même pas recueilli un seul mot de sa part, car il s'était contenté de hocher la tête. Que diraient les policiers quand je leur raconterais le contenu de ma lecture ? Que feraient-ils ?

Aujourd'hui, après toutes ces années, je sens que si la situation se reproduisait, j'irais voir les forces de l'ordre. Parce que même si on se moquait de moi, même si on me chassait du poste, j'aurais au moins suggéré une piste. Ainsi, quand les parents d'un enfant téléphoneraient et donneraient une description identique à celle du client, il y aurait peut-être dans le lot un officier pour se souvenir de ma visite et vérifier plus soigneusement les choses.

De nos jours, de plus en plus de policiers acceptent de bon cœur l'assistance d'un clairvoyant. Ils feront peut-être des blagues sur les clairvoyants entre collègues ou devant vous, et ils n'admettront peut-être jamais publiquement qu'il vous prennent au sérieux, mais vous pouvez être certain qu'en fin de compte, en particulier s'ils ont fait des progrès ou résolu un crime grâce à votre information psychique, ils rentreront à la maison et diront à leur conjoint ou conjointe : « Il faut que je te raconte un truc qui est arrivé aujourd'hui. C'était tellement étrange, c'est difficile à expliquer… »

Ces exemples ne servent qu'à renforcer l'idée selon laquelle, comme conseillers, clairvoyants et guérisseurs spirituels, notre rôle ne consiste pas à juger nos clients, puisque leur plus grave problème, en général à l'origine de leur comportement discutable, est justement leur jugement et leur haine de soi. L'acceptation seule favorise la guérison et la transformation. Accepter ne signifie pas pardonner un comportement, ni louanger un client parce qu'il trompe sa femme ou viole des enfants. Cela signifie que nous devons rester neutres en tout temps. Nous évoluons dans la lecture avec l'idée d'aider le client à comprendre ses motivations et ses sentiments concernant son comportement ; nous l'aidons à identifier d'autres comportements grâce auxquels il trouvera au bout du compte la paix et le bonheur. L'information que nous transmettons ne vient pas de notre esprit rationnel, ni de notre code d'éthique : c'est de l'information clairvoyante neutre.

Comme clairvoyants, une chose nous distingue des autres conseillers : nous savons que nous sommes en mesure de recueillir de l'information d'une source supérieure et que nous connaissons la voie d'accès. Cette source supérieure, c'est Dieu, nos guides spirituels, notre Soi supérieur ou notre voix intérieure. Elle possède les réponses que nous n'avons pas. Nous pensons que l'adultère est mal, mais notre intellect ne sait pas que la cliente a été infidèle à son mari dans plusieurs de ses incarnations antérieures. L'équilibre du karma doit donc être refait. Notre intellect ne sait pas qu'avant de venir au monde, les deux esprits formant ce couple ont accepté de s'épouser, puis de divorcer, afin d'apprendre certaines leçons sur l'amour, l'engagement et l'indépendance.

L'individu grandit, apprend et se développe en tant qu'être humain et esprit en vivant des expériences qui font intervenir toutes sortes de ruptures d'engagements, de contrats, de lois et de commandements. Comme clairvoyants et guérisseurs, plus nous parvenons à mettre nos jugements de côté, plus nous regardons avec neutralité le plan spirituel ou le chemin de vie de nos clients en détresse, plus nous sommes outillés pour les aider et plus nous devenons bienveillants envers nos propres transgressions. Plus nous sommes neutres et bienveillants, plus on nous entend clairement. La neutralité et le pardon illuminent le monde, alors que le jugement entraîne l'obscurité et la renforce. Vous devez choisir le chemin que vous voulez emprunter comme clairvoyant et guérisseur. Cette décision sera à la base de votre code d'éthique.

Sachez que vous n'êtes jamais seul quand vous appliquez vos dons à vos lectures psychiques et à vos guérisons spirituelles, ni d'ailleurs à aucun autre moment de votre vie. Une force plus vaste existe, que vous l'appeliez Dieu ou le Soi supérieur du client, qui vous accompagne quoi qu'il advienne. Si une situation se révèle trop complexe, trop exigeante ou trop lourde pour vous, ce n'est pas un problème : tout ne dépend pas seulement de vous, quelle que soit l'importance de l'illusion. Le problème que vous croyez insoluble ne dépend pas de vous pour sa résolution, car sinon, il ne vous semblerait pas impossible à résoudre !

Comme clairvoyant, vous avez la capacité de communiquer avec Dieu, avec l'Univers et avec votre Soi supérieur, grâce à vos visions, à la prière, aux mantras, à votre mental, votre voix et votre cœur. Vous pouvez demander de l'aide et vous servir de votre clairvoyance pour recevoir la réponse. Elle viendra parfois aisément, mais en d'autres occasions, vous n'obtiendrez rien, peu importe l'intensité de vos efforts.

Vous n'obtiendrez pas toujours une réponse par clairvoyance : parfois, le sujet de la lecture ou de la guérison est censé la découvrir par lui-même, par ses propres actions. Il est important de se rappeler que le travail de clairvoyance consiste a chercher des réponses, mais que ce n'est pas un drame si on n'en reçoit pas. Nous ne sommes pas Dieu, nous sommes simplement des aspects de Dieu. Peu importe notre compétence de clairvoyants, nous ne sommes ni omniscients ni tout-puissants. Nous sommes des êtres humains faisant de leur mieux. Malgré les bonnes intentions, nombre de guérisseurs et de clairvoyants l'oublient; mais vous, vous n'oublierez pas.

Dilemmes communément rencontrés dans les lectures et les guérisons

Une fois que nous savons que nous ne sommes pas obligés d'avoir toutes les réponses, nous faisons plus facilement face aux milliers de questions et de dilemmes qui surgissent dans le cadre d'une lecture psychique ou d'une guérison spirituelle. Parmi ces sujets, plusieurs sont abordés ici sous forme de question/réponse.

1. *Que faire si je vois une épreuve dans l'avenir du client?*

Les gens évitent les clairvoyants pour une bonne raison: ils ont peur d'apprendre que des «problèmes» leur tomberont dessus dans le futur. La plupart ne développent pas leurs dons psychiques parce qu'ils ont peur de voir et de savoir ce qui les attend de «mauvais» dans l'avenir. Les clairvoyants recueillent à l'occasion de l'information qui présente un potentiel de réaction émotionnelle. Les sujets abordés ci-dessous offrent plusieurs stratégies utiles afin de bien gérer ce type d'information.

On peut souvent modifier l'avenir en tenant compte du comportement actuel.

Prenons un exemple: on vous dit qu'au travail, vous commettrez une erreur qui vous vaudra d'être congédié. Cette situation survient parce que spirituellement, cet emploi ne vous sert plus. En fait, vous le détestez, mais vous avez peur de le quitter volontairement. Après avoir obtenu cette information, vous faites en sorte de lancer votre entreprise et prenez volontairement votre retraite. On vous octroie une prime de retraite anticipée que vous auriez perdue si vous aviez été congédié.

En sachant que des événements malheureux s'annoncent, le client peut prendre des mesures concrètes et psychologiques.

Un exemple : on vous dit que votre mère n'a plus longtemps à vivre. Cela vous attriste, mais vous incite à organiser une soirée en son honneur, à enregistrer l'histoire de sa vie, à lui rendre visite plus souvent et à lui dire que vous l'aimez.

Les épreuves sont des guides, des bénédictions déguisées ; elles font partie du chemin spirituel de l'être.

On vous dit, par exemple, que votre corps se rebelle contre votre comportement de bourreau du travail et qu'il commence à manifester les signes d'une maladie grave (ce qui est vrai). Cette maladie exige que vous preniez congé ; elle vous rend plus dépendant de l'aide de vos amis et de votre famille. Au début, vous trouvez la situation pénible, mais finalement, vous découvrez que vos proches vous aiment vraiment et que vous n'êtes pas seul. Vous affrontez les problèmes que vous évitiez et qui vous empêchaient de réaliser vos rêves. Vous entamez l'écriture d'un livre et finissez par devenir un auteur connu. Vous avez aussi plus de temps à consacrer à vos enfants.

Si votre client ou vous n'aviez pas besoin d'entendre cette information, vous ne la recevriez pas. Ce que vous voyez comme négatif peut être perçu par votre client comme positif et vice versa.

Je ne compte plus le nombre de fois où j'ai été prise de nervosité à l'idée de révéler une information que je jugeais déstabilisante, pour me rendre compte, une fois que je l'exprimais, que le client s'écriait : « Je le savais » ou « C'est ce que je pense, mais tout le monde me dit que je suis fou. » Ce que vous pouvez faire de mieux pour votre client, c'est de valider ce qu'il sait et ressent, même si c'est quelque chose qu'il juge

ÉTHIQUE DE LA CLAIRVOYANCE

déplaisant. Se faire dire par son entourage qu'on a tort, qu'on ne devrait pas s'inquiéter ou que tout ira pour le mieux, alors que ce n'est pas le cas, est beaucoup plus frustrant que d'entendre la vérité. Gardez les points suivants à l'esprit quand vous vous demandez si vous devez transmettre une information ou non :

- Certains doivent passer à travers certaines expériences de vie ; ils feront fi de vos avertissements et apprendront de ces dernières avec le recul.
- D'autres sont très faciles à conditionner, et une lecture pourrait affecter leurs sentiments et leurs perceptions.
- Votre lecture fait peut-être partie du scénario de vie du client ; elle est peut-être destinée à modifier le cours des événements.
- À moins que vous ne choisissiez de vous concentrer sur l'avenir, la plupart des informations que vous recevrez par clairvoyance porteront sur le présent.

Vos clients potentiels doivent comprendre que vous êtes là pour valider et expliquer leurs sentiments et leurs expériences.

On regarde dans l'avenir pour voir quelles actions il faut entreprendre ou modifier dès maintenant pour attendre les buts souhaités.

Le client n'est peut-être pas prêt à entendre votre message sur le plan émotionnel, mais il en a besoin sur le plan spirituel ou intellectuel.

Même s'il réagit par la tristesse ou la colère, cela ne signifie pas que vous ayez fait une erreur.

2. Que dois-je faire si je reçois spontanément de l'information à propos d'une connaissance, alors que cette personne ne m'a pas demandé de lecture ?

D'expérience, je peux vous dire que lorsqu'on reçoit spontanément de l'information sur quelqu'un qui n'a pas sollicité de lecture, il faut d'abord comprendre pourquoi on est le messager et pourquoi on souhaite transmettre l'information. Il faut ensuite étudier par clairvoyance l'effet qu'aura l'information sur son destinataire. Maintes raisons peuvent expliquer que ce soit vous qui receviez l'information, dont plusieurs ont probablement plus à voir avec vous qu'avec la personne en question.

Beaucoup d'étudiants débutants sont enthousiasmés par leur clairvoyance, mais il leur reste a savoir reconnaître le moment opportun pour transmettre ce qu'ils reçoivent, et à comprendre quand ils se montrent envahissants ou tout simplement dérangeants. Leur motivation tient peut-être au désir de parader ou de prouver à leurs amis et à eux-mêmes qu'ils sont de véritables clairvoyants. Certains, qui sont mal à l'aise clans les mondanités, changeront le sujet de la conversation et feront de la clairvoyance pour échapper à leurs semblables ou se donner un sentiment de supériorité. J'ai connu quelques étudiants qui, profitant d'une soirée ou d'un événement social, ont transformé à brûle-pourpoint une conversation anodine en lecture, mentionnant du même coup certains problèmes personnels qui ne les regardaient en rien et que je ne tenais pas à aborder à l'époque.

Il pourra vous arriver de recevoir spontanément de l'information sur quelqu'un qui cherche une réponse, mais est incapable d'entendre ce que la vie lui dit. L'information pourra vous venir sous forme d'images clairvoyantes à l'état d'éveil, en méditation ou en rêve. Dans ce cas, transmettre l'information à la personne pourrait se révéler fort utile.

Quand vous ne savez pas si vous devez transmettre de l'information non sollicitée, en particulier si elle a trait à la maladie ou à la mort, je vous suggère de regarder par clairvoyance comment le destinataire réagira au message et de demander à Dieu de vous montrer comment procéder.

3. Que faire si j'ai accepté défaire une lecture d'une heure à quelqu'un, mais que j'ai le sentiment qu'elle se déroule mal et que je veux (ou le client souhaite) y mettre un terme ?

Il pourra vous arriver de sentir que vous devez terminer prématurément une lecture. Votre clairvoyance est un don, pas une obligation. Vous ne devriez jamais lire une personne si vous avez l'intuition que cela pourrait vous faire du tort, ou si elle ne vous respecte pas, ni le cadeau que vous lui faites. Comme clairvoyant, vos priorités essentielles sont votre santé, votre sécurité et votre bien-être.

Pareillement, il pourra arriver qu'un client décide de mettre un terme a la lecture. Certains sont très anxieux au début de la lecture, car ils ressentent l'énergie qu'ils sont prêts à évacuer. Par conséquent, ils attribueront immédiatement leur inconfort à votre présence, ce qui les portera à conclure que quelque chose cloche chez vous, ou que vous n'êtes pas censé leur donner une lecture. Certains quitteront votre bureau parce qu'ils n'aiment pas ce qu'ils entendent. J'ai aussi reçu quelques clients qui sont partis parce qu'ils n'aimaient pas l'idée de recevoir une lecture d'une personne plus jeune.

Quand un client exprime son déplaisir face a la lecture et au clairvoyant et qu'il met un terme prématuré à la rencontre, il est facile pour le clairvoyant, en particulier s'il est novice, de se blâmer, de perdre son assurance et de se torturer pour comprendre ce qui n'a pas fonctionné. Beaucoup de clairvoyants pourront faire une centaine de lectures brillantes : si elles sont suivies d'une rencontre où le client se plaint de ce qu'il entend, ils remettront même en question leur orientation professionnelle. Après une lecture ardue, déplaisante ou désastreuse, ce que vous pouvez faire de mieux pour votre bien-être, c'est d'en donner une autre aussitôt que possible afin de vous rappeler que vous êtes clairvoyant, que vous avez un don a offrir a vos semblables, et que faire des lectures psychiques est plaisant.

À moins que je ne mette un terme a une lecture parce que je crains pour ma sécurité ou parce qu'il se montre grossier, je dirige d'ordinaire le client insatisfait vers un autre clairvoyant. J'ai quelques raisons d'agir ainsi. D'abord, j'aime me rendre utile. Je sais que certains se sentiront plus à l'aise avec un autre type de clairvoyant, en fonction de son âge, de sa personnalité ou des méthodes et approches qu'il applique a la lecture psychique. C'est également une bonne pratique commerciale : elle indique au client que vous l'estimez, que vous n'éprouvez aucune animosité envers lui et que vous êtes un professionnel.

En tant que clairvoyante et formatrice, je crois qu'une de mes tâches consiste à faire de mon mieux pour faire tomber les perceptions erronées et les stéréotypes que le public entretient en général à l'égard des clairvoyants. Pour moi, l'exemple est la meilleure façon d'y arriver. C'est pourquoi d'ordinaire, je ne demande pas d'honoraires si le client interrompt la lecture ou si j'y mets un terme prématurément. Je ne veux en aucun cas donner l'impression qu'il s'agit d'une autre de ces instances où le clairvoyant arnaque financièrement le client. Je ne veux pas non plus me lancer dans une bataille interminable à propos de l'argent, que ce soit sur le plan physique ou spirituel.

D'autres clairvoyants professionnels préconisent des approches fort différentes. Certains appliquent même une politique selon laquelle le client doit payer le plein prix de la rencontre s'il ne l'annule pas vingt-quatre heures à l'avance et ce, indépendamment des circonstances. Avec cette politique, le clairvoyant établit et maintient ses frontières personnelles et son sens du respect de soi. Quoi qu'il en soit, j'en ai vu certains se lancer dans des combats terribles avec des clients qui jugeaient qu'ils ne devraient pas avoir à payer. L'enjeu financier ne valait certes pas le surcroît d'énergie que le clairvoyant devait déployer pour plier le client à sa volonté ou résoudre la dispute. À mon avis, la meilleure approche qu'on puisse adopter, c'est celle qui apporte le plus de paix. Certains ne sont pas en paix s'ils ont l'impression qu'on a sous-estimé leur temps ou omis d'en rémunérer ne serait-ce qu'une minute. D'autres sont beaucoup plus en paix en sachant que les parties se sont quittées dans les meilleurs termes.

Éthique sexuelle

Les associations professionnelles et les codes d'éthique qui gouvernent les professionnels de la santé — médecins, dentistes, psychologues, psychiatres et travailleurs sociaux — défendent expressément les relations sexuelles avec la clientèle, en raison des traumatismes psychologiques et émotionnels dont elle pourrait souffrir. Le clairvoyant ou le guérisseur qui viole les frontières sexuelles d'un client en lui faisant des avances ou en échangeant des énergies sexuelles durant une rencontre commet un acte aussi dommageable que le gynécologue qui invite une patiente à sortir ou lui avoue son attirance quand elle est étendue a moitié nue sur sa table d'examen, vulnérable et exposée.

Beaucoup de vos clients, hommes ou femmes, n'ont pas l'habitude d'être en présence de personnes comme vous, capables de les voir sur le plan spirituel, et en mesure de valider leurs sentiments et leurs conditions de vie. Beaucoup ont désespérément besoin d'attention et de bienveillance. Ils ressentent de la gratitude et de l'admiration, sentiments qui peuvent aisément se transformer en attirance. Beaucoup de guérisseurs et de clairvoyants ne savent guère mieux que les jeunes stars de rock comment gérer cette admiration. Ils en viennent a voir leurs clients comme des fanatiques. D'autres essaient tellement d'incarner le parfait guérisseur qu'ils répriment toutes les émotions qu'une personne «spirituellement avancée» ne devrait pas ressentir, selon eux, et se coupent par le même fait de leur énergie sexuelle. Cette énergie déploie alors une volonté et une vie bien à elle.

En tant que guérisseur ou clairvoyant, il est impératif que vous surveilliez et contrôliez vos désirs sexuels, vos comportements et votre énergie de façon à vous assurer qu'ils ne perturbent ni la lecture ni la clientèle. Si vous en êtes incapable, ne vous flagellez pas, mais envisagez sérieusement de cesser les lectures et les guérisons aux personnes qui vous attirent sexuellement. Selon votre orientation sexuelle, cela pourra englober tous les individus de sexe opposé ou de même sexe.

Quand vous faites une lecture, et plus particulièrement une guérison, il faut que vous soyez conscient de ce que vous faites avec votre énergie, car pendant l'exercice, le voile séparant le physique du spirituel devient perméable et transparent. Par conséquent, votre cliente sentira votre énergie sexuelle qui pénètre son aura et entendra vos pensées lascives exactement comme si vous les lui murmuriez à l'oreille (ou les hurliez dans un microphone). Par ailleurs, si elle est particulièrement perceptive, elle pourra voir des images de vos fantasmes aussi clairement que si vous lui mettiez un cliché porno sous les yeux. Certains clients seront conscients que vous les envahissez de votre énergie sexuelle et se sentiront violés ou souillés, tandis que d'autres pourront confondre votre énergie et la leur. Les personnes qui ont conscience de la situation sont dans une position précaire : elles savent qu'elles sont sexuellement souillées et assaillies énergétiquement par celui-là même en qui elles se fient pour obtenir guérison et conseils. Comme tout se trame sur le plan énergétique, la cliente ne sent pas qu'elle a le droit de confronter le guérisseur, et tout le reste de la rencontre, elle se sentira probablement mal à l'aise, prisonnière et furieuse contre elle-même de demeurer dans la situation.

Les clients qui confondent leur énergie et la vôtre pourront finir par s'amouracher de vous, parfois au point d'en faire une obsession. Ils pourront même vous faire des avances et comprendre plus tard leur erreur (immédiatement après la rencontre ou des mois plus tard), auquel cas ils seront écrasés de honte et de remords, et se haïront d'avoir été manipulés par des pensées et des sentiments extérieurs qui n'avaient aucun rapport avec eux.

Même si une cliente vous fait des avances, il en va de votre responsabilité en tant que clairvoyant et guérisseur d'établir et de faire respecter certaines limites, et de l'aider à comprendre les raisons de ses sentiments. La cliente n'agit pas de sa propre volonté ; c'est *votre* énergie dans *son* corps qui la pousse à s'exprimer sexuellement. Qui plus est, c'est vous l'expert, le professionnel le parent en quelque sorte. Si une patiente fait des avances ouvertes à son psychiatre et qu'il réagit en faisant l'amour avec elle, il perdra le droit de pratiquer et devra faire face à une poursuite sérieuse : en tant que professionnel, il est de son devoir de se conduire dans le meilleur intérêt de ses patientes, même si l'une d'elles n'agit pas en ce sens.

Comme guérisseur/clairvoyant, vous n'avez aucune association professionnelle pour vous punir ou vous retirer votre droit de pratique, mais vous avez votre conscience et les lois karmiques de l'Univers auxquelles vous ne pouvez échapper. Si vous voulez fréquenter quelqu'un, demandez-lui de sortir avec vous. Ne lui offrez pas une lecture ou une guérison dans le but de vous rapprocher d'elle ou de lui, ou pour faire plus ample connaissance. C'est une approche plutôt lâche en matière de relations amoureuses.

Si vous constatez que vous êtes excité sexuellement pendant une lecture ou une guérison, créez un élément séparateur et ancrez-vous. Vérifiez ensuite si votre énergie sexuelle circule seulement dans votre corps ou si elle circule aussi dans le corps de l'autre. Il arrivera que vous perceviez aussi son énergie sexuelle ; si c'est le cas, servez-vous de votre faculté de guérison spirituelle pour couper tout lien qui pourrait vous relier ensemble. Observez l'énergie sexuelle de la personne lui être retournée.

Si votre attirance est telle que vous croyez que c'est une personne avec qui vous êtes destine a vivre une relation significative, voici ce que je vous conseille :

1. Mettez un terme à la lecture, mais surtout à la guérison, si vous constatez que vous êtes incapable de contrôler votre énergie sexuelle ou que votre neutralité en souffre. Vous avez perdu votre neutralité si vous êtes jaloux quand la personne vous parle de sa relation avec un autre, si vous cherchez à savoir si elle est libre ou ferait une bonne partenaire, ou si vous lui dites que la lecture est gratuite parce que vous la trouvez terriblement séduisante.

2. N'exprimez pas votre attirance en cours de lecture ou immédiatement après la lecture ou la guérison.

3. Remboursez la personne si vous mettez un terme à la lecture avant l'heure préalablement établie en raison de votre excitation sexuelle ou de votre attirance. Expliquez-lui que vous faites face à certains problèmes personnels et que vous n'êtes pas assez concentré mentalement pour poursuivre la lecture.

4. Restez un certain temps à l'écart de la personne et explorez vos sentiments. Une fois que vous ne serez plus en sa présence, vous vous sentirez peut-être tout à fait différent. Si vous voulez toujours aller plus loin, téléphonez-lui, expliquez-lui que vous l'appelez parce que vous aimeriez la fréquenter, et non en qualité de clairvoyant ou de guérisseur, et invitez-la

à sortir. Quelle que soit sa réponse, promettez-vous que vous ne reverrez plus cette personne professionnellement.

5. Si vous avez peur d'être aussi direct, réglez la chose ou abandonnez. La personne n'a pas à subir manipulation ou tromperie parce que vous n'avez pas le courage d'être franc.

Les avances astrales non sollicitées sont une forme de viol

Beaucoup de guérisseurs, de clairvoyants et de maîtres spirituels se servent de leurs connaissances et de leurs dons spirituels pour interagir sexuellement sur le plan astral avec leurs clientes (ou quiconque les attire ; étudiantes, enseignantes, amies et autres). Ils envoient consciemment leur corps astral chez la cliente ou l'étudiante, pénètrent dans sa chambre à coucher et ont une relation sexuelle avec cette dernière sans son consentement. Beaucoup de ces voyageurs de l'astral n'ont pas le sentiment de faire quelque chose de mal, étant donné que leur corps physique n'y est pour rien. Quoi qu'il en soit, j'ai fait des lectures à beaucoup trop de personnes et conseillé beaucoup trop d'amies ayant horriblement souffert de ces visites inopportunes et non sollicitées qui ne sont rien de moins qu'un viol. Une relation sexuelle dans l'astral est identique à une relation sexuelle sur le plan physique. Sur le plan énergétique comme sur le plan physique, si vous avez des relations sexuelles avec quelqu'un sans son consentement, vous violez et violentez cette personne et vous n'avez aucun droit de vous prétendre guérisseur.

CHAPITRE 22

La Minorité Psychique

Il n'est pas facile d'être clairvoyant dans une société où la majorité des gens n'est même pas consciente de ses facultés psychiques/spirituelles. Cette ignorance conduit beaucoup de gens bien intentionnés à mal comprendre les clairvoyants professionnels, à les juger, à les critiquer, à les craindre, à les stéréotyper et à les persécuter, tout comme le commun des mortels qui s'intéresse à la métaphysique. En Occident, beaucoup de clairvoyants et de guérisseurs souffrent de solitude, d'isolement et d'aliénation, jusqu'à ce qu'ils apprennent à coexister avec une majorité qui vit a un niveau de conscience plus dense.

Dans ce chapitre, j'offre quelques suggestions pour faire face aux défis que doit relever l'individu éveillé dans un monde somnolent. *Il est essentiel de saisir qu'il y aura autant de gens qui vous accepteront et vous comprendront, que de gens qui n'y parviendront pas. Ne jugez pas ceux qui vous rejettent ; recherchez plutôt la compagnie de ceux qui vous acceptent.*

De la même façon qu'il y a des entités que vous ne pouvez pas voir parce qu'elles vibrent à une autre fréquence et sur un plan différent ou une autre dimension de l'existence, il y a en ce monde des gens qui ne peuvent ni vous voir ni vous entendre. Ils voient votre corps physique, mais quand ils vous regardent dans les yeux, ils ne font que l'expérience de leurs propres projections. Certains seront littéralement incapables de vous entendre si vous parlez de clairvoyance; d'autres n'entendront qu'une suite de mots inintelligibles que leur intellect ne leur permettra pas de traiter, sans égard à leur intelligence. Vous saurez que c'est le cas quand la seule réponse que vous obtiendrez, c'est un regard vide et un urgent besoin de changer de sujet.

La meilleure façon d'interagir avec ceux qui sont incapables de vous comprendre, c'est de cesser de résister à ce qu'ils sont: n'essayez pas de les changer ou de contrôler ce qu'ils pensent de vous. Si vous voulez qu'ils vous traitent avec respect, rendez-leur la pareille: laissez-les être tels qu'ils sont. Traitez-les avec la même compassion que vous offririez à un enfant dont le cerveau n'a pas encore les synapses et les circuits pour comprendre un certain nombre de choses. N'essayez pas de faire en sorte qu'ils vous voient, vous comprennent ou vous aiment. N'essayez pas de « faire vos preuves ». Ce serait comme essayer de faire ses preuves face à un lièvre effrayé qui s'enfuit en bondissant quand on lui offre une carotte fraîche. Les personnes qui sont destinées à franchir les voiles de la conscience qui séparent leur plan de conscience du vôtre le feront en temps opportun.

Pardonnez-leur, car ils ne savent ce qu'ils font

Évidemment, vous souffrirez si les gens dont vous étiez le plus proche et dont vous avez dépendu toute votre vie — comme vos parents ou vos frères et sœurs — se désintéressent de vos intérêts spirituels, ou n'apprécient pas ce que vous essayez de faire de votre vie. Vous vivrez de la frustration quand le voisin clamera que vos lectures et guérisons spirituelles sont l'œuvre du démon, que votre collègue de travail vous avertira que vous pourriez perdre votre emploi si vous jamais vous redites que vous avez vu un esprit dans les toilettes, ou que votre patron vous interdit de faire des lectures durant l'heure du lunch ou clans les locaux de la société. Sachez que leur intervention est motivée autant par leur inquiétude à votre égard que par leur ignorance et leur peur.

Certaines personnes ont très peur de la clairvoyance, parce que l'utilisation de leurs dons personnels dans d'autres incarnations leur a valu de violentes persécutions et la mort. Quand vous parlez de votre don de clairvoyance, de vos expériences ou de votre formation, vous stimulez les scénarios morbides de leurs programmations mentales émotionnelles (voir chapitre 4) ; elles ont alors littéralement l'impression qu'elles vont mourir si elles n'arrivent pas à vous faire taire !

Dans d'autres cas, les individus ne sont pas censés comprendre la clairvoyance, parce que leur esprit cherche à emmagasiner d'autres expériences dans cette incarnation ; s'ils avaient conscience de leurs capacités, ils emprunteraient peut-être un chemin de vie totalement différent. Dans ce contexte, imposer vos connaissances sur la clairvoyance et vos convictions spirituelles pourrait contrarier leur destin spirituel. Ce qui vous convient ne convient pas à tous.

On compte aussi un petit nombre de personnes mentalement instables qui pourraient sombrer dans la folie si leurs centres psychiques s'ouvraient davantage. Il y a aussi celles qui ont mal usé de leurs dons et de leur autorité dans des incarnations précédentes et qui ont été condamnées par certains conseils ou gardiens spirituels à ne plus avoir aucune conscience de leurs dons. J'ai une théorie selon laquelle la plupart des sceptiques purs et durs se classent dans cette catégorie. Dans cette incarnation, leur karma les condamne à posséder de remarquables dons psychiques, mais à être entièrement coupés de la conscience de leur existence. Cette sentence engendre une colère et une frustration inexplicables qui nourrissent leur hargne à discréditer les autres clairvoyants.

Enseigner par l'exemple

Mes expériences et celles de plusieurs amis clairvoyants ou orientés vers la spiritualité m'ont permis de conclure que la meilleure façon — et la moins douloureuse — d'exercer une influence sur autrui est de vivre de façon authentique, avec grâce. En suivant votre cœur et vos rêves, vous manifesterez une existence excitante, débordante de joie et de paix. D'autres voudront connaître votre secret et se demanderont pourquoi ils ne sont pas aussi épanouis que vous l'êtes, alors qu'ils vivent pourtant selon les dictats du courant de pensée majoritaire.

Enseigner par l'exemple signifie que vous n'assommez pas les gens avec vos convictions, mais que vous ne les cachez pas dans le proverbial placard. Beaucoup de Clairvoyants, même des professionnels en activité, cachent leurs dons a leurs proches afin de se soustraire à leurs jugements et aux confrontations déplaisantes. Ils vivent une double vie et abandonnent leur pouvoir à des gens qui ne savent qu'en faire. La plupart sont prisonniers de leur vie ; ils ont tendance à revivre un schéma répétitif où ils créent des emplois et des relations amoureuses qui leur donnent le sentiment d'être des victimes qu'on foule au pied, principalement parce qu'ils continuent de faire passer les idées et les sentiments des autres avant les leurs.

Une de mes citations préférées est tirée d'*Un cours en miracles* ; c'est Nelson Mandela qui l'a fait connaître dans l'un de ses discours. Marianne Williamson l'a paraphrasé dans *Un retour à l'amour*, son livre si édifiant :

> Nous nous demandons : qui suis-je pour être brillant, formidable, plein de talents, fantastique ? En réalité, pourquoi ne pourrions-nous pas l'être ? Nous sommes les enfants de Dieu. Nous déprécier ne sert pas le monde. Ce n'est pas une attitude éclairée de se faire plus petit qu'on est pour que les autres ne se sentent pas inquiets. Nous sommes tous conçus pour briller, comme les enfants. Nous sommes nés pour manifester la gloire de Dieu qui est en nous. […] Et si nous laissons notre lumière briller, nous donnons inconsciemment aux autres la permission que leur lumière brille. Si nous sommes libérés de notre propre peur, notre seule présence libère automatiquement les autres de leur peur.

Oubliez votre clan biologique : partez en quête de votre famille spirituelle

Vous devez comprendre que la famille dont vous êtes issu n'est peut-être pas votre famille spirituelle. Soyez reconnaissant envers vos parents biologiques, car ils vous ont permis de vous incarner, ils vous ont nourri au mieux de leurs capacités et ils vous ont enseigné une foule de leçons. Néanmoins, si vous avez le sentiment qu'ils ne vous comprennent pas, qu'ils ne vous acceptent pas ; s'ils ne vous voient pas comme vous aimeriez ardemment qu'ils vous voient, vous feriez mieux de vous mettre en quête de votre famille spirituelle.

Il s'agit d'un groupe d'âmes du même niveau de conscience que le vôtre. En général, ils viennent du même groupe d'âmes que vous. Vous reconnaîtrez les membres de votre famille en ce qu'ils vous comprendront, ils vous accepteront et vous honoreront automatiquement tel que vous êtes. En saisissant la différence entre famille biologique et famille spirituelle, vous aurez des attentes moins élevées par rapport à votre famille biologique ; par ailleurs, cela vous incitera a rechercher des êtres qui seront disposés à vous aimer pour ce que vous êtes.

Cherchez et vous trouverez ; demandez et vous recevrez

J'ai grandi dans la banlieue de Chicago ; à part ma sœur jumelle et moi, je ne connaissais personne qui avait des dons psychiques ou manifestait un quelconque intérêt pour les phénomènes paranormaux. Quelques décennies plus tard, en commençant ma formation en clairvoyance à Berkeley, je me suis retrouvée pour la première fois de ma vie en compagnie de centaines de personnes qui exploraient leurs facultés spirituelles. Il y avait plus renversant encore que le nombre de Clairvoyants que je rencontrais : je ne savais pas que la majorité de ces personnes existaient depuis déjà longtemps, en dépit des centaines d'ouvrages de métaphysique que j'avais lus depuis l'enfance.

Après quelques années, j'ai pris conscience qu'il était temps pour moi de quitter la Californie. Je devais non seulement quitter mes écoles de formation et les réseaux d'entraide que j'avais créés avec des étudiants, des professeurs et d'autres membres du personnel, mais aussi abandonner mes amis et connaissances de la communauté clairvoyante. Comme je ne savais pas encore qu'il existait des collectivités orientées vers la spiritualité et la métaphysique partout sur la planète, j'ai dû envisager la possibilité de ne jamais trouver un endroit qui me donnerait un tel sentiment d'appartenance. L'idée d'être à nouveau une clairvoyante isolée dans le monde n'avait rien pour me réconforter.

C'est alors qu'une amie clairvoyante m'a fait une lecture : elle m'a rappelé que j'avais la capacité de créer l'environnement que je voulais, simplement en ayant la foi et la détermination de trouver mes futurs amis, et en visualisant les interactions positives que nous aurions ensemble. Cette lecture m'a fait comprendre que mon départ servirait de signal à l'Univers, en affirmant que j'avais véritablement foi en ma capacité de créer ce qui servirait ultimement mon âme.

À partir de ce jour, partout où j'ai vécu, j'ai attiré des personnes intéressées par la métaphysique en quelques semaines, si ce n'est en quelques jours. J'ai vécu a Sedona (Arizona) près de cinq ans : c'est la ville qui compte le plus grand nombre de clairvoyants aux États-Unis. Durant mon séjour, j'ai connu un nombre incroyable de gens — ma coiffeuse, la gardienne de mon fils, mon mécanicien, plusieurs de mes amis et même ma femme de ménage — qui croyaient aux phénomènes psychiques ou utilisaient leurs dons, tout en faisant preuve d'une profondeur de compréhension, de foi et de sagesse qu'on s'attendrait à rencontrer chez un grand sage ou un yogi.

Si vous voulez côtoyer des gens qui vous comprennent et vous respectent (y compris un amoureux ou une amoureuse), il faut prendre l'engagement personnel de trouver et de fréquenter uniquement des gens qui ont le même niveau de conscience que vous (à l'exception des quelques membres de votre famille que vous ne pourriez renier). Vous devez avoir la foi que vous n'êtes pas seul, même avant d'avoir la preuve tangible que c'est la vérité. À mesure que vous rencontrerez de plus en plus de semblables et que vous nouerez des amitiés réellement heureuses et fructueuses, vous saurez que vous êtes sur la bonne voie.

Bien que vous soyez en minorité par rapport a l'ensemble de la population, sachez qu'il y a beaucoup, beaucoup de gens comme vous partout dans le monde et dans presque toutes les grandes villes américaines. Sedona (Arizona) et Berkeley (Californie) ne sont que deux des nombreuses villes avec des Communautés où Clairvoyants, guérisseurs, massothérapeutes, acupuncteurs, canaliseurs, yogis et autres sont la norme. Parmi les endroits où l'on compte aussi une importante proportion de Clairvoyants, notons Cassadaga (Floride), Salem (Massachusetts), les comtés de Marin et Santa Cruz (Californie), et Taos (Nouveau-Mexique).

Dans presque toutes les grandes communautés urbaines des

États-Unis, on retrouve des groupes de clairvoyants et de guérisseurs. Vous rencontrerez des êtres d'une conscience plus élevée lorsque vous serez près d'atteindre Ce niveau ou que vous l'aurez atteint, qu'ils habitent de l'autre côté du globe ou la maison voisine.

Dans la plupart des villes, il y a des lieux, des entreprises et des activités qui sont plus propices à la rencontre de collègues guérisseurs et Clairvoyants. Il est évident que les librairies spécialisées en métaphysique attirent les personnes férues du sujet. Parmi les autres endroits populaires pour rencontrer des gens ayant ce genre d'affinités, notons les écoles ou centres de yoga et de méditation, et les écoles de massage et d'acupuncture.

La plupart des boutiques et centres spécialisés en métaphysique offrent des cours ou des renseignements sur des ateliers où vous pourrez rencontrer d'autres clairvoyants, des guérisseurs, des astrologues ou à tout le moins, des gens qui accueillent ce que vous faites et s'y intéressent. La plupart de ces Commerces disposent de tableaux d'affichage et offrent des magazines ou des journaux gratuits traitant de métaphysique qui donnent la liste des praticiens et des événements locaux.

CHAPITRE 23

Le Business de la Spiritualité

Payant ou gratuit ?

La question de la rémunération sera abordée très tôt dans votre formation. C'est que la plupart des gens avec qui vous travaillerez reconnaîtront que vous fournissez un service précieux qui exige que vous lui consacriez du temps et de l'énergie que vous pourriez facilement investir ailleurs. Plusieurs de vos clients ressentiront instinctivement le besoin d'honorer l'échange en vous donnant quelque chose en retour.

L'ironie, c'est que vous serez peut-être tellement content de pratiquer vos nouvelles habiletés sur de vrais sujets que vous aurez le sentiment que c'est vous qui devriez les payer ! En fait, plusieurs étudiants et diplômés paient des frais à leur école de formation pour avoir l'opportunité de faire des lectures dans un milieu supervisé et préalablement ancré.

J'ose espérer que vous serez toujours conscient du privilège que représente l'opportunité de donner des lectures, mais le plus probable, c'est qu'après avoir acquis de l'expérience et une certaine assurance, et après avoir compris quels efforts exigent certaines lectures, vous sentirez le besoin de recevoir une forme de compensation pour votre travail. Il est évident que clairvoyants et guérisseurs doivent manger, comme tout le monde. À l'extérieur des États-Unis, dans des sociétés comme celle de l'Inde ou du Sud-Ouest asiatique, les guérisseurs ne reçoivent pas d'argent pour leurs services : ils sont nourris, soignés et logés par leurs adeptes qui comptent de quelques personnes à des milliers d'individus. Aux États-Unis et en Europe, l'argent est la principale forme de compensation. Plusieurs étudiants et praticiens clairvoyants échangent aussi des services, par exemple, une lecture, une guérison ou un massage.

Il y a des avantages et des inconvénients dans le fait de demander des honoraires pour vos lectu.res et guérisons, et en fonction de votre développement, ces facteurs pourront changer. Si vous êtes un étudiant débutant, donner des lectures payantes nuira peut-être à votre processus d'apprentissage. L'argent engendre des attentes tant chez le clairvoyant que chez le client. En lisant sans autre dessein que d'apprendre, vous aurez plus de latitude pour explorer et expérimenter votre clairvoyance. Vous serez aussi beaucoup plus enclin à vous donner la permission d'utiliser vos outils psychiques en cours de lecture et d'expulser vos images personnelles associées.

Si la lecture est payante, vous pourrez tomber dans le piège et vous dire que vous devez donner les bonnes réponses et vous montrer efficace parce que votre client doit en avoir pour son argent. Si vous avez l'impression de lire trop lentement (parce que vos images mettent du temps a apparaître, ce qui est fréquent quand on commence), ou de donner des renseignements qui déplaisent à votre client, vous craindrez qu'il se sente trompé, qu'il soit déçu ou en colère. Vous ressentirez donc une anxiété de performance qui compliquera votre accès à vos visions clairvoyantes et affectera votre capacité à lire avec neutralité et honnêteté. Vous pourriez même en perdre votre goût et votre enthousiasme pour la lecture et la guérison.

Que vous fassiez des lectures depuis deux heures ou depuis vingt ans, viendra un jour où vous accepterez qu'on vous paie pour vos services ; c'est alors que les questions soulevées plus haut surgiront. Cependant, comme débutant, vous courez plus le risque de perdre de vue l'essentiel de la lecture parce que vous êtes beaucoup moins confiant et sûr de vous. Votre certitude grandira avec chaque image ou bribe d'information qui vous parviendra, et un jour, vous saurez que vous pouvez vous fier à la validité de votre clairvoyance plus qu'à n'importe quelle autre partie de vous ou à n'importe qui. À ce stade, vous pourrez plus aisément identifier la pression et le sentiment de responsabilité qui viennent avec l'argent, et vous serez capable de mieux les gérer. Le temps aidant, grâce à vos outils psychiques et aux lectures que vous donnerez, vous comprendrez mieux l'importance de considérer ces rencontres comme des étapes de votre processus de guérison personnelle et de toujours vous honorer autant que votre client, peu importe qui il est, peu importe la gravité de ses problèmes ou combien il paie ses rencontres.

En dépit de certains obstacles, quelques bonnes raisons justifient de faire payer les lectures, même quand on est débutant. La plus significative est sans doute l'importance de l'engagement du client. Les personnes prêtes à payer sont souvent plus intéressées par le processus lui-même et par leur propre croissance personnelle. Celles qui viennent uniquement parce que la lecture est gratuite ou quasiment donnée ont tendance à prendre la chose a la légère ; elles sont peut-être la pour jouer à « testons la clairvoyante » ou par curiosité. Je ne dis pas que leurs motivations sont mauvaises ; en fait, la vie de certaines personnes a été transformée quand elles ont vu ce qu'un clairvoyant pouvait faire, car elles ont pris conscience de leur propre potentiel. Cependant, les clairvoyants investissent beaucoup de temps et d'énergie dans leur travail ; par conséquent, il peut s'avérer frustrant, et même dégradant, de donner du temps à un client qui ne prend pas la chose au sérieux. Imaginez que vous passiez des heures à peindre un portrait magnifique où vous reconstituez avec minutie tous les détails du visage et de l'expression de votre sujet. Imaginez que ce dernier n'y jette qu'un coup d'œil avant de le jeter à la poubelle. Voilà ce qu'un clairvoyant ressent quand il fait une lecture à quelqu'un qui ne respecte ni ses dons ni sa personne. En demandant un peu d'argent pour vos lectures, ne serait-ce que vingt dollars*, vous pourrez déjà départager les observateurs curieux et les sceptiques des personnes qui sont vraiment ouvertes à la communication.

Plus vos honoraires seront élevés, plus vous attirerez des individus ayant sérieusement besoin d'aide. Cependant, ceux qui ont sérieusement besoin d'aide tendent aussi à être des cas plus sérieux. Ils ont parfois des difficultés gravissimes et urgentes qui ne sont pas amusantes à regarder

---

*N.d.T.: Tous les montants indiqués dans ce livre sont en dollars américains

et exigent encore plus d'énergie de votre part. La loi spirituelle fondamentale stipule que vous attirez exactement ce que vous êtes en mesure d'affronter. À mesure que votre certitude et votre neutralité augmenteront, des lectures de plus en plus exigeantes vous seront présentées et pour lesquelles vous recevrez une compensation financière plus importante. Si vous cherchez à faire beaucoup d'argent avant d'être à la hauteur, vous ne ferez que vous créer des problèmes à long terme. D'un autre côté, si en refusant qu'on vous paie vous n'honorez pas vos dons et votre expérience au fil de vos progrès sur votre voie spirituelle, vous deviendrez épuisé, frustré et déséquilibre. Accepter qu'on paie vos lectures est une façon d'honorer votre valeur personnelle, de célébrer vos dons et de valider les progrès que vous avez faits grâce à votre discipline et a votre courage.

Sur le plan pratique, en exigeant des honoraires, vous pourrez consacrer davantage de temps et d'énergie à vos lectures/guérisons, et moins de temps à des emplois qui paient les factures, mais ne sont ni aussi satisfaisants ni aussi plaisants.

Approche financière progressive

Je vous suggère de commencer votre formation en faisant des lectures aux personnes qui vous soutiennent le plus et vous jugent le moins. Laissez-leur savoir que vous voulez acquérir de l'expérience et dites-leur de ne pas avoir d'attentes trop élevées quant à votre succès (elles seront alors agréablement surprises de ce qu'elles vont retirer de l'expérience). Plutôt que d'exiger un prix fixe pour vos premières lectures, je vous suggère d'accepter les pourboires, si on vous en offre. Profitez le plus longtemps possible de la liberté que vous avez en tant qu'étudiant. Quand vous jugerez le moment venu de faire payer vos sujets, adoptez une approche expérimentale : commencez par demander un petit montant et observez votre réaction Vous serez peut-être très satisfait, mais vous aurez peut-être le sentiment d'être mal rémunéré. Dans ce cas, augmentez votre tarif et observez une fois de plus ce que vous ressentez en recevant ce montant. En augmentant votre tarif, remarquez si vous attirez plus de clients ou si leur nombre décline ; observez si votre enthousiasme change. Ce seront des baromètres qui vous indiqueront si votre tarif est approprié par rapport à votre stade de développement professionnel. Certains clairvoyants exigent des centaines de dollars ; ils ont tellement de clients qu'ils en refusent. Par conséquent, si vous augmentez votre tarif et constatez que vous n'avez plus de clients, prenez conscience que la situation reflète vos problématiques personnelles en matière d'argent, votre certitude de clairvoyant et/ou votre estime de soi, beaucoup plus que les conséquences d'une hausse de tarif.

Si vous habitez une région où résident plusieurs Clairvoyants, vous trouverez utile de vous informer de leurs tarifs. Certains pensent qu'en demandant moins que le tarif en cours, on attire plus de clients. Or souvent, ce n'est pas le cas, car les clients potentiels pensent que le clairvoyant qui demande moins n'est pas aussi talentueux ou qualifié que les autres.

Mes tarifs reflètent aussi à quel point je suis occupée, quelle quantité d'énergie j'ai à consacrer aux lectures par rapport à mes autres projets et à mes proches, le lieu où je vis et pratique, ma relation avec le client, nos situations financières respectives, etc. La lecture psychique étant une expérience très personnelle et très intime, vous devrez considérer les facteurs personnels, tant les vôtres que ceux du client. J'ai des tarifs flexibles pour les personnes qui n'ont pas les moyens de s'offrir une lecture ; je ne refuserai jamais de recevoir quelqu'un sous prétexte qu'il n'a pas d'argent pour payer.

Échange de services

En général, un échange de lectures psychiques est une excellente affaire pour les étudiants débutants ; ils ont l'opportunité de pratiquer et d'expérimenter dans un cadre rassurant, et sentent en même temps qu'ils reçoivent une forme de compensation pour leur travail. De tels échanges sont précieux quand les lectures sont faites par des étudiants ou des Clairvoyants qui ont étudié ou étudient les méthodes que je présente ici ou qui fréquentent des écoles de formation ; et par des clairvoyants, des médiums et des conseillers spirituels qui appliquent d'autres méthodes ou sont spécialisés dans d'autres traditions du développement psychique.

Règle générale, les Clairvoyants et les guérisseurs sont des gens très ouverts et réceptifs ; de ce fait, ils constituent de meilleurs sujets pour la lecture psychique que le reste de la population. Ce sont généralement des gens aimants et pleins de compassion qui soutiendront vos efforts et votre processus d'apprentissage. Vous aurez en commun beaucoup d'images associées en programmation mentale émotionnelle, ce qui rendra les lectures plus intenses, et cela vous donnera des occasions inespérées de travailler à travers vos propres représentations et de parvenir à une compréhension plus profonde de vos capacités psychiques et de celles de vos partenaires. En échangeant des lectures, vous apprendrez des techniques et des approches nouvelles. En lisant des clairvoyants qui ne sont pas au fait des renseignements présentés dans ce livre, vous aurez l'opportunité d'observer les effets néfastes qui affectent ceux qui font des lectures psychiques en ne sachant pas maintenir leur neutralité et leurs frontières énergétiques.

Si vous faites un échange de services, discutez au préalable des attentes de chacun. Déterminez qui recevra sa lecture en premier, et si l'échange doit se faire immédiatement après la première lecture ou plus tard. À moins que vous ne vous entendiez sur des lectures brèves de trente minutes ou moins, je vous conseille de faire des lectures ou guérisons en deux occasions différentes. La personne qui reçoit pourra ainsi se détendre tout à fait et prendre le temps de traiter l'information et la redistribution d'énergie vraisemblablement en cours dans son corps et son champ énergétique. Le ton de cette première lecture donnera d'ordinaire le ton de la deuxième, en termes de temps et d'efforts.

Il faut tenir compte de certains facteurs quand on échange avec un guérisseur ou un clairvoyant. Les débutants sont souvent naïfs : ils croient qu'on peut faire confiance à quiconque qui a les mêmes intérêts que soi en métaphysique. Ce n'est malheureusement pas toujours le cas. À l'occasion, vous rencontrerez un guérisseur ou un clairvoyant qui est en compétition avec vous, vos dons ou votre méthode de pratique. Ce besoin de concurrence est lié à l'insécurité et au ressentiment qu'éprouve celui qui pense qu'il devrait ou voudrait être rendu là dans sa vie.

Si vous consentez à un échange avant de prendre conscience que vous risquez de vous exposer à des énergies malveillantes, faites ce que vous pouvez pour éviter de procéder ou mettez un terme à l'échange immédiatement, en particulier s'il s'agit d'une guérison. Votre santé et votre bien-être sont beaucoup plus importants que les règles de la politesse ou le besoin de vous faire bien voir. J'ai fait l'erreur de permettre que certains me soignent ; et pourtant, en apprenant à mieux les connaître, j'ai découvert que je ne leur aurais même pas permis de franchir le seuil de ma porte ! Qu'il s'agisse d'un guérisseur énergétique, un chiropraticien, un acupuncteur, un médecin ou chirurgien allopathique, c'est important d'examiner qui est cet individu. Premièrement, est-ce que vous le trouvez sympathique ?

Je suis sidérée quand je pense que nous laissons des médecins, de parfaits inconnus, examiner les zones les plus intimes de notre corps, et même nous ouvrir et procéder a certaines amputations qui détermineront si oui ou non nous vivrons, alors que nous ne nous interrogeons pas une seconde sur l'individu, sur sa personnalité. Nous ne nous demandons pas si nous l'aimons ou si nous sentons qu'il nous respectera. Notre société nous a programmés à respecter le savoir des professionnels de la santé allopathique et a ne pas poser de questions. Nous devons faire preuve de prudence et ne pas commettre les mêmes erreurs avec les guérisseurs alternatifs.

J'opte invariablement pour une communication honnête. Si vous n'aimez pas l'idée que quelqu'un vous fasse une lecture ou vous touche, ou l'inverse, dites-le. Votre vis-à-vis aura beaucoup plus de difficulté a contester vos émotions que vos excuses, en particulier s'il s'agit d'un clairvoyant ! S'il se vexe, ce n'est pas votre problème.

Si vous êtes du type honnête, ou si vous devez rencontrer régulièrement ce clairvoyant/guérisseur, ou bien que vous craigniez qu'il ne cherche a se venger en utilisant la magie noire ou le vaudou contre vous, expliquez-lui poliment que vous avez pour règle générale de ne jamais recevoir de lectures et/ou de guérisons de personne, à l'exception de votre professeur. Vous pouvez aussi arguer que vous ne permettez pas aux personnes du sexe oppose de vous soigner ; que vous venez juste de prendre conscience que vous êtes à une étape de votre vie où il n'est pas approprié que vous fassiez des échanges avec d'autres clairvoyants/guérisseurs et que vous avez changé d'idée. Si vous avez déjà reçu une lecture ou une guérison de cette personne, mais que vous ne voulez pas lui rendre la pareille tel que convenu, offrez-lui une compensation financière, de façon que la séparation karmique et énergétique soit bien nette.

À l'inverse, si vous avez rempli votre part du marché, mais que votre partenaire change d'avis, faites preuve d'élégance et inclinez vous. Lorsque je travaillais pour l'un des centres Nouvel âge de Sedona, certains guérisseurs et clairvoyants de l'équipe étaient intimidés par mon niveau de formation et mon assurance. Ils recherchaient mes lectures, mais avaient toujours une excuse pour ne pas me rendre la pareille. Au début, j'ai jugé que la situation était injuste, mais par la suite, j'ai compris qu'ils me faisaient une faveur. Comme dans tout autre entente, si l'un des deux n'honore pas sa part du marché, soit il en est incapable, soit au bout du compte, cela ne servirait ni l'une ni l'autre partie. Si votre partenaire refuse de compléter sa part de l'échange, permettez-lui de se rétracter sans perdre la face ; autrement, vous risquez de vous enchaîner l'un à l'autre dans une bataille karmique qui durera l'éternité !

Indépendamment de la lumière ou de l'obscurité de l'être que vous lisez ou guérissez, assurez-vous de toujours utiliser vos outils. de garder votre énergie fluide, de nettoyer votre champ énergétique de l'énergie de votre sujet et de rapatrier votre énergie au terme de votre échange.

Entreprendre une carrière professionnelle en lecture psychique

Bonnes pratiques commerciales

Parmi les travailleurs autonomes, certains font beaucoup de publicité et de marketing, alors que d'autres dépendent uniquement du bouche-à-oreille et du retour de la clientèle.

Plusieurs clairvoyants professionnels considèrent comme un défi la gestion delà partie commerciale de leur pratique — si ce n'est comme un désastre. La lecture psychique engage un hémisphère du cerveau, alors que la planification financière et le marketing engagent l'autre. Pour être prospère, le clairvoyant professionnel doit donc réunir les deux.

En observant les clairvoyants qui réussissent, financièrement parlant, et en discutant avec eux, j'ai pu dégager certaines pratiques commerciales partagées qui ont contribué à leur succès, en termes d'attirer la clientèle et de l'inciter à revenir.

Il est toujours sage de s'occuper de l'aspect commercial de la lecture psychique avant de débuter. Avant de commencer la lecture ou la guérison, demandez au client de signer votre registre. Ce dernier devra lui fournir assez d'espace pour qu'il puisse inscrire son nom, son numéro de téléphone, son adresse postale, son courrier électronique et la date du jour. Par la suite, ces données vous seront utiles quand vous voudrez envoyer un bulletin de liaison, ou faire un envoi pour annoncer des rabais sur les lectures ou des chèques-cadeaux. Le registre vous permettra aussi de tenir le compte du nombre de rencontres ; vous pourrez également communiquer avec le client qui oublie quelque chose à votre bureau ou si son chèque est refusé, ou bien si vous vous souvenez d'un élément d'information que vous avez omis de lui transmettre.

Comme je l'ai mentionné au chapitre 14, discutez des attentes de chacun, du coût, du déroulement, des méthodes employées, et ainsi de suite, avant de commencer la lecture. À ce stade, Vous voudrez peut-être encaisser le montant de la lecture, étant donné qu'après, vous serez vraisemblablement beaucoup plus distrait et par conséquent, moins capable de négocier le paiement ou de faire des calculs. Cette pratique présente cependant un inconvénient : il y a beaucoup plus de clients qui demandent que la lecture dure plus longtemps s'ils paient après que s'ils paient avant. Par conséquent, vous avez plus de chances de faire une lecture plus longue, qui mérite des honoraires plus élevés, si vous attendez de percevoir le paiement après la lecture.

Travailler pour un promoteur

Certains clairvoyants parmi les plus prospères de la profession ont des directeurs d'affaires, des agents et des promoteurs qui s'occupent de la partie commerciale de leur entreprise, ce qui leur laisse toute la latitude pour investir leur énergie dans les lectures et les guérisons. C'est tout un défi que de trouver un directeur d'affaires talentueux en qui on peut avoir confiance et qui ne se sauve pas dans les périodes de vaches maigres! C'est comme cette histoire de la poule et de l'œuf: qui est venu en premier? Il est toujours plus facile d'attirer de l'aide promotionnelle quand on a déjà une solide réputation ou les moyens de payer régulièrement un agent. La plupart des clairvoyants qui travaillent avec un agent ou un directeur d'affaires ont déjà publié des livres et donnent des ateliers qui attirent un très grand nombre de participants. Néanmoins, il est toujours plus facile de se faire un nom quand on a à ses côtés quelqu'un qui croit au travail qu'on fait et qui possède de solides compétences en gestion et en marketing: en effet, le marketing peut en soi devenir un travail à temps plein.

Que vous puissiez ou non dénicher un promoteur ou vous offrir ses services, la gestion de vos affaires commerciales vous permettra de développer des compétences et d'apprendre des leçons dont vous pourrez tirer grand profit à long terme. C'est formidable d'avoir de l'aide, mais ça l'est tout autant de savoir qu'on n'a pas à se fier à une aide extérieure pour assurer sa survie.

Stratégies commerciales pour les professionnels qui se lancent

Pour lancer votre entreprise de clairvoyant ou de guérisseur, vous aurez besoin de concevoir une stratégie de marketing pratique afin de vous faire une clientèle. Votre stratégie pourrait adopter diverses formes: publicités imprimées, offre de lancement pour des cours, des conférences ou des démonstrations de groupe, des mini-lectures gratuites dans divers endroits publics, participation à des foires du paranormal ou de la Renaissance, mise en ligne d'un site Web, participation a des émissions télé ou à la radio.

Comme dans toute entreprise commerciale, le vieux dicton qui dit que «ça prend de l'argent pour faire de l'argent» s'applique aussi aux Clairvoyants qui ont l'intention de faire des lectures à la maison. Pour lancer votre pratique, vous n'aurez pas besoin de beaucoup d'argent, mais il vous en faudra quand même un peu. La publicité même la plus abordable à produire, comme un dépliant, peut se révéler coûteuse. Ainsi, dans le cas d'une publicité imprimée, vous devrez d'abord avoir accès à un ordinateur ou à un traitement de texte pour rédiger et imprimer le modèle, ainsi qu'une photo avantageuse de vous-même. Par ailleurs, vous devrez faire photocopier votre modèle en plusieurs exemplaires. Si vous choisissez d'engager un graphiste pour créer votre dépliant, l'original pourra vous coûter entre quinze et quelques centaines de dollars. Vous préférez faire passer une annonce dans le journal ? En fonction de la taille de votre annonce, du nombre de couleurs et de photos, vous pourrez débourser entre dix et plusieurs centaines de dollars par semaine. La location d'un local pour une conférence de lancement pourra vous coûter entre dix et des centaines de dollars l'heure.

En matière de location de locaux, les bibliothèques, les églises et certains centres métaphysiques proposent en général les taux les plus bas, alors que les hôtels et les centres de retraite offrent souvent les prix les plus élevés. Si vous voulez louer une salle pour donner une conférence, un cours, une démonstration, ou autre chose, informez-vous pour savoir si la publicité fait partie de l'entente. Par exemple, la bibliothèque municipale de Sedona loue des salles à des groupes et à des individus. On peut exposer sa publicité sur le tableau d'affichage de l'institution qui ajoute l'événement à son horaire imprimé, lequel fait l'objet d'un envoi postal et est disponible pour consultation par les visiteurs. Ce genre de publicité gratuite augmente évidemment le prix de location.

Optimiser la valeur de vos publicités imprimées

Au départ, tout ce dont le clairvoyant professionnel a besoin comme outil publicitaire imprimé, c'est d'une carte de visite et d'un dépliant. On peut ajouter a ces supports des affiches et des annonces dans les journaux. Votre carte de visite indique à votre clientèle potentielle que vous vous considérez comme un professionnel ; elle sert aussi d'aide-mémoire et d'outil pour vous contacter. Votre dépliant constitue littéralement et symboliquement votre portrait en tant que personne et clairvoyant professionnel. Affichez-le dans votre quartier, sur les tableaux d'affichage intérieurs ou extérieurs des boutiques et des centres de métaphysique, des magasins d'aliments santé ou épiceries d'aliments naturels, des écoles de massage, des centres de yoga, des clubs de mise en forme, et ainsi de suite. Vous pouvez aussi les distribuer aux personnes en mesure de vous faire de la publicité, par exemple les concierges d'hôtel et les guides touristiques. Plusieurs clairvoyants qui travaillent pour des librairies ou des centres de métaphysique, ou collaborent avec eux, ont l'obligation de fournir un encart qui est inséré dans un répertoire, ou qu'on affiche sur un babillard à l'intention des clients.

Pour le client potentiel, votre publicité imprimée est la façon la plus rapide et la plus facile de vous évaluer. Grâce à elle, il pourra déterminer s'il souhaite recevoir une lecture de vous ou d'un autre clairvoyant. Voilà pourquoi votre encart doit se démarquer du lot : il doit attirer l'attention, annoncer vos couleurs et souligner votre originalité.

Votre photo est un élément essentiel. Le client potentiel veut savoir à quoi vous ressemblez pour déterminer si vous êtes fiable, compatissant, ou si vous représentez l'idée qu'il se fait d'un véritable clairvoyant. En voyant votre portrait, il pourra considérer et évaluer votre âge, savoir si vous êtes un homme ou une femme, juger de votre beauté, de votre taille et de votre attrait sexuel. Certains seront attirés par une clairvoyante jeune et belle, alors que d'autres seront intimidés devant quelqu'un de plus beau et de plus jeune qu'eux. D'après mes observations, la plupart des hommes hétérosexuels considèrent la beauté et l'attrait sexuel de la clairvoyante comme plus importants que ses qualifications professionnelles. Les clairvoyants séduisants qui arborent de longs cheveux et des colliers de cristal, surtout s'ils sont d'origine amérindienne ou s'ils en ont l'apparence, ont tendance à attirer beaucoup plus de femmes que leurs collègues plus âgés, plus conservateurs, ou moins beaux !

Si vous ne ressemblez pas à Brad Pitt ou à Marilyn Monroe, je vous suggère de choisir un portrait qui reflète votre charisme et votre amour de la vie, étant donné qu'on est attiré par les gens heureux et enthousiastes. Cela ne signifie pas que vous devez avoir un sourire béat et tout en dents, mais ne prenez pas un air trop sérieux ou morose, même si c'est votre air habituel. Une photo couleurs coûte plus cher, mais est généralement plus flatteuse et se remarque plus.

Votre concept publicitaire est tout aussi important. Vous voudrez inclure une description du type de lectures/guérisons que vous donnez et des méthodes que vous employez. Ajoutez une biographie qui détaillera votre expérience et vos compétences. Ceux qui ont des antécédents similaires ou une expérience de vie semblable seront naturellement portés vers vous : c'est pourquoi je vous conseille d'être le plus honnête possible dans votre description. On recherchera des indices qui garantiront que vous êtes honnête, inoffensif et enraciné dans la réalité. C'est pourquoi on gagne à mentionner ses titres professionnels reconnus par le courant de pensée majoritaire : diplômes universitaires ou expérience professionnelle significative. Plusieurs de mes publicités indiquent que j'ai été agente de probation fédérale et que je suis détentrice d'une maîtrise en travail social. Nombre de clients m'ont confié que c'est l'une de mes qualifications sinon les deux qui les ont convaincus de prendre rendezvous avec moi plutôt qu'un autre clairvoyant. Comme ces clients détenaient généralement des diplômes et des titres professionnels. ils m'ont parfaitement servi de miroirs et m'ont permis de dépasser mes propres problèmes et mes images associées.

Certains clairvoyants, dont je suis, mentionnent leurs tarifs dans leur publicité. Certains écartent d'emblée les annonces sans tarif, soit parce qu'ils en déduisent qu'une lecture coûte plus cher qu'en réalité, ou parce qu'ils ont l'impression que le clairvoyant n'est pas honnête en omettant d'indiquer ses prix. D'autres téléphoneront pour vous demander le prix d'une lecture et deviendront agressifs en entendant qu'il excède les possibilités de leur budget ou leurs attentes. Pour ma part, je crois qu'il est important d'être transparente en matière d'argent ; au bout du compte, le clairvoyant tout comme le client économisent tous deux temps et énergie. Je ne suis pas intéressée à séduire ou à manipuler les gens pour leur vendre des lectures psychiques. Je n'en ai pas l'énergie. Ils en veulent ou ils n'en veulent pas, point final. D'autres adoptent une approche plus mercantile 1 ils préfèrent fonctionner autrement, et grâce à leur argumentaire et a leur charme, ils arrivent à persuader les clients potentiels d'acheter une lecture qui leur sera finalement profitable, en dépit de leur appréhension de départ.

Une campagne de marketing bien ficelée vous aidera à vous monter une clientèle, mais il y a certaines autres forces à l'œuvre qui détermineront ultimement votre succès. Je connais d'excellents clairvoyants qui ont dépensé des milliers de dollars en encarts pleine page dans les journaux et dont la carte de visite est une œuvre d'art : ils ont de la veine s'ils attirent un client par mois. J'en connais d'autres qui ne font pas de publicité et qui reçoivent plusieurs clients par semaine. Votre capacité à attirer une clientèle est plus tributaire d'éléments comme votre enthousiasme pour la lecture psychique, votre karma, vos scénarios de programmation mentale émotionnelle par rapport aux lectures et aux questions d'argent, votre niveau d'énergie, l'adéquation de votre lieu de lecture et vos conditions de vie, que de tout autre facteur.

Si, au bout d'un moment, vous n'arrivez pas à vous faire une clientèle, je vous suggère de rencontrer un clairvoyant compétent qui pourra examiner dans une lecture ce qui vous empêche de pratiquer ou d'être rémunéré pour votre travail. Il est possible que vous ne vouliez pas vraiment travailler comme professionnel dans le domaine, que votre organisme n'ait pas l'énergie nécessaire pour faire des lectures à temps plein, ou que vous ne soyez pas prêt à examiner ou à évacuer les scénarios de programmation mentale émotionnelle qui referaient surface si vous faisiez beaucoup de lectures. Vous avez peut-être aussi vécu quelques expériences désagréables (parmi des centaines d'agréables) que vous ne tenez pas a revivre.

Déterminer votre lieu et cadre de travail

Une fois que vous aurez décidé de plonger, il vous faudra dénicher un local qui se prête à vos rencontres. Beaucoup de clairvoyants travaillent à partir de la maison, d'autres préfèrent louer un local, ou travailler à partir d'une librairie ou d'un centre de métaphysique. Certains font des visites à domicile ou dans les régions très touristiques, à la chambre d'hôtel du client. On peut aussi choisir de faire des lectures par l'entremise des lignes téléphoniques de clairvoyance, dans des foires du paranormal ou dans des soirées.

Si vous voulez rester autonome, donner des lectures à la maison est possible si vous disposez d'une pièce ou d'un endroit réservé à cet usage (l'idéal serait un bureau avec une entrée indépendante) et si votre vie de famille vous permet de recevoir des étrangers sans attirer indûment l'attention. Les avantages du travail à domicile sont que vous n'avez pas à vous déplacer et qu'idéalement, vous vous y sentez bien. Les inconvénients sont les questions de sécurité, le temps dévolu au nettoyage des lieux avant l'arrivée du client, l'impact de votre travail sur vos proches et l'importance de leur interférence, et le surplus d'énergie que vous aurez à gérer après les rencontres.

Pendant la lecture, votre client et vous libérez beaucoup d'énergie. Peu importe le lieu où vous lirez, vous devrez faire en sorte d'ancrer la pièce et de la purifier de votre mieux, mais il pourra vous arriver de ne pas faire les choses à fond. Longtemps après le départ du client, son énergie émotionnelle et l'énergie de ses guides spirituels et des membres de sa famille ressurgiront chaque fois qu'il pensera à vous ou à la lecture. Cette énergie « entreposée » dans votre maison, qui est votre sanctuaire personnel, pourra engendrer des problèmes qui vous affecteront, vous et votre famille, allant de l'augmentation de votre tension émotionnelle au bouleversement de vos relations, en passant par le chamboulement de vos habitudes de sommeil et de méditation. Les locaux situés à l'extérieur de votre demeure pourront aussi être contaminés par des énergies étrangères ; cependant, comme vous n'y passerez pas autant de temps, la situation ne vous affectera pas autant.

Promotion par les entreprises locales

Une excellente façon de faire la promotion de vos services consiste à déposer votre publicité à la conciergerie des hôtels, des stations de santé, des centres de villégiature et des bureaux d'information touristique de votre région. Certains établissements conserveront votre carte de visite, votre encart ou votre dépliant dans leurs dossiers et vous enverront des clients. Ce service vous vaudra d'offrir au concierge une commission qui tourne d'ordinaire autour de dix pour cent du tarif de vos lectures. Il arrivera qu'il vous téléphone pour vous demander de recevoir un client qui souhaite une lecture le lendemain matin. Certains clients de l'hôtel téléphoneront eux-mêmes pour prendre rendez-vous. Si vous n'êtes pas disponible, le concierge téléphonera au suivant sur sa liste ou dirigera le client vers un centre local où il pourra rencontrer d'autres Clairvoyants.

Que vous acceptiez ou non de faire une lecture, il a très peu à gagner tant qu'on ne lui offre pas d'autres options.

Parmi les clairvoyants qui ne disposent pas d'un lieu pour recevoir, plusieurs choisissent de rencontrer leurs clients à leur chambre d'hôtel, un service que ces derniers apprécient généralement. D'autres proposeront au client de le recevoir à leur domicile ou à leur bureau. Plus vous serez en mesure d'aider le concierge à comprendre vos lectures et ce que vous avez à offrir, plus il sera enclin à vous recommander. La meilleure façon d'y parvenir, c'est souvent d'offrir une courte lecture gratuite. Si plusieurs seront enchantés d'expérimenter votre clairvoyance, d'autres déclineront votre offre poliment, en général parce qu'ils ont des craintes ou des résistances face aux changements qu'ils pourraient être appelés à faire a la suite de votre message clairvoyant.

Questions de sécurité

En tout temps, votre bien-être et votre sécurité doivent rester en tête de liste de vos priorités, que vous fassiez des lectures à la maison, au bureau, dans une chambre d'hôtel ou ailleurs. Je vous suggère de vous organiser de telle sorte qu'un ami ou un proche soit assez près de vous pour vous entendre crier, mais assez éloigné pour ne pas nuire à la lecture. Si c'est impossible, ou si vous vous rendez à la maison ou la chambre du client, laissez l'adresse et l'heure à laquelle vous prévoyez finir à un ami ou à la réception de l'hôtel. Convenez que vous donnerez un coup de fil dès que vous aurez terminé, ou demandez qu'on vous téléphone si on n'a pas de vos nouvelles trente minutes après l'heure convenue pour conclure la lecture. En tout temps, avant de commencer ou en cours de route, si vous sentez que votre client risque de devenir violent, faites tout ce qu'il faut pour mettre un terme à la lecture et quitter le client sans provoquer de réaction émotionnelle. Évidemment, vous pouvez aussi décider de ne pas faire de visites à domicile.

LE BUSINESS DE LA SPIRITUALITÉ

Travailler à partir d'un centre de métaphysique

Beaucoup de clairvoyants préfèrent travailler dans une librairie ou un centre de métaphysique offrant des lectures au public. Ces commerces fonctionnent d'ordinaire selon divers modèles.

Première option — location d'un local ou contrat de crédit-bail

Certaines entreprises d'envergure offrent la location de locaux ou un crédit-bail aux clairvoyants, aux guérisseurs et aux massothérapeutes. Ces derniers sont considérés comme des entrepreneurs indépendants. Tant qu'ils paient leur loyer, le propriétaire ne s'immisce que minimalement dans le déroulement de leur travail ou la fréquence de leur présence.

En arrivant à Sedona, j'ai loué un local au centre de métaphysique le plus important et le plus florissant de la région. Il regroupait une librairie, une boutique de cristaux et de vêtements, ainsi qu'une vingtaine de locaux de superficies variables, loués a des clairvoyants. À mon arrivée, j'ai signé un bail mensuel de huit cent quatre-vingts dollars pour un local de 2,5 x 2,5 mètre, et j'ai déposé une garantie qui équivalait à mon dernier mois de loyer (en autant que je donne un préavis de départ de trente jours). Au rez-de-chaussée, près de la porte d'entrée du centre, on trouvait un tableau d'affichage pour les publicités et les cartes de visite des locataires. Les touristes de passage pour visiter la boutique ou obtenir une lecture avaient la possibilité de faire leur choix en consultant les annonces affichées.

Les six premiers mois, j'ai fait tout juste assez d'argent pour payer mon loyer, ainsi que mes frais de subsistance et de garderie (en moyenne cinq cent dollars par mois). Mais dès la saison moins achalandée de l'été et du début de l'automne, les visiteurs sont venus en moins grand nombre, et j'ai été incapable d'assumer les frais, même en donnant plusieurs lectures brèves par jour (généralement de quinze minutes que j'offrais à vingt dollars). Quand j'ai pris conscience que 'étais tellement épuisée que j'appréhendais l'idée de faire une autre lecture, j'ai donné un préavis de départ et choisi de me trouver un travail régulier à temps plein en travail social. Certains clairvoyants en affaires depuis plus longtemps que moi s'en tiraient mieux financièrement, car ils recevaient d'anciens clients ou de nouveaux clients envoyés par d'anciens clients. Toutefois, le roulement des locataires restait constant parce qu'il y avait toujours trop de clairvoyants pour le nombre de clients. La propriétaire faisait de son mieux pour mousser la publicité du centre, mais elle n'a jamais consenti à diminuer le prix du loyer ou le nombre de clairvoyants, étant donné qu'il y en avait toujours de nouveaux pour remplacer ceux qui partaient par manque de clientèle.

Mon passage dans ce lieu est une expérience précieuse : j'ai pu donner beaucoup de lectures, à beaucoup d'individus différents. sans avoir à faire de publicité ou de marketing, sinon créer un dépliant. J'ai eu beaucoup de plaisir à rencontrer des Clairvoyants et des guérisseurs avec des intérêts communs, et à travailler étroitement avec eux. Par contre, la concurrence était féroce. J'avais choisi de croire que les clients qui sont destinés à travailler avec moi viendront à moi, et que je n'ai pas à m'inquiéter que d'autres clairvoyants me les « volent ». Toutefois, ce point de vue semble assez rare parmi les clairvoyants et les guérisseurs qui, en dépit de leur prétention à l'illumination et à la fine connaissance des lois de la créativité, sont parmi les êtres les plus compétitifs et les plus envieux que je connaisse. Certains jours où j'étais très occupée, je recevais des commentaires acides sur mon succès de cinq ou six collègues au moins. Quand les choses n'allaient pas aussi rondement, ils se montraient aussi compatissants que possible ! Beaucoup se montraient particulièrement curieux et intimidés de mes grandes capacités clairvoyantes, car aucun n'avait reçu de formation structurée et la plupart ne savaient pas comment accéder délibérément à leur clairvoyance. La plupart des Clairvoyants de Sedona se servent de leur don de clairaudience ou de clairsentience (connaissance) et travaillent avec des guides spirituels.

En dépit de ces obstacles, mon passage au centre m'a aidée à faire la transition d'étudiante protégée exerçant dans une école (où je faisais des lectures supervisées dans un milieu protégé) à professionnelle autonome. Beaucoup d'étudiants n'en viennent jamais là en raison de leurs craintes et de l'absence d'encouragement de leur institution où on les pousse plutôt à s'inscrire aux programmes avancés ou a rester à titre de professeurs ou de clairvoyants diplômés.

Deuxième option — remettre un pourcentage de vos gains au propriétaire du local

C'est une autre solution fréquemment adoptée par les clairvoyants : on travaille dans une librairie ou une boutique spécialisée en métaphysique, et plutôt que de payer un loyer, on remet un pourcentage de ses gains au propriétaire. Davantage de cette entente est que durant les périodes creuses, on n'a pas à s'inquiéter de payer le loyer. Par ailleurs, le propriétaire est plus enclin a se dépenser pour faire de la publicité et trouver des clients, de façon que les deux parties fassent de l'argent. L'inconvénient, c'est qu'on fait moins d'argent par lecture, puisque le propriétaire voudra vraisemblablement fixer un tarif concurrentiel qu'il amputera par la suite de sa commission, qui pourra osciller entre 20 et 60 pour cent. Même si dans l'ensemble, les revenus mensuels du clairvoyant seront équivalents à ce qu'il aurait gagné s'il avait dû payer un loyer en demandant davantage par lecture, il aura peut-être l'impression de dépenser plus d'énergie qu'il n'en reçoit justement parce qu'il fait moins d'argent par lecture. Cela pourra en retour ternir son plaisir de donner des lectures à cet endroit et saper sa motivation de se rendre au travail.

Clairvoyants et propriétaires de commerce entrent souvent en conflit. Les clairvoyants ont tendance à laisser leur intuition et leurs émotions diriger leurs actes. Quand une clairvoyante ne vient pas travailler, peut-être parce son intuition lui a dit qu'elle avait besoin de temps pour se retrouver, le propriétaire ne gagne rien et s'irrite de la situation, ce qui est bien normal. La plupart des marchands qui emploient un clairvoyant sont plus préoccupés par le succès dé leur entreprise que par le bien-être énergétique de leur employé. Ils ne comprennent pas qu'il refuse de donner une lecture parce qu'il n'a « pas assez d'énergie » ou qu'il sent de « mauvaises vibrations » avec ce client. Ils ne comprennent pas pourquoi le clairvoyant ressent le besoin de méditer une demi-heure après une lecture particulièrement exigeante, avant de rencontrer un autre client. La plupart des propriétaires n'apprécient pas non plus que le clairvoyant mette un terme à une lecture après trente minutes parce qu'il sent que le client a reçu tous les messages qui comptaient ou tous ceux qu'il pouvait affronter, si ce dernier a d'abord déclaré qu'il voulait une lecture d'une heure, plus payante.

Un autre conflit qui survient entre propriétaires de commerce et clairvoyants est celui de déterminer qui a droit à l'activité continue de la clientèle et a l'indication de clients. J'ai rencontré des propriétaires qui nous défendaient, autant à d'autres clairvoyants qu'à moi-même, de donner notre carte de visite au client qui la demandait, parce qu'ils craignaient que le client ou une personne dirigée par ce dernier communiquent directement avec nous. En effet, le marchand venait alors disparaître une commission potentielle. Selon moi, les marchands obtenaient déjà un gros pourcentage de mes profits. Par conséquent, qu'ils s'attendent à recevoir une commission sur les lectures que je donnerais par la suite ailleurs, à ce client ou à ses amis, me semblait non seulement déraisonnable, mais difficilement applicable. Je considérais aussi que c'était une intrusion dans la relation clairvoyant/client, surtout parce que les marchands refusaient en général de fournir les nouvelles coordonnées des clairvoyants une fois que ces derniers avaient quitté leur emploi. Le client et le clairvoyant à qui on refuse le droit d'échanger de l'information risquent de perdre très facilement la trace l'un de l'autre. C'est un contentieux que clairvoyants et propriétaires de commerce devraient régler avant de signer un contrat de travail.

Troisième option — faire des lectures dans des commerces de votre région

Certains commerces, tels que cafés, restaurants ou boîtes de nuit, vous ouvriront leurs portes et ne vous demanderont rien d'autre que d'assurer une présence hebdomadaire, régulière et programmée. Les propriétaires de ce type d'entreprise considèrent que la présence d'un clairvoyant et la possibilité de recevoir une lecture attirent les clients. Ils ne font pas d'argent grâce au clairvoyant ou à ses lectures, mais plutôt grâce à la vente des aliments et des boissons que ses clients consomment. Certaines de ces entreprises (dont la plupart sont situées dans des régions où les clairvoyants ne sont pas si nombreux ni si communs qu'à Sedona) sont incroyablement prospères, surtout parce qu'elles proposent les services de clairvoyants talentueux et charismatiques.

Financièrement, c'est une situation idéale, étant donné qu'on peut gagner beaucoup par lecture tout en n'ayant que peu de frais. L'inconvénient, c'est qu'on est souvent assis dans un box ou à une table dans un coin, sans intimité ni aucun contrôle sur le niveau de décibels.

Certains s'épanouissent dans de telles conditions. Ils apprennent à se servir des distractions et des bruits environnants pour accéder à un état intérieur de concentration aiguisée. D'autres s'effondrent rapidement devant les distractions et sous le regard des curieux.

Quatrième option — faire des lectures dans des soirées

Faire des lectures dans des soirées est une façon amusante et éducative de gagner de l'argent grâce à votre clairvoyance. Vous avez le choix de signer vos propres contrats ou de travailler pour une agence qui engage des clairvoyants pour ce genre d'événement. J'ai déjà été propriétaire d'une agence (Sedona Psychic Entertainment Services) et à l'emploi de deux autres : j'ai donc fait des lectures dans tous les types de soirées imaginables, du petit cocktail intime aux réunions d'entreprises qui rassemblaient plus de mille personnes.

Dans la majorité des cas, le clairvoyant s'installe à une table et les invités font la queue pour une lecture de cinq à dix minutes, dépendant du nombre d'invités, du nombre de clairvoyants et de la durée du contrat. Quand il s'agit d'une foule nombreuse, on demande aux clairvoyants de circuler et d'offrir des lectures de une ou deux minutes. En général, les agences demandent aux clairvoyants de se déguiser en romanichels pour souligner le côté ludique de l'événement, ce qui plaît d'ordinaire beaucoup aux invités et se révèle tout aussi amusant pour les clairvoyants.

Pour faire des lectures dans ce contexte, et selon qu'il est travailleur autonome ou employé d'agence, le clairvoyant professionnel peut s'attendre à recevoir des honoraires variant de soixante-dix à deux cents dollars l'heure. Les attentes du clairvoyant et de l'hôte ou du coordonnateur de la soirée ou de l'événement devront faire l'objet d'une discussion préalable. Le clairvoyant à l'emploi d'une agence reçoit un salaire ; en général, l'agence envoie un de ses représentants pour superviser le travail et les lectures de ses employés. Dans ce cas, le clairvoyant et l'agence devront discuter de leurs attentes avant l'événement. Parmi les point à aborder, mentionnons le tarif horaire, le nombre d'heures de lecture et la gestion du temps supplémentaire : le clairvoyant aura-t-il le choix de refuser de faire des heures supplémentaires ; bénéficiera-t-il d'une prime ?

Il faudra aussi déterminer s'il a le droit d'accepter les pourboires ou s'il peut les solliciter ; s'il est assis à une table ou si l'on souhaite qu'il circule parmi les invités ; si on lui sert nourriture et boissons ou s'il doit apporter son casse-croûte ; s'il doit se déguiser ; s'il a le droit de distribuer ses cartes de visite ou s'il est restreint a celles de l'agence ; si on l'encourage à revoir les invités après la rencontre ou si on le lui interdit, etc.

Faire des lectures dans des soirées peut se révéler ardu en même temps que gratifiant. Il faut impérativement respecter le temps imparti à chaque lecture, de façon que tous les invités en reçoivent Lure (ce que je trouve toujours extrêmement difficile). D'ordinaire, on pratique dans un environnement qui ne favorise pas la lecture psychique en termes de bruit, d'activité et d'intimité. Il faut faire la lecture à un grand nombre de personnes d'affilée, ce qui fait qu'on dispose de peu de temps pour méditer ou nettoyer ses énergies. On doit donc déployer plus d'efforts pour rester concentré, ancré et neutre, et pour poursuivre la lecture, peu importe ce qui se passe autour. Faire de nombreuses lectures dans un court laps de temps peut s'avérer épuisant ; c'est pourquoi il est important de rapatrier son énergie personnelle le plus souvent possible (voir chapitre 8). C'est une opportunité incroyable de se mettre au défi et de se rendre compte qu'on peut réellement faire des lectures en toutes circonstances, en autant qu'on continue à utiliser les outils et à pratiquer les techniques enseignées ici.

La plupart du temps, les invités sont surexcités de recevoir une lecture. C'est une bonne occasion de faire connaître la lecture psychique et d'aider les gens à examiner leurs stéréotypes et leurs conceptions erronées à ce sujet. Cependant, beaucoup se montreront sceptique, ce qui rend toujours la lecture difficile.

Dans ce contexte, le clairvoyant doit aussi gérer un autre facteur important : comment traiter les questions sérieuses ou pénibles qui se présentent en cours de lecture et qui sont susceptibles d'assombrir la soirée du client. J'encourage mes employés à lire la partir d'un espace de validation (voir les chapitres 14 et 19) : par conséquent, ils regardent par clairvoyance ce qui fonctionne bien dans la vie du client et se montrent aussi positifs que possible. Néanmoins, il se peut qu'un invité aux prises avec un problème reçoive de l'information qui l'éclaire, tout en ayant le potentiel de modifier ou de déterminer le cours des événements de sa vie. Il s'agit alors d'une information que le client doit entendre, même si tout se termine par des larmes ou un départ précipité.

Dans les soirées, l'alcool est l'un des facteurs parmi les plus déplaisants. À mesure que la soirée avance, les effets de l'alcool se font sentir, tant chez les invités que chez les clairvoyants. En effet, la clairsentience de plusieurs clairvoyants est telle qu'ils absorbent les effets de l'alcool dans leur aura et ressentent l'ivresse ; ils se sentent alors étourdis, fatigués, nauséeux, pompettes et confus. Quand la personne est ivre, elle erre quelque part hors de son corps et cela la rend très difficile à lire. Comme il n'y a aucun moyen de limiter la consommation d'alcool, on pourra faire en sorte de minimiser les problèmes en planifiant d'offrir les lectures en début de soirée.

Voici ce que je suggère si un invité ivre demande une lecture : étudiez la couche extérieure de son aura par clairvoyance. Vous y trouverez des données élémentaires sur sa personnalité et la perception que les autres ont de lui. Décrivez ses traits de caractère et concluez la lecture le plus vite possible. Cela devrait suffire à répondre à son souhait et éviter que vous ne vous lanciez dans des questions plus profondes exigeant plus de temps et d'énergie. Bien entendu, si un invité se montre agressif ou tellement ivre qu'il n'est plus conscient de son environnement, vous avez le droit de refuser de lui faire une lecture ou d'y mettre un terme immédiatement si vous ressentez un quelconque inconfort.

Faire des lectures dans des foires du paranormal

Beaucoup de clairvoyants acquièrent de l'expérience et gagnent de l'argent en faisant de courtes lectures psychiques dans les foires du paranormal. Ces événements sont généralement organisés par un tiers ou un groupe. Il pourra s'agir d'un événement d'envergure présenté dans un centre de congrès, qui attire des milliers de visiteurs et présente des centaines d'attractions en plus des lectures psychiques (comme la populaire exposition itinérante *Whole Life Expo* qui voyage à travers les États-Unis), ou d'une petite foire tenue dans une salle de conférence d'hôtel, où les clairvoyants sont en vedette.

La plupart des écoles de formation organisent leurs propres foires ;

étudiants, diplômés et membres du personnel font des lectures et offrent des ateliers à faible coût. Ainsi, une lecture ne coûte que cinq dollars et les guérisons de l'aura sont souvent gratuites. L'école garde les profits, et les étudiants prennent de l'expérience sous la supervision et la protection de leurs professeurs. On peut exiger ou non des frais d'inscription minimes pour les ateliers.

Dans la plupart des foires commerciales, plusieurs clairvoyants de formations diverses offrent des lectures de différentes durées, à coût plus élevé. Ils louent un kiosque a la journée ou pour la durée de la foire. Le coût de location est proportionnel à la valeur du kiosque, en termes de superficie et de proximité de l'achalandage des visiteurs, et selon qu'on vend des produits en plus de donner des lectures. Dans de rares cas, le clairvoyant ne paie pas la location d'avance, mais partage ses bénéfices avec les organisateurs. Le prix de location d'un kiosque varie de vingt-cinq à quelques centaines de dollars par jour, selon l'affluence prévue.

Étant donne' qu'on ne peut faire qu'un nombre limité de lectures par jour, si le coût de location du kiosque est très élevé, il faut demander plus cher pour des lectures plus brèves, mais on peut aussi choisir d'inviter d'autres clairvoyants à partager les lieux, ce que les organisateurs de l'événement pourront autoriser ou défendre. Une autre option consiste à vendre des produits dérivés : livres, enregistrements audio ou vidéo, et ainsi de suite, mais cela peut aussi augmenter le coût de location. Dans bien des cas, on ne fait que rentrer dans ses fonds, mais beaucoup de clairvoyants jugent l'occasion excellente pour enrichir leurs réseaux et rencontrer des clients qui reviendront pour des lectures plus longues et plus payantes.

Beaucoup de clairvoyants ont découvert une grande source d'amusement, mais surtout la poule aux œufs d'or, dans les foires médiévales ou de la Renaissance, de plus en plus populaires au fil des ans. Il s'agit souvent de foires qui circulent à travers les États-Unis et reviennent une fois l'an dans une zone rurale où elles s'installent pour une période variant d'une fin de semaine a quelques mois. En plus des Clairvoyants, ces foires emploient entre autres des comédiens, des musiciens, des chanteurs, des danseurs et des artistes. On exige des amuseurs qu'ils se déguisent en costume d'époque et vivent comme au Moyen Âge. D'ordinaire, les clairvoyants louent un kiosque qu'ils doivent décorer, en vertu de quoi ils gardent leurs bénéfices. Plus leur kiosque et leur garde-robe sont élaborés, authentiques et beaux, plus ils attirent la clientèle. Comme il y a une foule de flâneurs dans les foires de la Renaissance, les recettes sont généralement excellentes en dépit du coût de location initial plutôt élevé. L'inconvénient, c'est qu'il faut assurer de longues heures de présence. Comme il peut s'avérer absolument épuisant, sinon carrément impossible, de faire des lectures sans interruption, tous les jours, pendant des semaines ou même des mois, beaucoup de clairvoyants règlent le problème en sous-louant leur kiosque à d'autres clairvoyants pour un jour ou une semaine.

Travailler pour un service de clairvoyance téléphonique

Comme vous avez pu le constater en voyant le nombre de publicités télévisées et de publireportages, le marché compte beaucoup de services de clairvoyance par téléphone. On peut donner une lecture au téléphone tout aussi efficacement qu'en rencontrant le client. Mais selon mon expérience et d'après les conversations que j'ai eues avec plusieurs clairvoyants ayant travaillé pour ces services ou les ayant investigués, la plupart des services plus importants, qui ont les moyens de s'offrir une campagne publicitaire télévisée, emploient des personnes qui comprennent fort peu leurs dons et sont plus ferrées dans l'art de garder le client au bout du fil qu'en lecture psychique.

Quand une telle entreprise engage un clairvoyant, elle l'informe très clairement que son travail consiste à garder les interlocuteurs le plus longtemps possible en ligne. Plusieurs de ces services facturent entre trois à cinq dollars la minute (un total de cent quatre-vingts à trois cents dollars l'heure). La personne qui téléphone se dit souvent qu'elle ne restera que quelques minutes au bout du fil, mais perd la notion du temps en raison des stratégies de vente du «clairvoyant» et aussi, de son propre désespoir. En effet, beaucoup de gens sont déjà aux prises avec de sérieuses difficultés, et c'est ce qui les pousse à téléphoner au départ. Donc, la dernière chose dont ces personnes ont besoin, c'est de découvrir qu'on a ajouté trois cents dollars à leur facture de téléphone, frais qu'elles devront payer ou contester auprès de leur compagnie de téléphone.

À l'occasion, une «vraie» clairvoyante et/ou une personne compatissante entre à l'emploi d'un de ces services, mais n'y reste d'ordinaire pas longtemps quand elle comprend qu'elle n'a aucun moyen de préserver son intégrité en travaillant pour une personne ou une société qui escroque et trompe ses clients.

J'ai déjà été invitée à auditionner pour la société qui produit les omniprésents publireportages de «Miss Cleo». Dans ses annonces. Miss Cleo dorme des lectures par téléphone à des clients enchantés et stupéfaits de ses pouvoirs psychiques. Elle encourage les gens à composer le numéro de son service de voyance téléphonique en donnant carrément l'impression qu'elle répond elle-même au téléphone, ce qui n'est pas le cas. Miss Cleo et sa société font d'ailleurs l'objet de poursuites judiciaires pour fausse représentation. Lors de ma première audition, on m'a appris que la société cherchait de véritables clairvoyants pour faire des lectures dans des publireportages semblables où les téléspectateurs seraient encouragés à téléphoner pour une lecture en direct. On a ajouté que si nous étions choisis pour les publireportages, nous ne serions pas obligés de faire des lectures par téléphone.

L'aventure aurait pu me rapporter beaucoup d'argent, mais j'ai compris que sur le plan personnel, ce serait une terrible erreur de représenter une entreprise dont je jugeais les pratiques non seulement contraires à l'éthique, mais aussi carrément criminelles. C'est donc avec plaisir que je me suis désistée du processus d'audition peu de temps après le début. À Sedona, plusieurs clairvoyants authentiques ont toutefois choisi de profiter de cette «opportunité». Quelques-uns ont justifié leur geste en expliquant que leur présence dans le publireportage transmettrait de la «lumière» et de l'énergie positive aux millions de téléspectateurs qui regarderaient les publicités. Ils serviraient ainsi l'humanité en servant de contrepoids à l'obscurité avaricieuse de la société qui les avait engagés. Je n'ai de cesse de m'étonner quand je vois à quel point plusieurs «artisans de lumière» autoproclamés s'illusionnent sur leurs motivations dès qu'on leur promet l'argent et la gloire!

Quoi qu'il en soit, il existe des services de clairvoyance par téléphone dirigés par des praticiens de la plus haute intégrité. La plupart sont la propriété privée d'individus en contact avec leurs dons spirituels. Le Berkeley Psychic Institute exploite son propre service de clairvoyance téléphonique : les étudiants et les diplômés y perfectionnent leur art de lire à distance, bénévolement ou moyennant un tarif horaire assez bas. Ceux qui appellent reçoivent donc une lecture authentique à prix raisonnable ; ils tirent le même profit de la lecture, qu'elle dure une minute ou deux heures. Pour certains, être à l'emploi d'un service de clairvoyance téléphonique est idéal sur le plan professionnel : on a la possibilité de travailler indépendamment, dans le cadre sécurisant et intime de son foyer, on économise les coûts de transport et on jouit d'un horaire de travail flexible.

Beaucoup de ceux qui n'accepteraient pas de travailler pour un service de clairvoyance téléphonique offrent des lectures par téléphone en plus de recevoir des clients à leur bureau et parviennent à engranger les mêmes bénéfices. Ils exigent le même tarif pour une lecture téléphonique que pour une rencontre. Certains disposent même d'un appareil de traitement des achats par carte de crédit : on peut donc utiliser ce mode de paiement et acquitter la lecture au moment de l'appel. Le système de traitement des paiements par carte de crédit exige un bon crédit, et son implantation se révèle assez coûteuse. Beaucoup de clairvoyants optent donc pour le paiement par chèque personnel ou mandat postal. En général, ils exigent le paiement avant la lecture quand le client téléphone pour la première fois, mais à l'occasion, ils autoriseront un client qui n'en est pas à son premier appel à faire parvenir son paiement après la lecture.

Faire des lectures grâce à l'Internet

De plus en plus de clairvoyants annoncent leurs services dans leur site Web et font même des lectures via le courrier électronique. Le site Web est le format idéal pour user de créativité et faire son marketing par l'entremise du texte, de l'image, de la couleur et même du son. Mais pour qu'un client potentiel visite votre site, il lui faut savoir qu'il existe. L'accessibilité de votre site et la connaissance de son existence dépendront d'abord de son emplacement dans les moteurs de recherches, ainsi que des différents types de publicité qui présenteront son adresse aux internautes. Cette publicité peut prendre la forme d'une annonce dans d'autres sites Web ou d'un imprimé (dépliant, affiche, carte de visite, publicités à la radio locale ou à la télé, etc.). Je vous conseille de faire une recherche sur les sites Web des autres clairvoyants pour voir comment ils se servent de la toile pour promouvoir leurs services.

CHAPITRE 24

Trouver et Choisir un Clairvoyant

Comment trouver un clairvoyant

Vous disposez de nombreuses options pour trouver un clairvoyant. Si vous voulez rencontrer quelqu'un de votre région, je vous suggère de vous rendre dans une librairie spécialisée en métaphysique : on y trouve généralement, outre un tableau d'affichage où clairvoyants et guérisseurs locaux annoncent leurs services, des magazines et des journaux gratuits annonçant les Clairvoyants de la région. En dehors de la région de la baie de San Francisco, la majorité des clairvoyants utilisent la clairaudience ou la médiumnité, plutôt que la clairvoyance. Ce n'est pas un problème, car plusieurs donnent tout de même d'excellentes lectures. Par contre, si vous vous intéressez spécifiquement à la lecture par clairvoyance, vous devrez vous mettre en quête d'une personne qui précise qu'elle reçoit l'information sous forme d'images ou de représentations. Comme certains utilisent a tort le tenue « clairvoyance » pour désigner l'ensemble des facultés paranormales, vous aurez avantage à pousser la question et à demander à la personne qui affirme qu'elle est clairvoyante si elle voit l'information, si elle l'entend ou si elle la ressent.

Trouver un clairvoyant par l'entremise d'une école de formation

Étant donné le nombre d'écoles dé formation dans la région de la baie de San Francisco, on compte des centaines, si ce n'est des milliers, de véritables clairvoyants sur le marché. Vous dénicherez plusieurs de ces écoles en naviguant sur Internet. Les programmes d'enseignement de ces institutions s'appuient sur les enseignements originaux de Lewis Bostwick, fondateur du Berkeley Psychic Institute. Les formations sont dirigées soit par les anciens étudiants de Bostwick ou par les étudiants de ces anciens étudiants. Les écoles ne sont cependant pas affiliées et certaines se livrent une concurrence assez féroce. Elles proposent toutes des lectures avec des étudiants, des diplômés ou du personnel enseignant.

Les lectures faites par les étudiants sont d'ordinaire très peu coûteuses, mais plutôt approfondies. Bien entendu, étant donné leur manque d'expérience et d'assurance, les étudiants lisent un peu plus lentement; néanmoins, ils transmettent souvent de l'information aussi utile que celle qu'on obtiendrait d'un clairvoyant professionnel. L'inconvénient, c'est que les étudiants sont parfois un peu trop soucieux de leur protection et du maintien de leurs frontières; il pourra leur arriver de devenir paranoïaques et de faire l'erreur de reprocher à leur client « d'envahir leur espace ». En essayant à toute force de lire à partir de l'espace neutre de leur sixième chakra, ils ferment trop leur chakra du cœur. Bien que mes expériences de lectures avec des étudiants aient toujours été positives, je connais certaines personnes qui en sont sorties vexées ou rebutées.

Dans ce contexte, les lectures faites par les diplômés coûtent environ deux fois plus que celles des étudiants. Elles restent néanmoins tout à fait abordables. Les lectures de niveau professionnel, faites par les diplômés d'expérience ou le personnel enseignant, coûtent sensiblement le même prix que celui exigé par la majorité des clairvoyants professionnels américains. Au sein des directeurs et du personnel de ces écoles, on retrouve les clairvoyants les plus talentueux de la planète, même s'ils ont leurs petites névroses, leurs excentricités, et ainsi de suite, qui pourront complémenter les vôtres ou les heurter! Tous ces clairvoyants proposent des rencontres face-à-face et des lectures téléphoniques.

Adoptez une approche proactive

Que vous receviez une lecture du clairvoyant de votre quartier ou d un clairvoyant associé à une école, je vous encourage fortement a appliquer une approche proactive à votre processus de sélection. Avant la lecture, interrogez le clairvoyant sur son tarif, les méthodes qu'il emploie, les étapes de sa formation et son expérience ; demandez-lui aussi s'il abordera les questions qui vous préoccupent. Chaque clairvoyant a ses forces et ses faiblesses, et il n'y a absolument rien d'inconvénient à le questionner sur sa compétence dans certains domaines précis.

Avant la lecture, ne demandez pas au clairvoyant de Vous prouver qu'il est vraiment clairvoyant, et ne comptez pas qu'il prenne plus de cinq ou dix minutes au plus pour vous décrire son approche. Il ne convient pas non plus de lui poser une des questions que vous voulez qu'il aborde au moment de votre rencontre, comme : « Je sais que ma lecture n'est que demain, mais pourriez-vous juste me dire si mon petit ami va me laisser ? Ça ne prendra qu'une minute. » Sachez qu'au contraire, ça prend toujours plus qu'une minute !

Discutez de vos attentes avant la rencontre

Assurez-vous qu'il sait d'avance combien de temps vous voulez que dure votre lecture. Par ailleurs, établissez ensemble comment vous saurez que la rencontre se termine. Certains clairvoyants de ma connaissance informent leurs clients qu'ils demandent cent dollars l'heure. Les clients supposent qu'ils auront une lecture d'une heure, mais se font dire deux heures et demie plus tard qu'ils doivent deux cent cinquante dollars pour la séance. Pendant une lecture, le temps file à toute allure ; le clairvoyant peut en perdre rapidement la notion, tout comme le client. Si le clairvoyant déborde du temps prévu pour la rencontre et qu'il ne demande pas au client s'il souhaite que la lecture se poursuive, il ne devrait pas s'attendre à ce que ce dernier débourse davantage.

Attention aux escrocs!

Méfiez-vous de quiconque déclare qu'il ne peut vous aider à moins que vous lui donniez plus d'argent que le montant convenu pour la lecture. Il y a beaucoup d'arnaqueurs dans ce métier ; on pourra affirmer que quelqu'un vous a jeté un mauvais sort ou que vous avez besoin d'une guérison quelconque et que la seule façon de vous en sortir consiste la débourser une grosse somme dont on se servira supposément pour acheter les éléments qui briseront le sort ou chasseront la maladie.

À l'occasion, voyant que vous êtes aux prises avec plusieurs problèmes ou ennuis de santé, le clairvoyant proposera des rencontres additionnelles pour des traitements curatifs, avec lui ou avec un autre praticien. Il est vrai que la guérison de certains problèmes de santé graves exige plus qu'un traitement. Certaines écoles, telles que l'Aesclepion Healing Center en Californie (je ne suis pas une affiliée du centre, mais j'ai énormément de respect pour lui), offrent des forfaits de guérison, c'est-à-dire que le client achète d'avance et à prix d'escompte un certain nombre de traitements curatifs. L'avantage, c'est que non seulement chaque rencontre vous guérit, mais que le processus se poursuit intensivement entre les sessions en raison de la force de votre intention et de la fermeté de votre engagement dans votre guérison. Si un guérisseur/clairvoyant suggère que vous reveniez pour un autre traitement, le coût des sessions ultérieures devrait être a peu près le même que celui de votre première lecture ou guérison.

Consommateur, soyez vigilant...

Méfiez-vous de quiconque vous dit qu'il est *le seul* à pouvoir vous aider ou vous sauver. Peu importe votre situation, ce n'est tout simplement pas vrai. Méfiez-vous aussi du clairvoyant qui vous encourage à revenir souvent (selon moi, plus de deux lectures par mois est exagéré, car cela encourage la dépendance — je demande à mes clients d'attendre entre deux à six mois avant de revenir), qui cherche à devenir votre ami, vous propose de faire des choses pour vous, pour ensuite vous servir la facture...

N'idéalisez pas le guérisseur ou le clairvoyant, peu importe son talent

Un talent ou une habileté n'est rien de plus que ce que c'est : cela ne nous apprend rien de plus sur la personnalité de l'individu qui le possède. Les Clairvoyants sont souvent des individus aussi perturbés et aussi obsédés par eux-mêmes que le commun des mortels. Si vous les mettez sur un piédestal, ils finiront par tomber et vous entraîneront dans leur chute. C'est un peu comme cette expression qui dit que « plus ils sont grands, plus ils tombent de haut ».

Certains individus en ce monde sont capables de miracles : ils lévitent, ils permettent la manifestation d'objets à partir du prana, et peuvent lire toutes les pensées qui vous traversent l'esprit. Parmi eux, certains sont des yogis illuminés, d'autres des voleurs, des violeurs et des escrocs. Il est faux de croire que Dieu ne dispense Ses dons et talents spéciaux qu'aux êtres qui les méritent ou qui en feront un usage responsable. Si un clairvoyant vous traite d'une façon que vous jugez condescendante, blessante, abusive ou irrespectueuse, n'hésitez pas à lui dire ce que vous ressentez, et au besoin, mettez un terme immédiatement à votre entretien. Si vous idéalisez quelqu'un, vous lui remettez votre pouvoir. Les qualités que vous admirez chez lui sont des qualités que vous possédez déjà. Vous — votre naissance, votre vie, votre existence, votre amour — êtes un miracle.

Choisir un guérisseur spirituel

Pour vous aider à faire votre choix, informez-vous des méthodes que le guérisseur emploie. Est-ce qu'il canalise de l'énergie à travers vous ? Est-ce qu'il en met en vous, en retire de vous ou se sert de votre énergie ? Je resterais prudente face aux méthodes qui supposent de mettre de l'énergie en moi, ou face au guérisseur qui ne connaît pas les énergies qu'il utilise. Demandez-lui s'il travaille avec des guides guérisseurs et si ces derniers ont appris à respecter les frontières, ou s'ils essaient de vous recruter pour une discipline en particulier. En questionnant et en observant, déterminez si le guérisseur s'intéresse au maintien et au respect des frontières énergétiques. Déterminez quelles intentions l'incitent à vous donner un traitement de guérison. Déterminez si son désir de vous soigner a un rapport avec un quelconque désir sexuel, s'il a intention de vous inciter à vous inscrire à un groupe, ou de faire de vous un client payant. D'anciens clients pourront fournir des indices sur son intégrité et sa méthodologie, mais il est important de comprendre que leur expérience pourra avoir été très différente de la vôtre, en particulier s'ils ne sont pas du même âge, et selon leur estime de soi et leur attrait physique.

Attention aux prédateurs sexuels

Les femmes doivent faire attention aux clairvoyants de sexe masculin et surtout, aux guérisseurs qui sont aussi des prédateurs sexuels. On en compte malheureusement un assez grand nombre à Sedona (Arizona), à Santa Cruz (Californie), ainsi que dans les régions qui attirent les guérisseurs. Ces hommes ont tendance a attirer les femmes vulnérables qui ont besoin de l'attention et de la validation masculines.

En fait, la plupart des métaphysiciens prédateurs sexuels que j'ai connus ont un don de guérison et des connaissances en la matière, mais ils sont motivés autant par leur dépendance au plaisir sexuel et la l'argent qu'à leur désir de guérir. Beaucoup ne sont pas conscients de leurs motivations et de leur impact négatif sur leurs clientes. Ces hommes sont un danger sur le plan énergétique, car ils fixent des liens de toutes sortes dans le deuxième chakra de leurs clientes, ce qui fait naître en elles une attirance et leur fait parfois croire qu'elles sont amoureuses.

Ce genre d'homme est destructeur sur le plan affectif, car il perçoit intuitivement ce que ses clientes désirent le plus et ce dont elles ont le plus besoin. Dans le cadre d'une rencontre, il donne à chaque cliente ce qu'elle désire et ce dont elle a besoin par-dessus tout, ce qui fait qu'à la fin, elle a le sentiment qu'il a le pouvoir de lui faire vivre un état que personne n'est parvenu à lui faire ressentir la ce jour. Par conséquent, elle veut désespérément le revoir. Accompagné des liens fixés à son deuxième chakra et de l'énergie sexuelle du guérisseur qui résonne dans leur corps, ce sentiment forme une combinaison dangereuse qui a poussé plusieurs femmes à donner au guérisseur tout ce qu'il voulait en termes sexuels et financiers. Dans bien des cas, la cliente s'illusionne en croyant que cet homme est son âme sœur parce qu'elle sent un lien spirituel et sexuel entre eux. Le lien sexuel vient de l'énergie sexuelle du guérisseur qui circule dans son corps à elle et qu'elle interprète à tort comme étant la sienne. Le lien spirituel provient en général de l'énergie que le guérisseur canalise dans une guérison, plutôt que de son être et des perceptions de sa cliente qui le croit spirituellement conscient. Elle projette des qualités divines sur l'individu parce qu'elle fait l'expérience de Dieu à travers lui, même si l'esprit du guérisseur fourmille de pensées concernant la façon de se glisser dans son lit ou dans son porte-monnaie.

De fait, certains de ces prédateurs sont hautement recommandés par leurs clientes; dans bien des cas, elles ne deviendront conscientes de la manipulation dont elles ont été l'objet que des mois ou même des années plus tard. J'ai été témoin de la dévastation psychologique et émotionnelle que ces clairvoyants, guérisseurs et maîtres spirituels répandent sur leur passage. Selon moi, du moins dans les collectivités axées sur la métaphysique où ces hommes travaillent, il faut davantage de sensibilisation, de discussion et d'intervention.

Question de genre

Vous voudrez peut-être considérer dans vos critères de sélection le sexe du clairvoyant et/ou du guérisseur. Je sais que plusieurs n'aimeront pas lire ce qui suit, mais dans une lecture, il y a beaucoup de questions que les femmes ne se sentent pas nécessairement à l'aise d'aborder avec un homme. Il peut s'agir d'abus sexuel, de questions portant sur la reproduction, les relations, et ainsi de suite. Il y a plus significatif encore: le corps de la femme est extrêmement réceptif aux énergies masculines; ses ovaires sont semblables à des éponges, prêts à absorber toute attention masculine qui leur est destinée. Même s'il s'agit du guérisseur le plus compatissant et le plus respectueux qui soit, quand un homme travaille sur une femme, en particulier sur ses organes reproducteurs, il arrive souvent qu'il ne puisse s'empêcher de laisser un peu de son énergie masculine dans le corps ou le champ énergétique de sa cliente, en particulier s'il devient excité ou s'il n'est pas conscient de la nécessité de maintenir ses frontières énergétiques. C'est très semblable à ce qui se produit dans les relations sexuelles entre homme et femme : cela explique en partie pourquoi une femme peut « s'attacher » si intensément ou devenir dépendante d'un homme avec qui elle a eu des rapports intimes.

CHAPITRE 25

Écoles de Formation

Ce livre vous enseigne tout ce que vous devez savoir pour pratiquer une lecture ou une guérison par clairvoyance, sur vous ou sur quelqu'un d'autre. Il y a cependant une chose que cet ouvrage ne peut pas faire : il ne peut pas vous offrir les opportunités et les expériences qui vous permettront de développer vos aptitudes. Sur ce point, vous devrez les créer vous-même. Pour certains, ce sera facile ; pour d'autres, ce sera plus exigeant.

Bien que ce livre vous offre plusieurs suggestions pour dépasser nombres d'obstacles, de défis et de dilemmes auxquels vous serez confronté dans vos lectures, tant comme étudiant que comme clairvoyant professionnel, pour des raisons évidentes, il ne peut vous offrir le soutien émotionnel personnalisé dont vous aurez besoin pour traverser les « périodes de croissance » que vous vivrez, en raison de l'énergie que vous libérerez et des changements qui se manifesteront dans votre vie avec la pratique de ces techniques. Si vous apprenez mieux et vous sentez plus en sûreté dans un cadre structuré, avec un accès direct à des professeurs et à des occasions d'acquérir de l'expérience grâce à des lectures programmées pour vous, vous vous ferez le plus beau des cadeaux en vous inscrivant à un programme de formation.

Dans ce dernier chapitre, je donnerai donc quelques renseignements généraux sur les programmes et les écoles de formation et j'aborderai leurs avantages et leurs inconvénients. Je ne discuterai pas des mérites d'une école en particulier; je vous offrirai plutôt un survol grâce auquel vous saurez quelles questions poser en cherchant une école, et à quoi vous devez vous attendre en vous inscrivant à un de leurs programmes.

Renseignements généraux

On trouve plusieurs écoles qui offrent des programmes de formation continue aux États-Unis et quelques-unes au Canada et en Europe. Beaucoup d'autres proposent des ateliers et des cours de courte durée, allant de quelques heures a plusieurs semaines de formation intensive. Je me concentrerai ici sur les écoles qui offrent des programmes de longue durée. La plupart des programmes sont offerts à prix raisonnable. On exige d'ordinaire un dépôt initial, suivi de paiements mensuels. Certaines écoles exigent de leurs étudiants plus vieux (c'est-à-dire au-delà de 40 ans) qu'ils fréquentent l'institution plus longtemps que leurs collègues plus jeunes, car on croit que les aînés ont souvent davantage de scénarios de programmation mentale émotionnelle, de programmes ancrés et de résistances a surmonter.

Certains programmes de formation ont des préalables. L'institution exige des étudiants qu'ils suivent (et payent) un certain nombre de ses cours de courte durée avant de les autoriser la s'inscrire au programme proprement dit. Dans certains programmes, les étudiants sont autorisés à compléter leurs prérequis tout en suivant la formation officielle. J'encourage mes étudiants à suivre quelques cours avant de s'engager dans un programme: de cette manière, ils apprennent à connaître le personnel et sont en mesure d'évaluer' s'ils s'intégreront bien dans le cadre et la « personnalité » de l'école. Comme plusieurs écoles du nord de la Californie sont situées à proximité les unes des autres, il est possible d'essayer quelques programmes avant d'en choisir un.

Certains programmes exigent une « dîme » de leurs étudiants, ou un certain nombre d'heures de bénévolat en plus des débours. Le personnel enseignant travaille avec l'étudiant et lui assigne des tâches qui s'inscrivent dans la lignée de ses objectifs et de ses intérêts. Les écoles ont aussi des exigences en termes du nombre de lectures hebdomadaires auxquelles l'étudiant doit participer, ou du nombre de foires et d'événements extérieurs auxquels il doit assister.

Certaines écoles de clairvoyance offrent un programme conçu pour la femme et ses problématiques particulières. D'autres programmes ne sont pas destinés à un sexe en particulier, mais contiennent des cours ayant un rapport avec les problématiques de chaque sexe et sont donnés en dehors de la formation en clairvoyance proprement dite.

Dans certaines écoles, les programmes débutent à date fixe, alors que dans d'autres, les étudiants ont le loisir de commencer quand ils le souhaitent. Les cours se classent généralement dans deux catégories : les cours destinés aux étudiants fréquentant le programme depuis six mois ou moins, et les cours destinés aux étudiants avancés. Les nouveaux étudiants sont formés par les étudiants plus expérimentés, les professeurs et le personnel supervisant les lectures. Certaines écoles offrent uniquement des ateliers de fin de semaine ou d'une semaine.

Certaines ont leur propre église afin de bénéficier du statut d'organisme sans but lucratif, de pouvoir ordonner leurs étudiants et d'en faire des « pasteurs » qui seront libres de faire des lectures et d'être conseillers spirituels sans enfreindre la loi. Parmi elles, certaines sont merveilleuses pour prier, recevoir des guérisons et de l'inspiration, et se guérir de ses programmations religieuses.

Avantages

Étant donné l'intensité des programmes, vous êtes susceptible de vous transformer positivement en cours de formation plus que vous ne l'avez jamais fait de votre vie. Vous aurez très rapidement accès à votre clairvoyance et vous deviendrez vite un expert en lecture. Vous ne manquerez pas de confrères et de consœurs de lecture, ce qui fait qu'en lisant avec d'autres, vous affermirez votre certitude intérieure. Vous aurez l'occasion d'observer les autres et d'apprendre de ce qu'ils font. Vous apprendrez à lire dans un environnement sécuritaire. Vous n'aurez jamais a chercher vos clients, puisqu'on vous les fournira. Vous n'aurez pas à vous préoccuper des questions financières entourant la lecture. Vous aurez à votre disposition une équipe de professionnels qui superviseront vos progrès, répondront immédiatement à vos questions, vous enseigneront des techniques nouvelles, vous rappelleront d'utiliser vos outils, vous offriront des lectures et des traitements de guérison, et ainsi de suite.

Inconvénients

Certains étudiants rébarbatifs à l'autorité jugent les écoles trop dictatoriales. Certaines ont en effet des politiques strictes en ce qui concerne la pratique d'une autre discipline spirituelle ou l'inscription à des cours externes durant la formation. Au départ, ces politiques ont été établies pour protéger les étudiants vulnérables des influences extérieures qui pourraient vouloir faire obstacle à leur clairvoyance. Cependant, entre les écoles, certains enseignants se font compétition et craignent que leurs étudiants soient recrutés par une autre école ou un professeur de l'extérieur. Par conséquent, certaines institutions ont instauré des exigences rigoureuses mais raisonnables qui doivent être respectées, en termes de présence aux cours, de ponctualité, de préparation adéquate avant une lecture, etc. Dans certains cas, le personnel a carte blanche ; il peut « lire » les étudiants en tout temps et faire à sa guise des suggestions visant leur amélioration personnelle. Cette façon de faire favorise la croissance personnelle, mais peut aussi s'avérer irritante, en particulier quand les suggestions viennent d'un membre du personnel motivé par son ordre du jour personnel ou influence par ses propres scénarios de programmation mentale émotionnelle.

Par bien des côtés, ces écoles semblent présenter les caractéristiques d'une secte, ce qu'elles ne sont en aucun cas. Les étudiants apprennent un vocabulaire que le grand public ne connaît pas, ce qui fait que les « étrangers » ont parfois de la difficulté à les comprendre ou a sympathiser avec eux. Comme ils font beaucoup de lectures, les étudiants se libèrent rapidement de leurs programmations, expulsent les énergies étrangères et rompent de nombreuses ententes énergétiques avec leurs proches, qui ne comprennent pas bien souvent ce qu'est la clairvoyance, ni pourquoi on investirait du temps et de l'argent à l'étudier.

ÉCOLES DE FORMATION

Parmi les étudiants en clairvoyance, beaucoup vivent des changements : ils acquièrent plus de pouvoir personnel, deviennent plus autonomes et communiquent davantage avec la voix de leur cœur et avec la dimension spirituelle ou Dieu. Pour eux, ces changements sont des miracles, mais ils sont source de bouleversements pour leurs proches suspicieux qui ne comprennent pas ces transformations spectaculaires. Résultat : beaucoup d'étudiants tendent à minimiser les contacts avec leurs proches, et dans certains cas (plutôt rares) à les éviter entièrement durant leur formation. C'est un choix personnel que les étudiants semblent faire naturellement et qui n'a rien a voir avec les mandats des écoles ou du personnel.

Parmi les étudiants, certains ont de la difficulté à accepter de ne pas avoir droit au chapitre quant au choix du consultant ou au rôle a jouer dans une lecture (c'est-à-dire le rôle central versus la supervision de la lecture). La philosophie avancée par les écoles a ce sujet est que le rôle que chacun joue est ultimement celui qu'il était destiné à jouer. C'est probablement vrai, mais c'est frustrant quand on veut jouer un rôle en particulier, faire une lecture à quelqu'un en particulier, ou tout particulièrement, l'éviter !

L'une de mes plus grandes doléances a l'égard de plusieurs écoles de formation est qu'elles n'encouragent pas leurs étudiants a faire des lectures en dehors de l'institution. Dans ma formation, je n'ai rien appris sur la pratique professionnelle, ni sur la procédure de lecture en solo. Tout ce que j'en ai su, c'est que c'était vraisemblablement un chemin effrayant et solitaire. À mon avis, la principale raison de cette attitude tient au fait que dans la plupart des cas, le personnel ne possède pas une grande expérience du travail autonome. D'ordinaire, ceux qui finissent par s'aventurer en dehors de l'école ne reviennent pas, car ils s'habituent à des revenus très supérieurs a ce qu'ils recevaient (en général très peu, sinon rien). Par ailleurs, leur idéologie change souvent au point où ils ne peuvent plus endosser la philosophie pédagogique de l'école. Les étudiants et les enseignants qui apprennent en autodidacte à lire par clairvoyance deviennent beaucoup plus autonomes que ceux qui ne s'éloignent jamais du cadre sécurisant de l'institution. Ces clairvoyants indépendants ont une vision du monde plus équilibrée ; ils apprennent de leurs expériences et des Clairvoyants de toutes allégeances qu'ils rencontrent, chose qui leur aurait été impossible s'ils étaient demeurés à l'école. Voilà pourquoi j'ai inclus dans mon livre des renseignements sur la clairvoyance professionnelle que j'aurais beaucoup aimé obtenir quand j'étais étudiante, des renseignements qui m'auraient apporté plus d'assurance et de paix intérieure, plus tôt dans ma vie.

Il est incontestable que ma formation en clairvoyance m'a été plus précieuse que n'importe quel montant investi. Selon moi, les pièges et les défis que j'aborde ici ne représentent rien de plus qu'une goutte dans une fontaine de miracles, de plaisir, d'excitation et de croissance. Par contre, le style de vie, les horaires, la personnalité, le niveau de développement personnel, psychique et spirituel de leurs collègues sont autant de caractéristiques qui s'avéreront incompatibles avec certains.

Pour en savoir plus sur les écoles de formation en clairvoyance dans une région en particulier, la meilleure façon consiste à lancer une recherche sur Internet en tapant dans votre moteur de recherche «formation en clairvoyance» ou «instituts d'enseignement psychique» et le nom de la région ou pays qui vous intéresse.

Conclusion

J'étais incapable de dormir. Étendue à côté de Manny, mon fils de quatre ans qui dormait déjà depuis dès heures, je me rongeais a propos d'une relation qui avait mal tourné, en me demandant si ce qui s'était produit était ma faute et si c'était à moi de porter le blâme. Tout d'un coup, Manny s'est redressé dans son lit. Les yeux fermés, il s'est exclamé : « Arrête, maman ! Tu penses trop fort ! Ce n'était pas ta faute ! » Puis, il est retombé sur le dos, la tête dans l'oreiller, et il a fait retentir un ronflement indigné.

En dépit de mes armées d'expérience comme clairvoyante et formatrice, après avoir écrit un livre pour démontrer que la clairvoyance et nos autres facultés psychiques sont aussi naturelles que notre capacité à respirer, entendre et parler, un incident comme celui-là n'a de cesse de me surprendre et de m'étonner. Bien que j'espère que mon livre vous aide à reconnaître, à nourrir, à développer vos talents psychiques naturels et à en jouir vraiment, je souhaite que vous ne perdiez jamais votre sentiment d'émerveillement devant tous les dons dont le Créateur vous a doté à la naissance, que ce Créateur soit Dieu, ou l'intention créative de votre âme d'expérimenter les merveilles de la vie sur cette planète splendide et dans ce merveilleux véhicule qu'est votre corps physique. Je ne tenterai même pas de comprendre l'émergence du miracle de notre être, de notre corps, des joies et des défis du quotidien. Mais comme l'a dit Descartes : « Je pense, donc je suis », par conséquent, s'il y a une chose sur laquelle les fidèles, les mécréants, les clairvoyants, les sceptiques, les conservateurs, les libéraux et tous ceux qui se situent entre les deux arrivent à s'entendre, c'est le fait de notre existence. Il n'y a rien de plus remarquable et de plus scientifiquement impossible à expliquer.

« Lakshmi ! » Récemment, le mot a jailli dans mon esprit un matin, avant que je sois totalement réveillée. Cette fois, c'est moi qui me suis redressée d'un coup dans mon lit.

« Lakshmi ? Mais qu'est-ce qu'un lakshmi ? » J'ai retourné le mot dans ma tête pendant quelques secondes, mais une fois le petit déjeuner servi, je l'avais oublié. Le lendemain, je démêlais pénible- ment ma chevelure sous la douche quand le mot a de nouveau envahi ma conscience.

« Lakshmi ! » J'ai fait le vide dans mon esprit et redemandé ce que signifiait ce mot. Une pensée m'a traversé l'esprit : « C'est un prénom. » Mais quelle sorte de prénom et qu'est-ce que cela avait à voir avec moi ? En sortant de la douche, j'ai attrapé un stylo et écrit le mot sur ma main pour ne pas l'oublier cette fois.

Ce jour-là, mon ami Tony Carito est arrivé de Sedona pour me rendre visite. (Je venais de déménager à Los Angeles pour lancer ma carrière de scénariste/cinéaste.) J'ai parlé à Tony de ce mot étrange qui ne me laissait pas en paix. Sa réponse m'a surprise et intriguée.

« Ah oui ! Lakshmi. C'est la déesse hindoue de la prospérité et de l'abondance… Pourquoi n'irions-nous pas dans une librairie pour en savoir plus ? » Nous avons pris la voiture pour nous rendre à Ojai, la ville voisine, et nous sommes entrés dans la première librairie que nous avons vue.

« Nous n'avons pas de livres de métaphysique. Pourquoi ne pas essayer à la bibliothèque qui se trouve au bout de la rue ? » La vendeuse, fort aimable, nous a indiqué comme nous y rendre. En arrivant avec Tony devant l'édifice, j'ai été enchantée de constater que je me tenais devant les portes de la Société théosophique. Il s'agit d'une organisation mondiale qui se consacre à l'étude de la spiritualité. En fait, les premiers livres que j'ai lus sur le développe- ment et l'autodéfense psychiques provenaient de la bibliothèque de la Société théosophique de l'Illinois, où j'ai vécu

CONCLUSION

toute mon enfance. J'avais toujours voulu visiter l'un de ses centres ; or, c'était la première fois que j'en avais l'occasion. Nous sommes entrés dans l'édifice confortable aux lambris sombres, et nous nous sommes approchés du bureau de la réceptionniste, une Indienne toute menue. Tony a parlé pour nous deux.

« Nous aimerions en savoir plus sur Lakshmi, la déesse hindoue. Avez-vous des livres sur elle ? » Tendant la main d'un geste gracieux, la réceptionniste a répondu avec un accent charmant : « Oui, oui, bien sûr ! Enchantée de vous rencontrer ! C'est moi. » Perplexes, Tony et moi avons échangé un regard. Tony s'est esclaffé : « Oui, j'imagine que nous aimerions tous être la déesse de la prospérité ! »

« Non, vous ne pas comprendre », a répondu la jeune femme dans un mauvais anglais. « Je suis Lakshmi. Mon nom est Lakshmi. » C'est alors qu'un des bibliothécaires s'est approché et lui a dit : « Lakshmi, un appel pour vous sur la ligne un. »

Plus tard, tandis qu'elle retirait des livres des rayons à notre intention, Lakshmi a confirmé : « Lakshmi est déesse de prospérité et de fertilité. »

Je ne blaguais qu'à moitié en marmonnant une réponse du genre : « Je ne sais pas pour la fertilité, mais j'aimerais bien un brin de prospérité, en ce moment. »

La jeune femme s'est tournée vers moi et m'a regardée droit dans les yeux : « Oh ! Les Indiens savent que prospérité n'a rien à voir avec argent. Ce qui compte, c'est ce qu'il y a ici », a-t-elle ajouté en touchant son cœur, « et là », en touchant son front.

Après avoir lu sur Lakshmi, je suis rentrée dans la librairie adjacente à la bibliothèque et je me suis dirigée vers la section « perceptions extrasensorielles ». Il y avait un espace vide juste à côté d un des livres que j 'avais lu, jeune adolescente : *La puissance de votre subconscient* de Joseph Murphy. Comme je lavais fait maintes fois dans bien des librairies, j'ai visualisé mon propre livre, le livre que vous êtes en train de lire, dans cet espace vide. Je me suis autorisée à ressentir du bonheur en pensant au nombre de vies qu'il toucherait ; et, oui, à tout l'argent qu'il me rapporterait et grâce auquel j'aurais la latitude de travailler à mes autres projets créatifs. C'est là que j'ai senti, sans l'ombre d'un doute, que mon livre serait un jour disponible dans cette librairie, sinon dans des librairies semblables.

J'ai compris ce que Lakshmi essayait de me dire : le fait d'avoir un dollar ou un million de dollars en poche n'avait aucune importance. Ce qui comptait, c'est que j'avais la certitude, la conviction et la foi qu'il fallait pour créer la vie que je désirais.

En dépit de mon talent de clairvoyante, je ne savais pas à ce moment-là ce que l'avenir me réservait, mais je savais que même si le lendemain, le monde s'écroulait autour de moi, si je perdais subitement tous les êtres et toutes les choses qui m'étaient chers, tout irait bien pour moi. Même en sachant que j'aurais certainement de mauvais jours où la vie me pèserait, je savais que je possédais les outils, l'enracinement, la neutralité, l'énergie et la capacité de voir, d'entendre et de ressentir la guidance infinie en moi et autour de moi. Je pourrais non seulement survivre, mais prospérer.

Cette foi me vient de la pratique des techniques et des principes présentés dans ces pages. Voilà quel en est le véritable cadeau, et ce cadeau est à vous.

Glossaire

AGROLYPHES : phénomène surnaturel d'apparitions soudaines de dessins géométriques dans des champs de blé. La taille des dessins varie de quelques mètres de diamètre à quelques kilomètres de long. Certains tracés apparaissent en quelques minutes et présentent des caractéristiques électromagnétiques inhabituelles.

ANXIÉTÉ IRRADIANTE : l'individu anxieux transmet énergétiquement son malaise à d'autres qui le ressentent comme s'il s'agissait du leur. Ils n'ont parfois aucune idée de ce qui les rend anxieux ou ils attribuent à tort leur malaise à un problème particulier et le grossissent, par le fait même, hors de toute proportion.

ATHÉISME : incroyance face au spirituel, à Dieu, aux phénomènes psychiques et à l'âme.

ATTENTES : scénario d'idées prédéterminées quant au déroulement d'un événement.

AURA : champ énergétique qui enveloppe les organismes vivants. L'aura contient des informations sur l'organisme et les énergies qui l'influencent. On peut la considérer comme le rayonnement extérieur de l'esprit.

BIBLIOTHEQUE DE SYMBOLES : collection d'images symboliques.

BOSTWICK, LEWIS : père de la formation clairvoyante aux États-Unis et fondateur du Berkeley Psychic Institute.

CANALISATION : faculté psychique qui permet de recevoir et de transmettre de l'information provenant directement d'une source extérieure à soi.

CHAKRAS : terme sanscrit qui signifie «roue tourbillonnante». Centres d'énergie correspondant à certaines parties du corps, les chakras régulent le fonctionnement général de l'organisme.

CLAIRAUDIENCE : capacité psychique d'entendre en esprit de l'information autrement inaudible à l'oreille.

CLAIRSENTIENCE : capacité psychique de percevoir de l'information par le toucher ou une sensation physique.

CLAIRVOYANCE : capacité psychique d'accéder à de l'information sous forme d'images, de visions et de représentations. Elle émane du sixième chakra ou troisième œil.

COMPLEXE DU MARTYRE : ensemble de croyances et de comportements d'autosabotage qui poussent l'individu à renforcer son estime de soi en niant son plaisir et ses besoins au profit d'autrui et à tirer satisfaction de son sacrifice.

CONNAISSANCE INFUSE : capacité psychique d'accéder instantanément à de l'information sous forme de pensées, sans avoir à franchir les étapes logiques menant à sa compréhension. Elle émane du chakra coronal ou septième chakra.

CORDE D'ANCRAGE : lien énergétique qui relie les êtres et les objets à la planète. On peut expulser différentes formes d'énergie par la corde d'ancrage.

CRÉER/CRÉATION : amener à la vie.

DÉTACHMENT : absence d'investissement émotionnel dans un objet ou un résultat.

GLOSSAIRE

DÉTRUIRE : éliminer ou altérer une création.

DILEMME ÉTHIQUE : conflit où il faut choisir entre deux valeurs apparemment opposées.

ÉLÉMENT SÉPARATEUR : image mentale ou visualisation qui définit des limites et agit comme protection.

ÉNERGIE : force vitale; essence de toutes choses physiques et non physiques. Matière, atomes, pensées, émotions, souffrance : tout est énergie.

ÉNERGIE COSMIQUE : énergie émanant de l'air, du Soleil, de l'atmosphère, du royaume spirituel ou de Dieu.

ÉNERGIE TELLURGIQUE : énergie émanant de l'intérieur de la Terre.

ESPRIT : essence individuelle de l'être.

ESPRIT DÉSINCARNÉ : esprit qui n'appartient plus à un corps physique.

ESPRIT UNIVERSEL : Dieu.

ÉTHIQUE : étude des règles du bien et du mal dans le comportement humain. expérience psychique : expérience surnaturelle où l'on émet ou reçoit de l'information par des voies autres que les cinq sens.

FOI : croyance ou confiance dans un résultat avant sa manifestation.

GUÉRISON PAR CLAIRVOYANCE : intervention où la visualisation sert à éliminer ou transmuter la douleur physique ou émotionnelle, ainsi que les énergies délétères, et à restaurer un meilleur état de santé.

ILLUMINATION : état où l'individu s'actualise et atteint un certain degré de sagesse; état de complète intégration du corps, de l'âme et de l'esprit, où l'être contient plus de lumière que d'ombre.

IMAGE LITTÉRALE : image qui est telle qu'elle apparaît.

IMAGE SYMBOLIQUE : image représentant autre chose que ce qu'on voit.

IMAGINATION : action ou pouvoir de créer des images ou des idées en esprit.

INCARNATION : durée d'une existence dans un corps.

INQUISITION : tribunal créé par l'Église catholique au XIIIe siècle, destiné à débusquer et à punir les hérétiques, et qui a sévi durant plusieurs siècles. Parmi les hérétiques, on comptait les femmes accusées de sorcellerie, les individus démontrant des pouvoirs psychiques et les personnes de religions ou de croyances alternatives.

KARMA : système spirituel de récompense/rétribution qui présente à l'être les conséquences tant désirables qu'indésirables de son comportement dans cette vie ou durant les précédentes incarnations.

LECTURE DE COUPLE : lecture psychique où le clairvoyant décrit la relation ou les objectifs communs de deux partenaires (ou plus) en leur présence.

LECTURE DE RELATION : lecture psychique portant surtout sur les problématiques relationnelles de deux partenaires (ou plus).

LECTURE PSYCHIQUE : technique permettant d'accéder à de l'information sous forme d'images mentales, de représentations et de visions.

MANIAQUE DU CONTRÔLE : individu qui a besoin de comprendre et de déterminer tous les éléments de sa vie qui contrarient le cours naturel des choses — ou s'efforce de contrôler l'incontrôlable. Quiconque tente de circonvenir la volonté de Dieu.

MEDITATION : se mettre à l'écoute de Dieu; concentrer son attention sur son être intérieur ou un objet donné.

NAVIGATION : science permettant d'orienter son cheminement personnel. Décider d'une voie, d'un chemin ou d'un plan qui mènera au but visé.

NEUTRALITÉ : être neutre; maintenir un état d'équilibre émotionnel et cognitif qui n'anticipe aucun résultat précis.

OMNIPRÉSENT : qui est présent partout à la fois.

OMNISCIENT : qui connaît tout.

OUTILS PSYCHIQUES : techniques de visualisation visant à influencer et à modifier l'énergie, applicables aux lectures et aux guérisons psychiques, et pour améliorer sa qualité de vie.

PENSÉE DE GROUPE : phénomène de groupe où les énergies individuelles fusionnent et les membres adoptent des croyances, des pensées et des émotions partagées, parfois aux dépens de leurs croyances et de leur code d'éthique personnels.

PERCEPTION EXTRASENSORIELLE : perception d'information par des moyens autres que les cinq sens.

PÉRIODE DE CROISSANCE : période de transformation personnelle intense durant laquelle les croyances, les pensées, les perceptions et l'image de soi se modifient, ce qui peut entraîner un épisode passager de turbulence émotionnelle ou cognitive.

PERSONALITÉ MULTIPLE : trouble psychologique de dissociation où les aspects de la personnalité se séparent de la conscience, et se comportent et réagissent indépendamment des autres aspects.

PHOTOGRAPHIE KIRLIAN : photographie thermosensible enregistrant des informations ordinairement impossibles à voir à l'œil nu.

PRÉMONITION : intuition des événements avant leur manifestation concrète.

PRIÈRE : mode de communication avec Dieu ou une puissance supérieure.

PROGRAMMATION MENTAL ÉMOTIONNELLE DE BASE : scénario mental émotionnel—forgé à un stade précoce du développement humain—qui attire au fil du temps une accumulation de pensées et d'émotions similaires qui influent sur les perceptions et le comportement. La transformation personnelle s'amorce quand les programmations sont détruites et vidées de leur énergie.

PROGRAMME : croyances, pensées, éthique, information, sentiments ou perceptions, transmis par un individu à un autre, qui peut se révéler en accord ou en désaccord avec les renseignements ou le style de vie de ce dernier.

PROJECTION : le fait de voir ses propres qualités dans son vis-à-vis, souvent inconsciemment ; attribuer des qualités particulières à quelqu'un alors qu'elles nous appartiennent en propre.

PROJECTION OU VOYAGE ASTRAL : capacité que possède la conscience de quitter son corps et de se déplacer sur le plan astral ou dans d'autres dimensions.

RAPATRIEMENT DE L'ÉNERGIE PERSONNELLE : rappeler à soi sa force vitale.

RELATION DE CODÉPENDANCE : relation déséquilibrée où l'un des partenaires sacrifie ses idéaux ou étouffe sa voix intérieure afin de maintenir la relation ou de satisfaire d'autres besoins grâce à elle.

SCÉNARIO D'UNE PROGRAMMATION MENTALE ÉMOTIONNELLE : représentation d'une programmation mentale émotionnelle. Forme de pensée à forte charge émotionnelle — présente dans le corps, l'intellect et le champ énergétique — qui influence les perceptions et le comportement de l'individu.

SCEPTICISME : état de fermeture de l'esprit qui se caractérise par le doute et le questionnement, parfois au point où les doutes obscurcissent la vérité.

SURNATUREL : au-delà des sens physiques ; au-delà de ce qui est naturel.

SYMBOLE : objet ou signe qui représente un autre objet, une idée, une personne ou une qualité.

TÉLÉKINÉSIE : capacité psychique de déplacer ou de modifier des objets grâce au pouvoir de la pensée, de l'émotion ou d'une autre énergie à l'aide de moyens non physiques.

TÉLÉPATHIE : transfert de l'information d'un esprit à un autre sans le concours des sens physiques.

TROISIÈME ŒIL : centre de la clairvoyance ; correspondant au sixième chakra, le troisième œil est situé derrière le front, légèrement au-dessus et au centre des yeux.

TRANSE MÉDIUMNIQUE : capacité spirituelle qui permet à l'esprit d'un individu de quitter son corps pour laisser la place à une énergie

GLOSSAIRE

ou un esprit étranger. Le phénomène s'exerce autant de façon consciente qu'inconsciente.

TRANSFORMATION: changement effectif.

VALIDATION: Confirmer sa valeur personnelle.

VIOL ASTRAL: crime sexuel perpétré de force, contre la volonté de la victime, sur un plan énergétique ou spirituel.

VISUALISATION: action d'invoquer des images, des visions et des représentations en pensée.

VOIE SPIRITUELLE: chemin que l'esprit est destiné à suivre afin de vivre certaines expériences de vie en cours d'incarnation.

VORTEX: centre à forte charge énergétique ou chakra intraterrestre qui exerce une influence sur les organismes présents.

YOGANANDA, PARAMAHANSA: yogi indien influent, auteur d'*Autobio-graphie d'un yogi* et fondateur de la Self-Realization Fellowship.

BIBLIOGRAPHIE

CHOQUETTE, Sonia. *À l'écoute de vos vibrations*. Éditions AdA, 2005.

DYER, Wayne. *Il faut le voir pour le croire*. Les Éditions Un monde différent, 2008.

GAWAIN, Shakti. *Techniques de visualisation créatrice*. Édition revue et augmentée, Paris, Le Courrier du Livre, 2006.

JUDITH, Anodea. *Les roues de la vie*. Éditions AdA inc., Varennes, 2007.

McARTHUR, Bruce. *Your Life: Why It Is the Way It Is, and What You Can Do About It*. A.E.R. Press, Virginia Beach, 1993.

MURPHY, Joseph. *La puissance de votre subconscient*. Les Éditions de l'Homme, Montréal, 2005.

MYSS, Caroline. *Three Levels of Power and How to Use Them*. Cassette audio, Louisville (CO), Sounds True, Inc.

────── *Why People Don't Heal and How They Can*. Cassette audio, Louisville (CO), Sounds True, Inc.

WILLIAMSON, Marianne. *Un retour à l'amour*. Les Éditions du Roseau, Montréal, 1993.

YOGANANDA, Paramahansa. *Autobiographie d'un yogi*, Paris, Adyar, 1968.

SOYEZ UN CLAIRVOYANT
EXTRAORDINAIRE

*Techniques Éprouvées
Pour Maîtriser
Vos Facultés
Psychiques
Innées*

DEBRA LYNNE KATZ

Libérez votre Génie Intérieur

Manifestez l'abondance,
La créativité et le succès
Dans votre vie

DEBRA LYNNE KATZ

www.ingramcontent.com/pod-product-compliance
Lightning Source LLC
Chambersburg PA
CBHW062021180426
43200CB00030B/2596